Neue

Kleine Bibliothek 191

Wolfgang Gehrcke
Christiane Reymann (Hg.)

Syrien

Wie man einen säkularen Staat zerstört und eine Gesellschaft islamisiert

PapyRossa Verlag

Luxemburger Str. 202, 50937 Köln
Tel.: +49 (0) 221 – 44 85 45
Fax: +49 (0) 221 – 44 43 05
E-Mail: mail@papyrossa.de
Internet: www.papyrossa.de

Druck: Interpress
Cover: Joachim Kubowitz, luxsiebenzwoplus
Coverfoto: ddp images

Die Deutsche Bibliothek verzeichnet diese Publikation in der Deutschen Nationalbibliografie; detaillierte bibliografische Daten sind im Internet über http://dnb.ddb.de abrufbar

ISBN 978-3-89438-521-7

Inhalt

Vorwort

Die Dritte Kraft – Oder: Die Große Kriegs-Koalition werden Sie hier nicht finden

Angesichts der Gewalt und der menschlichen Katastrophen in Syrien sind Friedenskräfte in Deutschland und in Europa wie gelähmt. Sie wollen das Regime Assad nicht verteidigen und schon gar nicht von ihm instrumentalisiert werden. Zugleich sehen sie, dass die meisten der hierzulande bekannten Assad-Gegner und »Freunde Syriens« weder demokratisch noch friedlich sind. Als Partner fallen sie aus. Und nirgendwo scheint eine dritte Kraft in Sicht. Doch sie ist schon da, aber kaum in den Medien: Die dritte Kraft sind Friedensbewegte, Demokraten, Linke in Deutschland, in Syrien und weltweit.

Wenn es um den Nahen Osten, die Auseinandersetzung Israel-Palästina, den Libyen-Krieg und viel mehr noch wenn es um Syrien geht, hören wir immer wieder: Wir blicken nicht durch, wir kennen uns nicht aus, wir wissen nicht, was wir tun sollen. Das wäre aber nötig, denn im Syrien-Konflikt kreuzen sich alle strategischen Konfliktlinien des Nahen und Mittleren Ostens. Deshalb steht auf der Agenda der Friedenskräfte in Deutschland und übrigens auch in Syrien: Aufklärung, Austausch von Wissen, Analysen, Erfahrungen und Diskussion. Dazu möchten wir mit dieser Publikation beitragen.

Hier schreiben Autorinnen und Autoren, die Gewalt als Mittel zur Lösung des Syrien-Konflikts ablehnen. Männer und Frauen aus Syrien bringen ihre eigene Sicht mit eigener Stimme resp. Handschrift ein. Sie alle kämpfen seit Jahren in der demokratischen Opposition für sozialen und politischen Wandel in ihrem Land. Sie waren politisch verfolgt, inhaftiert, einige mussten das Land verlassen. Ihnen danken wir ganz besonders. Auf der Basis einer Strategie von Gewaltlosigkeit und Dialog setzen auch die Einzelnen in diesem Teil der syrischen Opposition sehr unterschiedliche Akzente. Die haben wir als Herausgeber nicht nur respektiert, sondern ihnen Rechnung getragen als Teil der syrischen Wirklichkeit. Die gewaltfreie, dialogorientierte Opposition in Syrien ist einer zweifachen Repression ausgesetzt: durch die auf einen Regime-Change ausgerichteten gewaltsamen Gruppen und durch den Staat. Hinzu kommt: Sie werden durch die Politik der westlichen Staaten und die Mainstream-Medien ausgegrenzt. Zusammen mit den Autorinnen und Autoren aus Syrien beschreiben die aus Ägypten, Libanon und Deutschland in dieser Publikation einen Korridor für einen demokratischen Wandel in Syrien, gewaltfrei und beginnend mit dem Allerdringlichsten: Ende des Blutvergießens.

Notwendig sind Verhandlungen zwischen den Konflikt- und Bürgerkriegsparteien. Sie deuten sich an. Eine politische Chance für Verhandlungen bietet die Tätigkeit des Sonderbeauftragten der UNO und der Arabischen Liga, Lakhdar Brahimi. Eckpunkte dafür sind von der UNO oder unter ihrer Schirmherrschaft erarbeitet worden, so im Genfer Kommuniqué der Syrien-Kontaktgruppe: Gewaltverzicht, Waffenruhe, Waffenstillstand, Erhalt der staatlichen Einheit und des multireligiösen Charakters Syriens, Freilassung von Gefangenen und Verschleppten, vollständiges Waffenembargo für alle Konfliktseiten, Vereinbarung zu einer Übergangsregierung und zu Bedingungen für Wahlen.

Zugleich wird in diesem Buch ein Gegenentwurf skizziert zur Strategie der »Freunde Syriens«, der NATO, der Bundesregierung, die einen Regime-Change ansteuern und prinzipiell eine ausländische Militärintervention nicht ausschließen. In diesem Fall wäre die NATO und mit ihr Deutschland Teil eines Nahostkrieges mit unabsehbaren Risiken. Einen ersten Schritt in diese Richtung ist Deutschland bereits mit der Stationierung der Patriot-Raketen an der türkisch-syrischen Grenze gegangen und einen zweiten durch die exorbitante Steigerung der Rüstungsexporte in die Krisenregion Nahost. In die Golfstaaten verdoppelten sie sich 2012 im Verhältnis zum Vorjahr und auch Israel wird reichlich bedacht, nicht nur mit U-Booten. So trägt Deutschland zur Militarisierung der Konflikte bei. »Wann Krieg beginnt, das kann man wissen, aber wann beginnt der Vorkrieg«, fragt Christa Wolfs *Kassandra.* »Falls es da Regeln gäbe, müsste man sie weitersagen. In Ton, in Stein eingraben, überliefern. Was stünde da. Da stünde unter andern Sätzen: LASST EUCH NICHT VON DEN EIGNEN TÄUSCHEN.« Zu den Täuschenden gehört das Interessengeflecht aus Wirtschaft – Interesse an Energie und Rohstoffen –, Politik – Interesse an strategischem Einfluss – und Medien – Interesse, dabei zu sein und dazu zu gehören, zu oft »embedded«.

Vermissen werden Sie in diesem Buch Aufrufe zu Gewalt, zur Fortsetzung des Bürgerkrieges, zum Waffenhandel, zur »humanitären Intervention«, zur »Bündnistreue«. Grüne, Christdemokraten, Liberale und SPD bilden im Bundestag seit Jahren eine übergroße Koalition der Unvernunft. Sie hat Krieg wieder zu einem Mittel der Politik gemacht im Kosovo, in Afghanistan, am Horn von Afrika und anderswo. Doch Militär hat internationale Konflikte nicht gelöst, sondern verschärft, die Welt ist unfriedlicher geworden. Dem setzen wir entgegen: Realistisch ist einzig eine unbeugsam auf Frieden ausgerichtete Politik in Syrien und anderswo.

Wir danken allen Autorinnen und Autoren, dass sie so rasch ihr Wissen für diese Publikation zusammengetragen und zur Verfügung gestellt haben. Wir danken für die kenntnisreiche Übersetzung aus dem Arabischen. Wir danken dem PapyRossa Verlag, der dieses Buch ermöglicht hat, engagiert, kritisch, ermutigend.

Christiane Reymann und Wolfgang Gehrcke

Fakten und Hintergründe

Harri Grünberg

Aufstieg, Niedergang und Sturz des säkularen Arabischen Nationalismus

Am südlichen Ufer des Mittelmeeres erstreckt sich von Marokko bis zum Irak am Persischen Golf die arabische Welt. Links blickt sie auf den Atlantik, rechts auf den Indischen Ozean. Sie ist so groß wie die USA und beherbergt annähernd 350 Millionen Menschen, ein Konglomerat arabisierter und islamisierter Ethnien einschließlich vieler nationaler und religiöser Minderheiten, darunter Berber in Nordafrika, Kurden im arabischen Osten, sie geht über zu den Tuaregs und schwarzafrikanische Ethnien südlich der Sahara.

Nach einem brillanten Aufstieg im frühen Mittelalter zerfällt die arabische Welt unter dem Ansturm der Mongolen. In dem von den Turkvölkern gelenkten Osmanischen Reich löst sich ihre Staatlichkeit auf. Die Araber verlieren ihre Handwerker, Gewerke, Künstler; auf Anweisung von Sultan Salim aus dem Jahre 1517 müssen Handwerker mit ihren Werkstätten in das ökonomische Zentrum des Reiches, nach Istanbul übersiedeln. Die Araber verlieren die Kontrolle über den Fern- und den Seehandel, den sie zuvor weitgehend monopolisiert hatten, und sie verlieren Andalusien mit seinen bedeutsamen Städten und Standorten von Produktion, Gewerbe, Wissenschaft, Kunst. Die »Entdeckung« Amerikas und neuer Routen nach Ostasien und Indien trifft in der arabischen Welt schon auf eine lange Phase der Stagnation, in der ihr die Identität abhanden kommt. Während Europa mit der Renaissance aufblüht, verliert nach den Arabern ab dem 16. Jahrhundert das gesamte Osmanische Reich den Anschluss an Aufklärung und Entwicklung.

Doch zu Beginn des 19. Jahrhunderts wacht Arabien auf. Kairo, Beirut und Damaskus werden zu Zentren eines beispiellosen intellektuellen Aufschwungs. Nach mehreren hundert Jahren der »Geschichtslosigkeit«[1], kehrt die arabische Welt auf die Bühne des Weltgeschehens zurück. Die Übersetzung zahlreicher europäischer Werke eröffnet ihr den Anschluss an die Moderne, gibt Impulse für ein eigenes kreatives Schaffen. Angestoßen durch den Siegeszug des europäischen Nationalstaatsgedankens, wie er in der Einigung Italiens unter Garibaldi zum Ausdruck kommt oder in der von Bismarck geförderten deutschen Reichgründung, entwickeln die Träger des arabischen Wiedererwachens ein Verständnis für Nation, Nationalismus, Freiheit, Vaterland, Gleichheit, Verfassungsstaat und moderne Gesetzgebung. Das ist ein Kulturbruch von der islamischen *Umma* als Gemeinschaft aller Muslime hin zu der europäisch-westlichen Idee einer säkular begründeten Nation.

Die Machtübernahme der Jungtürken erschüttert Anfang Neunzehnhundert das Osmanische Reich. Unter Atatürk öffnen sie sich dem Westen und entwickeln einen aggressiven großtürkischen Nationalismus als Kern einer türkischen Identität, die zuvor genauso gering ausgeprägt war wie die arabische. Die Geburtsstunde des arabischen Nationalismus ist die panarabische Konferenz am 18. Juni 1913 in Paris mit den wichtigsten Fraktionen der arabischen Bewegung. Enttäuscht von den Jungtürken, die sie als antireligiöse Reformer erleben, verlassen auch die arabisch-islamistischen Organisationen ihre bisherige Linie einer Reform des Osmanischen Reichs und gehen über zur Forderung nach Unabhängigkeit der arabischen Völker. Obwohl in Paris alle, säkulare und islamistische, Nationalisten für die Eigenstaatlichkeit gestimmt hatten, verschärft sich der Konflikt zwischen beiden

---

1 Galioun, Burhan: Estado contra nacion, la crisis del mundo arabe (1), Fuente Instituto de Estudios Politicos para America Latina y Africa, Madrid 1992, S. 1

Strömungen. Auf der einen Seite der politische Islamismus, Vorläufer der heutigen Muslimbrüder, der in den Vordergrund stellt: Arabisch ist die Sprache des Islam und somit seine wahre Quelle. Sie fordern einen modernisierten religiösen Staat, der alle muslimischen Länder unter arabischer Leitung vereinigt, »damit die islamische Welt ihre Größe und ihre Reinheit wiedererlangen kann.«[2] Auf der anderen Seite der säkulare Nationalismus, auf dem später der Arabische Sozialismus aufbauen wird, der statt Religion und Ethnie die Sprache und die in dieser Sprache ausgedrückte Kultur als das alle Araber einigende Band versteht. Unabhängig von ihren Grenzverläufen, die vielfach willkürlich von außen festgelegt wurden, sollten sich alle arabischen Länder in einer Nation wiederfinden. Besonderen Zorn löst bei dieser Generation die koloniale Aufteilung des Mashrek in die Staaten Jordanien, Libanon, Syrien und Ägypten aus sowie die jüdische Kolonisierung Palästinas.

Aufstieg des Panarabischen Nationalismus

Die arabische Welt erlebt im 19. und 20. Jahrhundert stürmische antikoloniale Kämpfe. Islamistisch inspiriert waren sie alle. So in Algerien die Erhebung von Ibn Badis gegen die französische Eroberung, in Tunis, wo Hamad El-Senusi den Franzosen Gegenwehr leistete, oder im Widerstand des legendären Mahdi, Mahdi Muhammad Ahmad Ibn Abdallah, im Sudan gegen die Briten. Im Riff-Gebirge Marokkos setzt sich der Kampf unter arabisch-islamistischer Flagge unter Abd el-Krim bis in das 20. Jahrhundert fort. In ihm findet 1924/25 die Kommunistische Internationale ihren ersten bedeutenden Verbündeten aus der arabischen Welt. »Ho Chi Minh nannte Abd el-Krim einen ›nationalen Helden, einen Vorläufer des Volkskriegs‹. Als die Vietnamesen in ihrem Unabhängigkeitskrieg gegen Frankreich nach Ende des Zweiten Weltkriegs sahen, dass Frankreich eine große Zahl Marokkaner unter seinen Kolonialsoldaten in Vietnam einsetzte, wandte sich Ho Chi Minh an Abd el-Krim, der nach der Niederlage gegen die Franzosen in Kairo lebte. Dieser erließ darauf-

2 Ebd., S. 8

hin einen Aufruf, dem nicht wenige seiner Landsleute folgten, indem sie auf dem Weg nach Vietnam in Suez desertierten. In seinem Aufruf betonte er, daß der Kampf gegen den Kolonialismus unteilbar sei.«[3] Eine besondere Rolle spielt gerade auch für den Maghreb der zwanzig Jahre andauernde Befreiungskrieg der Libyer gegen die italienische Kolonialmacht.

1916, mitten im Ersten Weltkrieg, siegen die Araber mit britischer Unterstützung im Aufstand gegen die Türken – oder: Instrumentalisieren die Briten in ihrem Kampf gegen die Türkei die Araber. Deren Hoffnungen auf Unabhängigkeit und Bildung eines gemeinsamen, großen arabischen Staates werden enttäuscht. Vielmehr teilen Großbritannien und Frankreich die arabischen Provinzen des Osmanischen Reiches untereinander auf, lediglich Saudi-Arabien bleibt unabhängig. In dieser Konstellation verschiebt sich das Kräfteverhältnis vom islamistischen zugunsten des säkularen arabischen Nationalismus, der sich später antiimperialistisch formieren wird.

Einer der bekannten Vertreter dieser Richtung ist der ägyptische koptische Christ Makram Ubeid, Generalsekretär der fortschrittlichen nationalbürgerlichen Wafd-Partei Ägyptens, deren Büros im Dezember 2012[4] von den Islamisten in Kairo niedergebrannt werden. Der säkulare arabische Nationalismus mündet in den fünfziger und sechziger Jahren des vergangenen Jahrhunderts in die erste Arabische Revolution, sie ist antikolonial und bringt antiimperialistische Regierungen hervor. Ihr profiliertester Kopf ist Gamal Abdel Nasser. Mit eben diesen Entwicklungen ist die turbulente jüngere Geschichte Syriens eng verknüpft. Eine Rückblende:

Turbulentes Syrien

Für ganz kurze Zeit errichtet 1920 Faisal I. ein unabhängiges arabisches Königreich Syrien, zu dem der Libanon, Palästina und Jordanien gehören. Nach wenigen Monaten wird er durch eine französische

3 Autor anonym: Ein Grund des Hasses, in: Indymedia, Stand 27.09.2001, http://de.indymedia.org/2001/09/8083.shtml, Zugriff: 25.01.2013

4 Al-Arabiya, 15.12.2012

Militärexpedition gestürzt, deren Truppen besetzen das Land. Auf der Konferenz von San Remo hatte der Völkerbund Frankreich das Mandat über Syrien, Libanon und die mehrheitlich von arabisch sprechenden Alawiten und arabisch sprechenden Christen bewohnte Provinz Hatay übertragen. 1936 kam Frankreich türkischen Forderungen entgegen und entließ die Provinz aus seinem syrischen Mandatsgebiet. 1939 wurde sie türkisch.

Einen einigen syrischen Staat will die französische Regierung verhindern. Sie beabsichtigt eine Aufteilung Syriens in sechs Staaten entlang religiöser und konfessioneller Linien. Die arabischen Nationalisten hingegen fordern ein Groß-Syrien, bestehend aus Syrien, Libanon, Palästina. Mitte 1925 erhebt sich die Bevölkerung gegen die französischen Teilungspläne. Drusen, Alawiten, Sunniten, Schiiten, sie alle kämpfen gemeinsam um den Erhalt des syrischen Staates. Frankreich muss schließlich dem wachsenden inneren und äußeren Druck nachgeben, alle von ihm dominierten Gebiete, mit Ausnahme Libanons, werden zu einem gemeinsamen Staat Syrien.

Im Zweiten Weltkrieg vertreiben Truppen des von Charles de Gaulle geführten Freien Frankreichs mit britischer Hilfe die Besatzer des französischen Vichy-Regimes aus Syrien. Sie erklären zwar die syrische Unabhängigkeit, doch sie halten das Land besetzt. Wieder gibt es einen Aufstand. Die Vereinten Nationen und viele Staaten fordern Frankreich zum Rückzug auf. Am 15. April 1946 verlassen die letzten französischen Soldaten das Land, zwei Tage später wird die syrische Republik ausgerufen. Sie wird viele Jahre lang durch politische Instabilität und Regierungskrisen gekennzeichnet sein. Dazu trägt nicht zuletzt die syrische Niederlage im Palästinakrieg 1948 bei.

Diese Erfahrungen prägen das vorherrschende Selbstverständnis in Syrien. Das Land wird zu einem Zentrum des republikanischen Panarabismus – in scharfem Kontrast zu den monarchisch regierten arabischen Staaten. In dieser Zeit verlieren in Syrien die Muslimbrüder rasant an Einfluss, ihnen wird die Kollaboration mit der ehemaligen französischen Kolonialmacht nachgesagt.

Die Muslimbrüder hatten sich in den zwanziger Jahren in Ägypten als Rammbock gegen die sich entwickelnde Arbeiterbewegung gegründet. Sie sind erklärte Gegner des Kommunismus, darin unterstützt sie die britische Kolonialregierung. In Ägypten aber auch in Palästina, Syrien und Irak entwickeln sich sozialistische, kommunistische und in Ägypten gar eine bedeutende trotzkistische Bewegung.[5] Sie sind Motor des antikolonialen Kampfes.

Das Scheitern des Pan-Arabismus

Ein tief gehender, radikaler Umbruch geht von Ägypten aus. Er ist mit dem Namen von Gamal Abdel Nasser verbunden und nährt auch in Syrien die Hoffnung auf einen gemeinsamen arabischen Staat. Was mit Nassers Machtübernahme 1954 beginnt und sich ein Jahr später nach der Bandung-Konferenz[6], der ersten Konferenz der blockfreien Staaten, verstärkt, ist die epochale Emanzipationsbewegung der Länder Asiens, inklusive Chinas, Afrikas und – später – Lateinamerikas. Im arabischen Raum ist es die große Zeit des Panarabismus mit dem Ziel eines gemeinsamen Nationalstaats und tief greifenden sozialen Umwälzungen. Nasser erklärt Ägypten zu einem sozialistischen Land. Diese Vision strahlt auf die ganze Region aus. Für das größte arabische Land gilt damals und heute: Wenn in Kairo die ruhmreiche und unvergessene Um Kulthum, die Nachtigall vom Nil, singt, dann hört die ganze arabische Welt mit. Etliche der blockfreien Staaten wen-

5 Schwartz, Stephen: Mit Hammer und Sichel gegen Kreuz und Halbmond – Kommunismus und Religion, in: Jahrbuch für Historische Kommunismus-Forschung, hrsg. v. Ulrich Mählert u. a., Berlin 2009, S. 139

6 Im indonesischen Bandung treffen sich vom 18.-24. April 1955 die unabhängigen afrikanischen und asiatischen Staaten, mit Ausnahme Israels, Koreas und Südafrikas, zu ihrer ersten Konferenz. 23 asiatische und sechs afrikanische Staaten nehmen teil, in ihnen lebt über die Hälfte der Weltbevölkerung. Unter Führung des indischen Ministerpräsidenten Jawaharlal Nehru und des chinesischen Regierungschefs Zhou Enlai einigen sie sich auf eine neutrale Haltung gegenüber Ost und West, um ihre eigene Entwicklung als junge, unabhängige Staaten zu sichern. Die Bandung-Konferenz fordert die Unabhängigkeit für unterdrückte Völker, Sicherung der Menschenrechte, Abrüstung, Verbot von Kernwaffen sowie verstärkte Entwicklungshilfe. Sie ist die erste große Konferenz der Staaten der, wie es damals hieß, »Dritten Welt« und Keimzelle der zeitweilig starken und einflussreichen Bewegung der Blockfreien.

den sich an die Sowjetunion, um Unterstützung für ihre Entwicklung zu erhalten, darunter auch Ägypten. Anfänglich hatten die Ägypter von Washington Hilfe für den Bau des strategisch wichtigen Assuan-Staudammes erbeten. Als die USA wegen der antikolonialen Politik Ägyptens ihre Zusage abrupt zurücknahmen, fragte Nasser die Sowjetunion. Von da an intensivierten sich die Beziehungen Ägyptens mit den Ländern des realen Sozialismus. Deren Modell hatte eine große Ausstrahlung auf jene Länder der Dritten Welt, die einen Prozess nachholender Entwicklung ohne imperialistische Dominanz einleiteten.

Nassers Politik löst die erste Welle der arabischen Revolution aus. Er selbst stürzt 1954 mit einer Gruppe Freier Offiziere König Faruk und ergreift die Macht in Kairo. Im gleichen Jahr beginnt die algerische Revolution; Marokko und Tunesien gewinnen die staatliche Unabhängigkeit. In Jordanien gefährden große Demonstrationen gegen das Regime von König Hussein ernsthaft dessen Macht. König Abdullah, Vater von Hussein, wird von arabischen Nationalisten ermordet. In Saudi-Arabien destabilisieren soziale Auseinandersetzungen und Putschversuche das Königshaus. 1958 bilden Syrien und Ägypten die Vereinigte Arabische Republik (VAR), ihr Präsident wird Nasser. Im gleichen Jahr stürzen Offiziere die irakische Monarchie. Die damals mächtigste kommunistische Partei des Nahen Ostens, die des Iraks, begrüßt diesen Putsch. 1962 kommen im Jemen republikanisch gesinnte Militärs an die Macht. Als Saudi-Arabien einen monarchistisch inspirierten Bürgerkrieg gegen sie entfacht, schickt Nasser über 50.000 ägyptische Soldaten, um die republikanische Seite zu unterstützen. In der britischen Kolonie Aden, einem strategischen Brückenkopf der britischen Flotte, intensiviert sich der Unabhängigkeitskampf gegen die Kolonialmacht.

Syrien und Ägypten bleiben Vorreiter des republikanisch-arabischen Nationalismus. Doch im Bund der zwei Staaten dominiert die ägyptische Seite politisch und ökonomisch. Hinzu kommen wirtschaftliche Probleme und der Versuch der ägyptischen Bourgeoisie, Syrien ökonomisch zu kontrollieren. Das löst in Syrien große Unzufriedenheit aus. Im September 1961 putschen Offiziere, die der Baath-Partei nahe stehen. Das leitet das Ende der Vereinigten Arabischen Republik ein. Zwar versuchen ein Jahr später Syrien, Ägypten und zusätzlich der Irak noch einmal, sich zur Vereinigten Arabischen Republik zusammen zu schließen, doch der Versuch scheitert an Differenzen zwischen dem irakischen und dem syrischen Flügel der Baath-Partei. Mit einem weiteren Putsch im März 1963 erlangt die Baath-Partei die Macht in Syrien und errichtet Schritt für Schritt jenes System, das erst von 2011 an offensichtlich zusammenbricht.

Die Baath-Partei

Am 7. April 1947 hatte sich in Damaskus die Baath-Partei als Partei der Arabischen Wiedergeburt gegründet mit Bezug auf das italienische Risorgimento von Giuseppe Mazzini, der, wie Garibaldi, für die Einheit Italiens stritt. Wesentlichen Anteil an der Parteigründung hat der aus einer griechisch-orthodoxen Familie stammende Michel Aflak, Absolvent der Pariser Sorbonne. Die Anhänger der Baath-Bewegung rekrutieren sich zunächst aus dem städtischen Mittelstand. Sie verbinden die arabisch-nationalistische Ideologie mit Vorstellungen der französischen Frühsozialisten. 1952 vereinigt sich die Baath-Partei mit der Sozialistischen Arabischen Partei von Akram al-Haurani. Die kleinere Sozialistische Partei bringt eine gewerkschaftliche Verankerung in die neue Partei ein. Fortan heißt die vereinigte neue Partei Baath-Partei, Sozialistische Partei der arabischen Wiedergeburt.

Aufgrund ihrer nationalistischen Position ist die Baath-Partei anfänglich eine treibende Kraft bei der Vereinigung von Syrien und Ägypten zur Vereinigten Arabischen Republik. Der Laizismus trägt wesentlich zur Übernahme moderner Lebensformen bei und fördert die Emanzipation der Frau wie nirgendwo sonst in der arabischen Welt. Die Baath-Partei strebt einen Sozialismus der »dritten Art« an. Nach und nach übernimmt sie die Auffassungen einer »modernen sozialistischen Gesellschaft« im Sinne des realen Sozialismus Osteuropas, freilich ohne Klassenkampf und ohne Marxismus. In scharfer Abgrenzung zum Marxismus ist das Credo der Baath-Partei der Arabismus. Er lässt keinen Raum für die Autonomie ethnischer Minderheiten. Gleichzeitig versteht er sich als unzweideutige Alternative zum sunnitischen Pan-Islamismus, in dessen Tradition die Muslimbrüder stehen.

Die Baath-Partei wird auch in diversen anderen arabischen Ländern gegründet, bleibt aber marginal – mit Ausnahme des Irak, wo sie 1963 zeitgleich mit Syrien an die Macht kommt. Die Beziehungen beider Parteien sind sehr bald durch Rivalitäten gekennzeichnet. Die irakische Baath-Partei erklärt die mächtige Kommunistische Partei ihres Landes zu ihrem Hauptfeind, verfolgt sie grausam und zerschlägt sie brutal. Auch in Syrien werden die Kommunisten verfolgt, bis sie unter Hafez al-Assad zusammen mit allen anderen nationalistischen und sozialistischen Parteien in die Nationale Front integriert werden. Diesen Schritt hatte die Sowjetunion von den syrischen Kommunisten gefordert, auch um sie vor einer Vernichtung wie im Irak zu schützen; faktisch werden sie dadurch zu einem Satelliten der Baath-Partei. In der Verfassung ist die führende Rolle der Baath-Partei festgeschrieben, erst 2012 wird sie gestrichen in der umstrittenen Verfassungsreform, die Baschar al-Assad unter dem Druck der Massenproteste vornimmt und durch ein Referendum bestätigen lässt.

In Syrien hat die Baath-Partei eine Entwicklungsdiktatur erreichtet aus nachholender industrieller Entwicklung, sozialer Balance, Agrarreform und säkularem Staat. Das war ein beachtenswerter Schritt in einem Land mit einer großen, eher konservativen Landbevölkerung. Er trug von Anbeginn seinen Widerspruch in sich. Heute ist das »Baathregime, welches für eine lange Zeit Legitimität erfuhr, nicht mehr das, was es einstmals war«[7]. Es wurde, schreibt Samir Amin, mehr und mehr zu einer Diktatur, öffnete sich dem Neoliberalismus und erstickt mittlerweile in der Korruption.

Arabischer Sozialismus

In den fünfziger Jahren haben der Arabische Sozialismus unter Nasser und die Baath-Partei in Syrien eine gleichgerichtete Strategie. Beide sind bestrebt, die enorme soziale Kluft in ihren Ländern zu verringern, auf dem Land durch Agrarreformen, in der Stadt durch staatlich

7 Amin, Samir: 2011: Der arabische Frühling? Das ägyptische Beispiel, Stand 01.06.2011, www.tlaxcala-int.org/article.asp?reference=5115, Zugriff: 25.01.2013

geförderte Industrialisierung. Schulen und Krankenhäuser werden errichtet und für alle zugänglich gemacht.

Ökonomisch bringt der Umbruch in der arabischen Welt den Kurs einer autozentrierten Industrialisierung hervor. Sie orientiert sich strikt an den eignen Produktionsmöglichkeiten und Nachfragepotenzialen des Binnenmarktes. So entzieht sie sich dem Druck des Weltmarktes. »Nasser hatte auf die Industrialisierung gesetzt, um aus der internationalen kolonialen Spezialisierung herauszukommen, die das Land auf den Export von Baumwolle beschränkte«[8]. Dieses System, so Amin weiter, sichere einer wachsenden Mittelklasse »eine günstige Verteilung des Einkommens, ohne dass die Unterschicht verarmte.«[9] Vor allem sollen die eigenen Ressourcen gestärkt werden. Deshalb soll die Kontrolle über die vom Ausland beherrschten nationalen Reichtümer errungen werden. In Ägypten verstaatlicht Nasser im Juni 1956 den mehrheitlich britisch-französischen Suez-Kanal, die zentrale Verkehrsader für die Ölversorgung Großbritanniens. Erfolglos versuchen England, Frankreich und Israel mit einer gemeinsamen Militärintervention diese Entscheidung zu kippen und Nasser zu stürzen. Erfolgreich hingegen wird im Iran die Nationalisierung des Erdöls durch die Mossadegh-Regierung mit einem von der CIA und den Briten inspirierten Umsturz beantwortet. Mossadegh und seine Anhänger werden verhaftet, das Schah-Regime kommt zurück in die Macht. Rückschlägen zum Trotz wird der gesamte Nahe Osten von einer Welle der Erdöl-Nationalisierungen erfasst. Ausländische Gegner sind nicht nur die alten Kolonialmächte, auch die Vereinigten Staaten von Amerika treten auf den Plan. Ihr Interesse ist es, London und Paris zu schwächen, um sich selbst in dieser Region in Stellung zu bringen.

Mit der Niederlage 1967 im Sechstagekrieg gegen Israel beginnt ein Kurswechsel in der ägyptischen Außen-, Wirtschafts- und Sozialpolitik, den Nasser noch selbst anbahnt. Ökonomisch leitet er die »Intifah« ein, eine Öffnung zum Westen. Nassers Nachfolger Sadat verstärkt diesen Kurs. Um im eigenen Land die Zusammenarbeit mit

8 Ebd.

9 Ebd.

den USA und imperialistischen Mächten durchzusetzen, braucht er Erfolge auf anderen Gebieten. Nach der Niederlage auf der ganzen Linie im Sechstagekrieg versuchen Syrien und Ägypten die damals verlorenen Gebiete Golan und Sinai 1973 im Jom-Kippur-Krieg zurückzuerobern. Die syrische und die ägyptische Armee werden geschlagen, aber aufgrund der hohen Verluste auf allen Seiten und der Demonstration, dass auch Israel verletzlich ist, kommt für Sadat ein »Siegfrieden« heraus, dem fünf Jahre später der israelisch-ägyptische Friedensvertrag folgt.

Innenpolitisch verstärkt Sadat die Rechtsentwicklung in Ägypten, er löst Nassers sozialistische Einheitspartei auf und lässt die neue Partei der ägyptischen Bourgeoisie, die Nationaldemokratische Partei gründen. Er integrierte die Muslimbrüder in sein autokratisches System. Diese Politik setzt Sadats Nachfolger Hosni Mubarak nicht nur fort, er liefert vielmehr, so Samir Amin, Ägypten den Muslimbrüdern aus, » indem er ihnen die Führung des Schul- und Rechtswesens und der wichtigsten Medien (vor allem Fernsehen) übergeben hatte.«[10]

Arabien im globalen Neoliberalismus

Die Gründe des Scheiterns des Arabischen Sozialismus-Nationalismus sind vielfältig. Dabei spielen die westlichen Interventionen nur eine nachgeordnete Rolle. Vor allem ist es die »Unfähigkeit der neuen Regime, eine wirtschaftliche Entwicklung in ihrem Land einzuleiten; zunehmend autoritäre Verhältnisse, begründet mit der Ablehnung der ›parlamentarischen Demokratie‹, begleitet von einer Disziplinierung der Gewerkschaften, Einparteiensystemen sowie zunehmender Einschränkung der Meinungsfreiheit.«[11]Hinzu kommt, dass das Ganze, wie Samir Amin anmerkt, von Oben verordnet wird, »dem Volk wurde das Recht abgesprochen, sich selbst zu organisieren. Alles politische Leben wurde abgeschafft. Das geschaffene Vakuum lud den politischen Islam ein, es zu füllen.«[12] Das Ziel der arabischen Einheit

10 Ebd.

11 Ebd.

12 Ebd.

wurde nicht mit einer selbstbestimmten wirtschaftlichen Entwicklung verwoben. Statt mit Hilfe des Ölreichtums einen großen arabischen Markt mit regional spezialisierter Arbeitsteilung zu schaffen, verpuffen die ökonomischen Anstrengungen in der Enge des Flaschenhalses unterentwickelter nationaler Märkte.

Die Intifah (Öffnung) ist der Beginn der neoliberalen Transformation Ägyptens. Ähnlich verläuft die Entwicklung in den anderen arabischen Ländern. Die Intifah verknotet das Land mit dem internationalen Kapital. Als in der ägyptische Schuldenkrise von 1982 das Land als Bittsteller vor dem internationalen Pariser Club erscheinen muss, zwingt ihm der IWF ein strukturelles Anpassungsprogramm auf mit der Streichung von Ausgaben im Sozialen, Wegfall der Preiskontrollen, Beseitigung von Subventionen, Deregulierung und Privatisierung von Industrien. Inzwischen ist die öffentliche Infrastruktur, sind Eisenbahn, Straßen, Elektrizität in einem miserablen Zustand. Praktisch existiert kein funktionierender öffentlicher Gesundheitssektor mehr. Dass der Staat den öffentlichen Bildungssektor den Islamisten überließ, hat zu einem katastrophalen Niedergang des Schulwesens und der Forschung geführt.

Zeitlich verzögert beginnt in Syrien die Politik der neoliberalen Öffnung der Märkte 2005 unter Baschar al-Assad. Ihre Wirkungen in die Gesellschaft beschreibt der regierungskritische Professor für Ökonomie, Nabil al Samman, so: »Der vorgegaukelte Sozialismus wurde ersetzt durch eine sogenannte soziale Marktwirtschaft, eine Form des monopolistischen Kapitalismus. Die neue vermögende Klasse Syriens raffte mit illegalen Mitteln Milliarden von Dollar zusammen, die syrische Regierung ist aber nicht willens, dies zu verändern. Es gibt nachweislich riesige Unterschiede in den Einkommen und Vermögen zwischen der Generation der extrem vermögenden Neureichen, die sich aus hohen Regierungsbeamten und traditionellen Geschäftsleuten zusammensetzt, einerseits und der armen Klasse andererseits. Die herrschende Baath-Partei hat diesen nichts mehr anzubieten.« (Nabi al-Salman in *Syria Today*)

In dem Geflecht von maßloser Bereicherung einer schmalen Schicht, sich ausbreitender Armut, Rückzug des Staates aus der Daseinsvorsorge für seine Bürger hat der politische Islam Einfluss gewinnen können. Er ist das direkte Produkt – teils gefördert, teils bekämpft – der gescheiterten Modernisierungsversuche der arabischen Gesellschaften. Der politische Islam wurde und wird immer von den reaktionären arabischen Regime am Golf unterstützt. Er dient ihnen als Instrument, um den säkularen, republikanischen Arabischen Nationalismus, der die dynastischen Regime der Golfstaaten bedroht, zu bekämpfen.

In Syrien sind die Muslimbrüder die dominante Kraft im Widerstand.[13] Anders als deren ägyptischer Zweig haben sie niemals vorgegeben, eine unabhängige antiimperialistische Politik zu verfolgen. Sie haben kein Problem mit dem Neoliberalismus, sie kritisieren das Assad-Regime dafür, die neoliberalen Reformen nur halbherzig durchgeführt zu haben. Die syrischen Muslimbrüder sind auf den einen Punkt fixiert: Sturz der Assad-Regierung.

Soziale Verwerfungen und fehlende Demokratie unter der mehr als fünfzigjährigen Herrschaft der Baath-Partei erklären jedoch nicht hinreichend den in Syrien entbrannten Konflikt. Darunter liegt ein alter, schwelender und mehrfach mit Waffengewalt ausgetragener Konflikt zwischen der syrischen Muslimbruderschaft, sie repräsentiert die traditionellen konservativen Kräften der sunnitischen Bevölkerungsmehrheit, und den säkularen Kräften innerhalb der syrischen Gesellschaft. Obwohl Baschar al-Assad und seine Politik mittlerweile von nicht unbeträchtlichen Teilen[14] der Bevölkerung abgelehnt werden,

13 Gresh, Alain: Der syrische Knoten, Le Monde diplomatique, 13.04. 2012

14 Unter den Bedingungen des Bürgerkriegs ist es nicht möglich, die Zustimmung oder Ablehnung der Politik von Assad durch die Bevölkerung verlässlich zu messen. Es kann nur Schätzungen oder Hinweise geben. Einen Hinweis mag das Referendum vom 26. Februar 2012 über die durch Assad veränderte Verfassung geben, die u. a. das Machtmonopol der regierenden Baath-Partei beendete. Laut Angaben des Innenministeriums wurde die Verfassung mit 89,4 Prozent Ja- und neun Prozent Nein-Stimmen angenommen. Die Wahlbeteiligung soll bei 57,4 Prozent gelegen haben. Bezogen auf die gesamte Bevölkerung ergibt sich eine Zustimmung von 51,3 Prozent. Das deutet darauf hin, dass Assads Politik innerhalb Syriens zwar Rückhalt findet, aber in einem erheblichen Teil der Bevölkerung auch umstritten ist. Zur inhaltlichen Auseinandersetzung um die Assad-Reformen von 2012 s. Louay Hussein: Der syrische Aufstand. Realität und Perspektiven in diesem Buch.

ist unter den säkularen Kräften und unter ethnischen und religiösen Minderheiten die Angst vor den Muslimbrüdern so groß, dass sie sich scheuen, die von diesen dominierte bewaffnete Opposition zu unterstützen.

So sagte jüngst die syrische Oppositionelle Rafif Jouejati, Sprecherin der Local Coordination Committees, in einem Interview der *Financial Times Deutschland (FTD)*: »Die Muslimbruderschaft gibt sich sehr viel Mühe moderater zu erscheinen. Aber für mich schließt eine Organisation, die eine religiöse Bruderschaft ist, andere Religionen aus. Und sie ist als Bruderschaft sexistisch. Weil ich an eine säkulare Gesellschaft glaube, traue ich der Muslimbruderschaft nicht«.[15] Weil die Muslimbrüder ihn kontrollieren, warnt sie davor, den in Katar gebildeten Oppositionsblock als Exilregierung anzuerkennen.[16]

KARIN LEUKEFELD

Der Aufstand hat eine Vorgeschichte, sozialökonomisch und politisch

Als Ende Januar 2011 in Kairo die Menschen auf den Tahrir-Platz drängten und den langjährigen Präsidenten Hosni Mubarak in Bedrängnis brachten, klebten viele Syrer förmlich an den Bildschirmen. Mit gemischten Gefühlen verfolgten die Menschen die Proteste in Ägypten, die 24 Stunden live über den Nachrichtensender aus Katar, *Al Dschasira*, in die syrischen Wohnstuben flimmerten. »Wenn Mubarak geht, werden die Ägypter die Muslimbrüder bekommen«, sagte ein Gesprächspartner Ende Januar 2011. »Dann werden ihre Probleme erst anfangen.« Mitte Februar war es soweit. Die »Revolution vom 25. Januar« hatte gesiegt, die Aktivisten vom Tahrir-Platz waren bereit, Ägypten neu aufzubauen.

15 Rafif Jouejati, Interview in FTD, 09.11.2012

16 Ebd.

Bei Interviews mit 20- bis 30jährigen in Damaskus erfuhr die Autorin zu dieser Zeit, dass die jungen Leute sich weniger eine Revolution wie in Ägypten wünschten als vielmehr, dass das, was sich in Syrien bereits verändert hatte, gefestigt und intensiviert werden sollte: Bildung und Ausbildung, soziale Absicherung, Schaffung von bezahlbarem Wohnraum, dazu aber auch mehr wirtschaftliche und politische Teilhabe, eine moderne Demokratie nach europäischem Vorbild. Präsident Baschar al-Assad wurde als Modernisierer und Reformer angesehen. »Er ist wie einer von uns«, sagte ein Musiker des Symphonieorchesters an der Oper. »Er ist jung, er interessiert sich für uns, er kommt zu unseren Konzerten.« Die First Lady engagierte sich für geistig und körperlich Behinderte, persönlich warb sie für Akzeptanz und Respekt gegenüber Menschen mit Down-Syndrom. Die Tageszeitung *Al Watan* wurde für den Pressespiegel europäischer Botschaften regelmäßig ausgewertet, *Syria Today* und das *Forward-Magazine* wandten sich in englischer Sprache an die vielen westlichen Ausländer, die geschäftlich oder als Touristen nach Syrien kamen. Die März-Ausgabe 2011 von *Syria Today* berichtete über die Zulassung von Facebook und YouTube in Syrien, über die ungleiche Behandlung von Frau und Mann im syrischen Rechtssystem und das »Leben nach Mubarak« in Ägypten.

Ende Januar 2011 hatte sich Assad in einem ausführlichen Interview mit dem US-amerikanischen Magazin *Wall Street Journal* zu den Ereignissen in Tunesien und Ägypten geäußert. Der Staat und seine Institutionen müssten mit den Forderungen der Bevölkerung Schritt halten, sagte er. Politische Stagnation müsse überwunden werden, mit der Modernisierung der Gesellschaften müsse sich auch die politische Führung modernisieren. »Bei einer wirklichen Reform geht es darum, wie man die Gesellschaft öffnet und einen Dialog aufnimmt«, so Assad. Im Verhältnis zu den Ereignissen in Tunesien und Ägypten stufte Assad Syrien als »stabil« ein, »obwohl unsere Bedingungen schwieriger sind als die Ägyptens, das von den USA finanziell unterstützt wird«, sagte er. »Gegen Syrien dagegen haben die meisten Staaten der Welt ein Embargo verhängt.« Für 2011 seien politische Reformen in Syrien geplant, darunter ein neues Mediengesetz und Erleichterung für die Registrierung von Nichtregierungsorganisationen.

Von der 30jährigen Herrschaft seines Vaters hat der Sohn, Baschar al-Assad, schwere Probleme geerbt, von denen er nicht einmal einen Bruchteil gelöst hat. Vieles hatte sich sogar durch das explosionsartige Bevölkerungswachstum, die Aufnahme von 1,5 Millionen irakischen Flüchtlingen und eine langjährige Dürre verschärft. Die Umstellung der staatlichen Planwirtschaft auf eine »soziale Marktwirtschaft«, die Liberalisierung der Märkte, die Öffnung der Grenzen für ausländische Investitionen bedeutete für viele kleine und mittlere Betriebe das Aus. Die Arbeitslosigkeit stieg beständig. Politische Reformen blieben aus, die wenigen Politiker und Intellektuellen, die Widerspruch wagten, wurden ausgegrenzt, waren im Gefängnis verschwunden oder mussten das Land verlassen. Assads Kampf gegen die Korruption, für eine Modernisierung des Landes und für politische Veränderungen hatte in den zehn Jahren seiner Amtszeit viele Rückschläge erlitten. Das System, das sein Vater Hafez al-Assad in einer politisch ganz anderen Zeit geschaffen hatte und das von ihm kontrolliert worden war, hatte diesen überlebt. Mit dem jungen, politisch unerfahrenen Baschar al-Assad hatte sich das Regime einen Sympathieträger an seine Spitze gestellt. Die dahinter verteilte Macht von Geheimdiensten, Militär und einer kleinen, verschworenen Wirtschaftselite blieb – auch vom Präsidenten selbst – weitgehend unangetastet.

Manche halten Baschar al-Assad im Nachhinein für naiv, andere für arrogant, wieder andere kritisieren, dass er den falschen Partnern und Beratern vertraut habe. Kritisiert wird die enge Zusammenarbeit mit der Türkei und Katar. Der damalige Vizeministerpräsident für ökonomische Angelegenheiten, Abdullah Dardari, wird für eine rücksichtslose Liberalisierung der syrischen Wirtschaft verantwortlich gemacht. Die Reichen seien dadurch noch reicher und die Armen noch ärmer geworden, die nationale Ökonomie sei nicht ausreichend vor ausländischen Investoren geschützt worden. Frauenrechtlerinnen kritisieren, dass Assad gegenüber religiöser Einflussnahme durch islamisch-sunnitische Scheichs und Koranschulen zu tolerant gewesen sei. »Aus Angst vor der Muslimbruderschaft und fundamentalistischen Islamisten« sei Assad diesen entgegengekommen. Er habe ihnen zu viel Spielraum im sozialen Gefüge der säkularen syrischen Gesellschaft eingeräumt, meint die Frauenrechtlerin Sawzan Zakzak von der Syrischen Frauenliga.

Der innersyrische Konflikt ist von den regionalen und internationalen Machtinteressen völlig in den Hintergrund gedrängt worden. Die eigentlichen Forderungen der Protestbewegung waren Freiheit und Würde. Neue Parteien und Gewerkschaften sollten zugelassen und der Ausnahmezustand, der seit 50 Jahren andauerte, sollte aufgehoben werden. Man forderte soziale und wirtschaftliche Gerechtigkeit, die syrischen Kurden forderten ethnische und kulturelle Anerkennung. Das Wichtigste aber war die Kontrolle der Geheimdienste. Die hatten in Jahrzehnten ein dichtes Netz über das Land gelegt, das die Gesellschaft in allen Bereichen einengte.

Keine Freiheit für Andersdenkende

Die verbotene, aber dennoch wohl stärkste oppositionelle Partei war die syrische Organisation der Muslimbruderschaft, die bis heute von Saudi-Arabien unterstützt wird. Sie lag seit den Gründungstagen der Baath-Partei mit dieser in einem gewaltsamen Konflikt. Hafez al-Assad beschreibt, wie er als Schüler und Student von gleichaltrigen Anhängern der Muslimbrüder angegriffen und geschlagen wurde, weil er ein arabischer Nationalist war. Aus den halbstarken Rangeleien wurde von 1979 bis 1982 ein bewaffneter Aufstand der Muslimbrüder gegen die syrische Führung. Es ging um diametral entgegen gesetzte Gesellschaftsmodelle: die Muslimbrüder wollten einen Staat gemäß dem islamischen Recht der Scharia. Die Baath-Partei strebte einen säkularen, panarabisch-sozialistischen Staat an. Hafez al-Assad entschloss sich – nach anfänglichen Versuchen, den Konflikt auf Gesprächsebene zu lösen, wie Patrick Seale in seiner hervorragenden Biographie »Assad – Der Kampf um den Mittleren Osten« beschreibt – schließlich zu einem erbarmungslosen Durchgreifen. Mit Armee und Luftwaffe ließ er 1982 Hama, das damalige Zentrum des Aufstandes, in Schutt und Asche legen. Tausende wurden getötet, in Gefängnisse verschleppt oder verschwanden. Angehörige flohen in den Libanon und nach Jordanien, die Führung der Muslimbruderschaft um Issam al-Attar erhielt politisches Asyl in Deutschland. In Syrien wurde sie verboten, die Mitgliedschaft mit dem Tode bestraft. Eine unbekannte Zahl Gefangener verschwand, einige kamen 2011, knapp 30 Jahre später, durch einen Erlass von Präsident Baschar al-Assad frei. Versuche, mit der Führung der Muslimbruderschaft in Aachen über eine Rückkehr unter Ausschluss politischer Betätigung zu verhandeln, blieben ohne Erfolg.

Auch Liberale und Monarchisten, Nasseristen, Kommunisten unterschiedlicher Zuordnung und die 1932 von Antun Saadeh gegründete Syrische Soziale Nationalistische Partei wurden verfolgt und ihre Organisationen verboten. Selbst enge Weggefährten, die innerhalb der Baath-Partei Kritik äußerten, wurden eingesperrt oder ins Exil gezwungen. Die einzige politische Öffnung, die Hafez al-Assad zuließ, war die 1972 gegründete Nationale Progressive Front, mit der zehn offiziell akzeptierte Parteien ins Parlament einzogen und – als Zeichen der Partizipation – auch Minister in der Regierung stellten. Die repressive Politik hatte jahrzehntelang Andersdenkende in den Untergrund gezwungen, viele verließen das Land. Exilanten unterschiedlicher Couleur gehörten denn auch zu den ersten, die die Protestbewegung aus der Ferne unterstützten.

Wassermangel, Landflucht und Bevölkerungsexplosion

Mehr als politische Rechte und Freiheiten zählte für die meisten Menschen soziale und wirtschaftliche Gerechtigkeit. Als Flächen- und Agrarstaat verfügt Syrien nur über wenige Bodenschätze, am wichtigsten für das Land ist das Wasser. Die gebirgige Mittelmeerregion, der Süden (Daraa, Sweida) und die von Kurden bewohnte Jazeera entlang der Grenze zur Türkei gelten als die wasserreichsten Gebiete mit intensiver Agrarwirtschaft. Doch seit dem Ende des Osmanischen Reiches (1918) und der Aufteilung des historischen Syriens in Libanon, Teile der Türkei und das jetzige Syrien hatte es viele Wasserquellen verloren. 1967 besetzte Israel den an Wasser reichen Golan, Syrien verlor eine wichtige Kornkammer, 244 Dörfer wurden damals zerstört, 150.000 Menschen verloren ihre Heimat.

Die wichtigste Wasserquelle für Syrien ist der Euphrat, der in den kurdischen Gebieten der Türkei entspringt. Jahrelang hatte die Türkei das Wasser des Euphrat wegen Differenzen über die Kurdenpolitik knapp gehalten, das verschärfte sich durch den Bau des Südostanatolien Staudammprojekts (GAP), mit dem Ankara jederzeit den Syrern das Wasser abstellen konnte. Seit dem Jahr 2000 wurde die Sorge um das Wasser durch eine anhaltende Dürre im östlichen Mittelmeerraum verschärft. Viele Bauern mussten ihr Vieh verkaufen, ihre Ernte vertrocknete, Zehntausende verließen ihre Felder und Höfe und siedelten sich um die Großstädte Deir Ezzor, Aleppo, Hama, Homs und Damaskus an, in der Hoffnung auf neue Arbeit.

Die hastig errichteten neuen Satellitenvororte und illegalen Siedlungen legten sich wie Ringe um die Städte. In Damaskus Stadt leben offiziell 1,7 Millionen Menschen, im Umland doppelt so viele. Inoffiziell wird die Einwohnerzahl von Damaskus und Umgebung auf bis zu 7 Millionen Menschen geschätzt, mehr als 50 Prozent sind junge Leute unter 21 Jahren. Die Infrastruktur – Wohnungen, Krankenhäuser, Schulen, Ausbildungs- und Arbeitsplätze – war rasch vollkommen überfordert.

Vom Westen begrüßt und mit der Aussicht auf bessere wirtschaftliche Zusammenarbeit mit Europa schaffte Baschar al-Assad 2005 die staatliche Planwirtschaft ab. Im Fünfjahresplan bis 2010 war der Aufbau einer sozialen Marktwirtschaft vorgesehen. Im Land gab es daran viel Kritik, nicht zuletzt aus den Reihen der Nationalen Progressiven Front. Unterstützt wurde die Regierung hingegen von internationalen Experten und Finanzberatern, auch aus Deutschland. Ein EU-Assoziierungsabkommen, das seit 2004 zwischen Damaskus und Brüssel verhandelt wurde, führte zu einer Fülle bilateraler Projekte. Ausländische Experten ließen sich in Syrien nieder, Syrer kamen zur Aus- und Fortbildung nach Europa.

Mit dem langjährigen politischen Gegenspieler Türkei wurden in dieser Zeit wirtschaftliche Abkommen geschlossen, neue Grenzübergänge eröffnet, die Visumspflicht für Bürger beider Staaten aufgehoben. Freihandelszonen lockten selbst Investitionen aus den Golfstaaten an, die wirtschaftliche Liberalisierung führte für Teile der Gesellschaft zu neuem Wohlstand und ökonomischen Freiheiten.

Gleichzeitig vergrößerte sich die Kluft zwischen Arm und Reich. Nach einem Bericht des UN-Entwicklungsprogramms lebten im Jahr

2007 etwa 33 Prozent der Bevölkerung in Armut und 12,7 Prozent unter der Armutsgrenze von zwei US-Dollar pro Tag (ca. 1,50 Euro). Die offizielle Arbeitslosenrate lag bei acht Prozent, inoffiziell waren es schon damals vermutlich mehr als 20 Prozent. Die Zahlen dürften sich im Jahr 2011, nicht zuletzt durch die scharfen westlichen Sanktionen gegen Syrien, drastisch erhöht haben. Die Zahl der jungen Leute im Alter von 10-24 Jahren lag 2004 bei 34,2 Prozent, Tendenz steigend. Ausländische Produkte verdrängten Familien- und Kleinbetriebe, die die überwiegende Mehrheit der syrischen Firmen ausmachten. Die Arbeitslosigkeit stieg, die Krise entwickelte sich vor den Augen der syrischen Behörden und ihrer ausländischen Berater. Wo der Staat überfordert war oder sich einfach nicht kümmerte, boten islamische Stiftungen Hilfe an. Koranschulen schossen wie Pilze aus dem Boden. Das Geld für die islamische Hilfe kam von Geschäftsleuten in Saudi-Arabien und der verbotenen Muslimbruderschaft. Als im Frühjahr 2011 in Syrien die Proteste begannen, gehörten die jugendlichen Habenichtse aus den Vororten und Satellitenstädten zu den ersten, die auf der Straße waren.

Die Kurden

Nie ist es im Syrien nach der französischen Mandatszeit oder Besatzung 1946 zu Pogromen zwischen den mehr als 26 verschiedenen religiösen und ethnischen Gruppen gekommen. Allerdings war das Verhältnis zwischen dem syrischen Staat und den syrischen Kurden seit Ende der 1950er Jahre angespannt. Grund dafür war das Erstarken der Kurdischen Demokratischen Partei im Irak. Deren charismatischer Führer Masoud Mustafa Barzani war 1960 aus dem sowjetischen Exil zurückgekehrt. 1961 begann ein langer Aufstand für Autonomie, auf den die damalige syrische Führung mit Repression reagierte. Unter Hafez al-Assad lockerte sich der eiserne Griff. Zwar wurden ein Ende der 1950er Jahre begonnenes Umsiedlungsprojekt fortgeführt und 120.000 Kurden die syrische Staatsangehörigkeit verweigert. Andererseits wurde die Sprache toleriert und der alte Assad gewährte Kurden aus dem Irak und der Türkei Zuflucht unter der Bedingung, dass sie in Syrien nicht politisch aktiv würden. Das Verbot politischer

Organisierung entlang religiöser oder ethnischer Zugehörigkeiten war eines der unerbittlichen Tabus, eine »rote Linie«, die in Syrien nicht überschritten werden durfte.

Dennoch gelang es vor allem der Arbeiterpartei Kurdistans, PKK, deren Führung um Abdullah Öcalan bis 1998 in Damaskus geduldet wurde, die syrischen Kurden für ihren Kampf zu organisieren. 2003 wurde die Partei der Demokratischen Einheit (PYD) gegründet, die in Ideologie und Aufbau der PKK nahe steht. 2011 trat die PYD dem Nationalen Koordinationsrat für demokratischen Wandel in Syrien (NCC) bei, einem oppositionellen Zusammenschluss von 13 innersyrischen Oppositionsgruppen. Das Bündnis lehnt jede Gewaltanwendung – ob von innen oder von außen – für eine politische Veränderung in Syrien ab und tritt für eine friedliche Übergangslösung ein. Aktiv wendet sich das Bündnis gegen einen konfessionellen Krieg. Seit Anfang 2012 organisierten die Kurden in verschiedenen Städten entlang der Grenze zur Türkei eigene Volksverteidigungskräfte, die sich gegen die bewaffneten Aufständischen der Freien Syrischen Armee, islamistische Gruppen und die Muslimbruderschaft wandten. Die syrischen Sicherheitskräfte zogen sich aus den von den Kurden gehaltenen Orten weitgehend zurück und überließen ihnen neben der Sicherung ihrer Gemeinden auch die Verwaltung. Strategische Orte, wie Flugplätze und Militärstützpunkte, werden dagegen weiter von den offiziellen syrischen Sicherheitskräften kontrolliert. Nach eigener Aussage strebt die PYD eine demokratische Autonomie innerhalb Syriens an und gehört schon heute zu den Siegern des Aufstandes. Wer immer die Zukunft Syriens bestimmen wird, muss die Kurden einbeziehen.

Ein Thema, das vor allem bei den Protesten in den Satellitenstädten von Damaskus eine wichtige Rolle spielte, war die Landfrage. Mit der Machtübernahme von Hafez al-Assad, einem Luftwaffenoffizier, wurde die Verteidigung Syriens gegen Israel zur Staatsdoktrin. Syrien und Israel befanden sich im Krieg, Israel hatte sich 1967 im Sechs-Tage-Krieg die fruchtbaren Höhen des Golan angeeignet. Um die Hauptstadt zu verteidigen, wurden große Ländereien im Umland von Damaskus aus Gründen der staatlichen Sicherheit enteignet. Auf Boden, der einst Bauern aus Maadamiya, Dareya oder Kafar Suseh gehörte, entstanden Flughäfen, Truppenübungsplätze, Wohnsiedlungen für Militärangehörige und Kasernen. Die vorherigen Besitzer, meist Kleinbauern, wurden – nach heutigem Maßstab – nur gering entschädigt. Neue Wohnblocks, Regierungsgebäude und Einkaufszentren wurden direkt neben den ärmlichen Häusern der ursprünglichen Bevölkerung hochgezogen. In Kafar Suseh sind bis heute die beiden Welten zu besichtigen, die Tür an Tür liegen und doch Syrien tief spalten.

Zwei Welten und ein wunderbares Mosaik

Es sind nicht Sunniten und Schiiten, nicht Christen, Drusen oder Alawiten, nicht Araber und Kurden, die wie zwei Welten neben einander lebten und sich misstrauisch beäugten. Der Graben in Syriens Gesellschaft verläuft bis heute zwischen der städtischen, modernen und zumeist westlich orientierten und einer ländlichen Bevölkerung, deren Werte und Verhaltensweisen oft mittelalterlich anmuten. Das sagt der Soziologe Youssef Courbage, der am Französischen Institut für Nationale Demographische Studien (INED) in Paris lehrt. Courbage, der in Aleppo geboren wurde, traf die erste Bevölkerungsgruppe in der Küstenregion, den Großstädten Aleppo, Homs, Damaskus und Sweida, wo sie mit oder am Rande der politischen Macht von den Fortschritten des Landes in Bildung, Gesundheitswesen, Kultur und Arbeit profitiert und über gute Infrastruktur, Straßen, Wasser und Strom verfügte. Die zweite Gruppe verortete Courbage im ländlichen Umland der Großstädte und in den weiten Wüstenregionen entlang der Grenzen zum Irak und zu Jordanien. Hier galten weniger Wort und Gesetz des Staates als die Anordnungen eines Stammesführers oder des religiösen Scheichs. Während die erste Gruppe, ähnlich wie die Europäer, den Frauen Zugang zu Bildung und Arbeit ermöglichte, die Familien meist nicht mehr als zwei oder drei Kinder hatten, fanden sich bei der zweiten Gruppe oft bis zu zehn Kinder pro Familie. Mädchen, selbst wenn sie der Schulpflicht nachkamen, heirateten früh. Die hohe Geburtenrate in den ländlichen Gebieten verursachte Probleme bei der Suche nach Ausbildung und Arbeit, die Zahl der jugendlichen männlichen Arbeitslosen in Syrien stieg, so Courbage. Diese jungen Männer suchten Arbeit in Libyen, Ägypten und in den

Golfstaaten. Dort kamen sie mit den Ideen radikaler sunnitischer Prediger in Berührung, oftmals Geistliche der Muslimbruderschaft, die 1982 und danach aus Syrien geflohen waren. Courbage sieht in den sozialen Brüchen Syriens den eigentlichen Grund für die Unruhen, nicht in den unterschiedlichen Religionen und Volksgruppen.

Hafez al-Assad war sich seiner Minderheitenposition von Anfang an bewusst und bezog vor allem Sunniten, die, religiös gesehen, die Mehrheit der Bevölkerung stellen, in den syrischen Machtapparat ein. Einflussreiche Militärs kamen aus Rastan (Homs), wie der langjährige syrische Verteidigungsminister Mustafa Tlas. Die Familie des langjährigen Außenministers und heutigen Vizepräsidenten Faruk al-Sharaa stammt aus Daraa. Der religiöse Führer der sunnitischen Syrer, Großmufti Ahmad Badr al-Din Hassoun, stammt aus Aleppo. Er bezeichnet sich als Anhänger des säkularen Staates, denn »Religion ist eine Sache zwischen dem Menschen und Gott und Politik ist eine Sache der Menschen und der Gesellschaft.« Die Angst zwischen den Menschen werde »geschürt«, so der Großmufti. Tatsächlich gebe es »Familien, in denen Christen, Muslime, Alawiten« zusammenlebten. »Wir sind alle miteinander verwandt, nennen uns Cousin und Cousine«. Er warnt vor der »Idee eines religiösen Staates« und verweist auf Israel, das sich als »jüdischer Staat« verstehe, obwohl Jerusalem und die Region die Heimat von Christen, Juden und Muslimen seien. Syrien sei kein religiöser, sondern ein ziviler Staat, der »das wunderbare Mosaik« erhalte. »Die aktuelle Gefahr ist, dass die Menschen hier plötzlich sagen, wir haben eine alawitische Regierung. Ja, Präsident Baschar al-Assad ist Alawit, doch seine Frau ist eine Sunnitin aus Homs. Nie haben wir darüber nachgedacht, ob jemand Christ, Alawit oder Muslim ist. In jedem Ausweis steht ›Syrer‹, keine Religionszugehörigkeit.«

Unsichere Zukunft

Anfang 2013 mehren sich die Warnungen vor einem Konfessionskrieg, der Syrien und die ganze Region in die »Hölle« treiben werde, wie der UNO-Sondervermittler für Syrien, Lakhdar Brahimi sagt. »Alawiten in den Sarg, Christen nach Beirut« ist eine Parole, die sich hartnäckig hält und deutlich konfessionelle Züge zeigt. Die einen behaupten, die Parole sei von den Geheimdiensten gestreut worden, um die Bevölkerung einzuschüchtern. Die anderen behaupten, die Parole persönlich von Aufständischen gehört zu haben, die keine politischen Reformen, sondern einen islamischen Gottesstaat in Syrien erkämpfen wollen. Sunnitische Hassprediger rufen über Satellitenfernsehen aus Katar und Saudi-Arabien zum Mord an Präsident Assad und seiner Familie auf. Sie seien »Ungläubige« und stammten aus dem (schiitischen) Iran. Christen, die zur intellektuellen Elite Syriens gehören, verlassen das Land.

Das mosaikartige religiöse Selbstverständnis der syrischen Gesellschaft gerät in Gefahr. Doch es ist noch da. Ein junger Mann in Damaskus beschreibt seine Familie, die beispielhaft für das säkulare Syrien ist. Seine Mutter sei Christin, sein Vater Ismailit. Seine Schwester heiratete einen Alawiten und er selber sei mit einer Muslima verheiratet, mit drei frechen kleinen Söhnen. Er lebte in Yarmuk, inmitten der palästinensischen Flüchtlinge, weil der Wohnraum dort bezahlbar sei und sein Arbeitsplatz schnell zu erreichen. Mit dem Einfallen der Aufständischen musste er mit seiner Familie in die Wohnung seiner Schwester fliehen. »Sollen wir uns nun alle bekämpfen und voneinander trennen«, fragt er ratlos. »In wessen Interesse könnte das wohl sein? In unserem Interesse ist das ganz sicher nicht.«

MAMDOUH HABASHI

Der islamische Fundamentalismus: Muslimbrüder und der politische Islam[1]

Der Fundamentalismus gründet sich auf eine Religion oder Ideologie und dient einem politischen Projekt zugunsten einer bestimmten Klasse. Der politische Islam hat ein Programm für die gesamte

1 Dieser Artikel vornehmlich zum ägyptischen Beispiel ist die überarbeitete Fassung eines Vortrags zur internationalen Konferenz »Die Frage der Demokratie im Mittleren Osten und Nordafrika«, die vom 1.-3. Juni 2012 in der York-Universität in Toronto, Kanada, stattgefunden hat.

Gesellschaft, es soll aus einer Vergangenheit von vor mehr als 1500 Jahren in die moderne Zeit übertragen werden. Wir fragen: Kann es auf unsere Zeit angewendet werden? Welche sozialökonomische Form soll seine Klassengebundenheit annehmen, welches politische System, welche grundlegenden Werte?

Der Politische Islam kristallisierte sich zu einer Zeit heraus, als die Landwirtschaft die vorherrschende Produktionsweise war. Handwerk war von geringerer, Privateigentum hingegen von herausragender Bedeutung. Es hatte einen nahezu heiligen Stand, galt es doch als von Gott gegeben. Eigentümer von Grund und Boden bildeten die herrschende Klasse. Im frühen Mittelalter machte die arabisch islamische Welt eine großartige Entwicklung durch in Wissenschaft und Philosophie, Landwirtschaft und Handwerk. Die Kämpfe des 11. Jahrhunderts leiteten ihren Niedergang ein. Wegen der vielen Kriege und bewaffneten Konflikte, aber auch wegen der brutalen Ausbeutung der Bauern ging die Bedeutung der Landwirtschaft zurück, und der Handel, der sich aus dem Grundeigentum entwickelt hatte, wurde immer bedeutender, bis er die Wirtschaft dominierte.

Der Rückschritt an zivilisatorischen Errungenschaften führte zu einer Reform der herrschenden Ideologie/Religion, die ihrerseits auf den Handel ausgerichtet war, zu Lasten der Produktion. Die Länder des Osmanischen Reichs verfielen in einen Tiefschlaf und verharrten im Mittelalter, während das moderne Europa die Früchte der Renaissance erntete und sich beträchtlich entwickelte.

Fundamentalismus ist eine Bewegung

Napoleons Invasion in Ägypten markiert den Zusammenprall zweier Gesellschaftsgattungen. Nach dieser Periode begannen wir im mittleren Osten unsere weltanschaulichen Debatten um herauszufinden, warum wir gescheitert sind. Warum waren wir, die »Rechtgläubigen«, unterentwickelt im Vergleich zu den hoch entwickelten »Ungläubigen«? In dieser Debatte gibt es zwei Hauptströmungen: Eine relativ säkulare, die versuchte, den Islam den Anforderungen der Moderne anzupassen. Sie war repräsentiert durch Rifa'a al-Tahtawi (1801-

1873)[2], einem der ersten ägyptischen Gelehrten, der in engen Kontakt mit der westlichen Zivilisation kam, Ali Mubarak (1823-1893), Bildungsreformer und Modernisierer, bis zu Ali Abdel Razeq (ca. 1888-1966), ägyptischer Islamgelehrter und Scharia-Richter, der als geistiger Vater des islamischen Laizismus betrachtet werden kann. Die andere Position war bestrebt, die alte und traditionelle Ideologie und den islamischen Staat wiederherzustellen, indem man zu den Wurzeln zurückkehrt. In moderater Form wurde das vorgeschlagen von Al Imam Mohamed Abdu (1849-1905), der die Anpassung des Islam an die Moderne hauptsächlich durch die Erinnerung an glorreiche Zeiten erreichen wollte, und in extremer Weise von seinem Schüler Al Imam Rashid Reda (1865-1935), den die Muslimbrüder als nahezu gottgleich verehren.

Diese Auseinandersetzung führte zur Gründung der Muslimbruderschaft als Organisation. Sie schob die Auseinandersetzung von der ideologischen auf die politische Ebene. Ihr Hauptziel war, modernes Denken in all seinen Formen zurückzuweisen, sogar zu verabscheuen, um »unsere Werte« und »unsere religiösen Wurzeln« zu verteidigen. Deshalb lehnten die Muslimbrüder alle politischen Theorien der Neuzeit ab, Nationalismus ebenso wie Liberalismus und Sozialismus.

In ihrer Feindschaft gegenüber jeglichem modernen Denken bewegten sie sich im Einklang mit zwei anderen gesellschaftlichen Kräften, mit der Monarchie und der britischen Kolonialmacht. Auch sie widersetzten sich der Industrialisierung Ägyptens, wie die Muslimbrüder, die dem hegemonialen Kapitalismus der britischen Kolonialmacht nützten, indem sie dem traditionellen Islam folgten. Diese Ideologie hatte die Ökonomie allein auf Handel reduziert, wie ein

---

2 Tahtawi hielt sich in den Jahren 1826 bis 1831 in Paris auf. In dieser Zeit beobachtete er sämtliche Aspekte westlichen Lebens. Sein Bericht über seinen Pariser Aufenthalt (*Tahlis al-ibriz fi tahlis Bariz,* übersetzt: *Die Läuterung des Goldes in einer zusammenfassenden Darstellung von Paris;* in der deutschen Übersetzung von Karl Stowasser lautet der Titel: *Ein Muslim entdeckt Europa. Die Reise eines Ägypters im 19. Jahrhundert nach Paris*) erschien 1849 und ist auch heute noch von Interesse als eines der wenigen Dokumente des 19. Jahrhunderts, aus denen der islamische Blick auf den Westen in jener Zeit nachvollziehbar wird.

»Hadith«, eine Überlieferung des Propheten Mohammed besagt: »Neun Zehntel des Gewinns kommen aus dem Handel«.

In Ägypten geht die Bewegung der Muslimbrüder auf das Jahr 1929 zurück, danach breitete sie sich auf andere arabische Länder aus.

Die spezifische Rolle des Islam wurde noch klarer nach 1952, nach den großen Revolutionen, als in einigen arabischen Ländern die neue politische Strömung des Arabischen Nationalismus und Sozialismus an die Macht gekommen war. Sie war gegen Feudalismus und für Nationalisierung und Industrialisierung, für ein modernes Bildungswesen. Unabhängig davon, wie wir die unterschiedlichen Experimente und Visionen dieser nationalistischen Ordnungen bewerten, geht es hier ausschließlich um die Haltung der Muslimbrüder zu diesen Richtungen. Für die Muslimbrüder sind Nationalismus und Sozialismus »Übel«, Häresie. Das erklärt die Koalition, die sie mit reaktionären Monarchien zum Nutzen des Kolonialismus eingingen, und warum sie diese Koalitionen bis heute aufrechterhalten. Die Muslimbrüder sind die ideologischen Instrumente dieser Regimes. Sie blockieren Fortschritt und Entwicklung mit weltanschaulichen Prinzipien, die sie scholastisch formal begründen, nicht inhaltlich. So rechtfertigen sie reaktionäre oder deformierte Gesellschaftsformen.

Eine Art Finanzpakt wurde geschlossen zwischen den Muslimbrüdern und den Petrodollars, jenem Kapital, das von dem Öl der Golfstaaten abgezweigt wird. Das ist die Grundlage des weltweiten islamistischen Kapitals unserer Zeit. Seit Mitte der 1970er Jahre sind die Muslimbrüder eine große Finanzkraft, besonders in Ägypten, wo sich der Staat aus allen sozialen Verpflichtungen zurückgezogen und begonnen hat, das Fundament der Wirtschaft zugunsten der »neuen Mafia« auszuplündern. Diese neue Mafia hat Sadats »Politik der Öffnung« (Intifah) überstanden, weil sie ihre engen Beziehungen zur staatlichen Macht für sich nutzen konnte. Es bildeten sich zwei kapitalistische Kräfte heraus: Die »Mafia«, opportunistisch gewendete Geschäftsleute, die den Staat in ihre Hände übernommen hatten, und das Finanzkapital der Muslimbrüder. Obwohl sie viele verschiedene Gruppen aus unterschiedlichen Klassen und Schichten der Gesellschaft anzogen, repräsentierten die Muslimbrüder doch die Interessen des großen Kapitals.

Wahhabismus
Eine Koalition von britischer Kolonialmacht und wahhabitischer Bewegung auf der arabischen Halbinsel führte 1932 zur Gründung des Saudischen Königreichs. Der Wahhabismus, eine Schule des sunnitischen Islam, wurde zur offiziellen Weltanschauung, zum festen Fundament des Königreichs.

Mit dem Aufstieg der nationalistischen und sozialistischen Bewegungen in der Region, vor allem in Ägypten und Syrien, wurden die Muslimbrüder aus diesen Ländern verdrängt. Ihre Führung fand freundliche Aufnahme im Saudischen Königreich. Später, als die nationalistischen und sozialistischen Machtdiskurse fehlgeschlagen waren, wurde die Verbreitung des Wahhabismus vordringliches Ziel saudischer Politik. Ihr langfristiges Interesse war, zur ideologisch bestimmenden Kraft in der ganzen Region aufzusteigen.

Dabei handelte Saudi-Arabien in absoluter Übereinstimmung mit den Vereinigten Staaten von Amerika, die die Region unterwanderten. Saudi-Arabien wollte die arabische Einheit durchkreuzen und sozialistische Ziele, ökonomische Integration, Industrialisierung, Panarabismus etc. blockieren. Vom Aufstieg – oder der Auferstehung – der arabischen Welt fühlten sich die Führer im Königreich und ihre verbündeten Koalitionsregime direkt bedroht, weil sie, wie gehabt, die Gewinne aus dem Ölgeschäft ausschließlich für sich monopolisieren wollten/wollen.

Der in Ägypten bekannte Journalist und Historiker Mohammad Hassanein Heikal sagt, das saudische Königreich unterhielt beste Beziehungen zu Sadat, dem Schah von Persien und dem König von Marokko in der Zeit der Politik der Öffnung und der Einführung der neoliberalen Ökonomie. Saudi-Arabien stellte Milliarden für die Finanzierung fundamentalistischer Kräfte bereit, es finanzierte die von der CIA ausgebildete Bewegung des Dschihad im Pakt für »el iman de del el'had«, Glauben gegen Atheismus. Als offensichtliches Resultat dieser Zusammenarbeit entstanden die afghanischen Araber, Al Kaida und die Taliban.

Um den nationalistischen Regimes entgegenzuwirken, beriefen sich die Muslimbrüder in Ägypten auf den (ursprünglich saudischen)

Wahhabismus. Sie bezogen sich auf den Pakistaner Abu El A'la Al Maududi, den Meister von Sayed Qotb, den Gottvater der Bruderschaft, der in den 1960er Jahren den Begriff von der »göttlichen Herrschaft« prägte. Danach lebt unsere heutige Gesellschaft im »Jahiliya«, in der »Ahnungslosigkeit« vor-islamischer Gesellschaften. Deshalb wird der »Dschihad«, der Heilige Krieg, gegen diese Gesellschaft zur »heiligen Pflicht«.

Diese Strömung hat viele angezogen, die durch Sadats Intifah, die Politik der Öffnung, verarmten, und Gruppen der Gesellschaft, die immer unter einer Art »mittelalterlicher Bedingungen« gelebt haben auf dem Land oder in den Schattenbereichen der Städte. Obwohl die Politik der Muslimbrüder, die der USA und Saudi-Arabiens auf den ersten Blick einander zu widersprechen scheinen, verfolgen sie generell denselben Zweck zugunsten einer Minderheit, die von der Abhängigkeit von den zentralen Staaten profitiert; die Bewegung benutzt die enorme negative Energie der Marginalisierten in den arabischen Staaten als Instrument gegen den Fortschritt.

Die Muslimbruderschaft ist ein ungeheuer großes Hindernis auf dem langen Weg zu Demokratie und sozialem Fortschritt. Für sie reduziert sich Wissenschaft auf formale Aussagen aus dem originalen heiligen Text. Ihre Interpretation von Religion verbietet jede Form von Wissenschaft. Auch ist aus ihrer Sicht der Kampf in der Gesellschaft kein Klassenkampf oder politischer Kampf, sondern eine Konfrontation von »halal« oder »haram« (religiös anerkannt oder verboten). Da sie in Gottes Namen handeln, haben sie das Recht, mit allen Mitteln »halal« durchzusetzen, einschließlich mit Gewalt in Seinem Namen.

Halal oder haram, ein Drittes gibt es nicht

Um den vollen Umfang dessen, was hinter den fundamentalistischen Aktivitäten in unserer Gesellschaft steht, zu verstehen, wären gründlichere wissenschaftliche Untersuchungen nötig. Hier kann ich mich nur auf Kernaussagen konzentrieren: Die Prinzipien von »halal« und »haram« umfassen alle Lebensbereiche, auch jegliches politische Bewusstsein kann entweder nur »halal« oder »haram« sein; das einzige

Problem besteht in der korrekten religiösen Interpretation eines Ereignisses nach der Schrift. Das ist ein totaler Bruch mit modernem Denken. Der heutige Tag wird aus einer Perspektive analysiert, die vor 1500 Jahren gültig war, d.h. Bewusstsein und Überzeugung jener Zeit fällen ein Urteil über unsere Zeit. Das macht es absolut unmöglich, heutige Politik zu verstehen. Zwischen dem aufgeklärten Politikverständnis und den fundamentalistischen Bewegungen klafft eine erkenntnistheoretische Kluft.

Die Haltung der Islamisten gegenüber Patriotismus, Nationalismus, Säkularismus und der Linken sind recht klar aufgrund der vielen »Fatwas«, jener wirkungsmächtigen Erklärungen aufgrund religiöser Gutachten. Sie haben die wesentlichen Positionen und Haltungen zu diesen Themen geklärt. Zu anderen problematischen Fragen gibt es keine Fatwa, etwa zur Haltung zu den USA, Israel oder zu »den anderen« im Allgemeinen. Auch hier ist für die Entscheidungsfindung grundlegend die Einteilung in »Leute des Buches « und »Ungläubige«. Deshalb sind einzig und allein Texte, die zurückgehen auf die Beziehung zwischen dem Propheten Mohammed und den Juden auf der arabischen Halbinsel zur damaligen Zeit der Bezugsrahmen für Fragen des Verhältnisses zu Israel.

Dieses Verständnis von Politik lässt die Vergangenheit wiederaufleben und formt die aktuellen Lebenspraxen. So wird aus dem Schleier eine absolute Notwendigkeit, die Einsicht in die traditionelle islamische Moral ist gottgegeben, in dieser Beziehung müssen wir gegen »Fisq« (Ausschweifung) und »Fugur« (moralischen Niedergang) kämpfen. So sollen Individuum und Gesellschaft auf der Grundlage eines einfachen und primitiven Wertesystems von vor 1500 Jahren funktionieren.

Die Bewegung der Muslimbrüder hat eine virtuelle Welt hervorgebracht, in der der Scheich der einzige Bezug für einen Frommen, Religiösen ist. Er entscheidet, was »halal« ist und was »haram«. Das Individuum akzeptiert ausschließlich das, was der »Text« vorschreibt. Das zu erreichen, ist die tatsächliche politische Aufgabe der Muslimbrüder, unabhängig davon, was sie gewöhnlich erklären, um diese Tatsache zu verschleiern. So gesehen, kann man alle ihre schönen Sprüche vergessen.

In dieser Ideologie sind die religiösen Bindungen viel stärker als die nationalen. El Murshid El'Am, der Führer der ägyptischen Muslimbrüder, hat einst erklärt, dass ein indonesischer Muslim seinem Herzen viel näher sei als ein ägyptischer Christ.

Unterschiede werden allein gemacht zwischen Glauben und Atheismus in der Gesellschaft, nicht zwischen Klassen. Wie das Wort sagt: »Allah muwazze' al arzaq«, Gott verteilt die Güter, und »Rafa'a ba'dokum 'ala ba'd darajat«, Er hat euch geschaffen, einer über dem anderen auf verschiedenen Stufen.

Die Lösung der sozialen Probleme ist »al Zakaa«, Almosen, diese Gaben für die Armen sind eine religiöse Pflicht.

Die Macht basiert auf »el Shura« (Beratung, Ratgebergremium), zusammen mit ihrem Führer, dem Scheich, dem »Khalifa« oder dem Führer der religiösen Sekte, der die absolute Macht in allen religiösen, aber auch in Fragen der weltlichen Gegenwart hat, denn »al islam din wa dawla«, Islam ist Religion und Staat.

Diese Prinzipien erklären die Form der Organisation, die sich auf Gehorsam und Unterordnung gründet. Hiermit wird der Totalitarismus vollendet und das Individuum moderner Zeiten ist verschwunden.

Arne C. Seifert

Erobert der Dschihad Syrien? Oder: Das Fiasko der Antiterrorstrategie

Agenten des französischen Geheimdiensts und der CIA drangen im Dezember 2012 ins syrische Hinterland vor. Sie waren mit einer Vor-Ort-Recherche über die politische Orientierung der von Frankreich und dem Westen unterstützten Oppositionsgruppen und deren Liaison mit Al Kaida beauftragt. Bis dahin hatten Paris und Washington sie, neben offiziellen Kanälen, aus der nahöstlichen Nachbarschaft aufgeklärt. Während die Franzosen sich bis Aleppo und Idlib vorwagten, beschränkten sich die US-Agenten auf den grenznahen Raum zur Türkei. Eine direkte Berührung mit Al Nusra, einer irakischen Al Kaida-Formation, war ihnen zu riskant.[1]

Den Hintergrund jener Aktion bildete Frankreichs und Englands Drängen gegenüber der EU, ihr Waffenembargo gegen Syrien aufzuheben, um der syrische Opposition vermittels einer stärkeren Bewaffnung endlich zu einem militärischen Sieg über Assad zu verhelfen. Auch Washington zauderte noch mit grünem Licht für direkte Waffenlieferungen.

Jene Vorgänge sprechen von dreierlei: Zum einen von verantwortungsloser politischer Leichtfertigkeit im europäischen Verhältnis zu Nahost und gegenüber dem Schicksal Syriens einschließlich seiner demokratischen Opposition. Anstatt die EU zu einem konstruktiven Krisenmanagement aufzufordern, wird sie bedrängt, den Weg für Waffenlieferungen in einen Bürgerkrieg frei zu geben, in dem man die politische Identität seiner militärischen Akteure selber nicht mehr genau kennt. Wen sollen die EU und Europa da eigentlich unterstützen? Mit welcher Art von Siegern über Assad bekommen sie es zukünftig zu tun und wohin gedenken diese Syrien zu führen?

Zum anderen: Die westlichen Mächte sind nicht mehr in der Lage, Verwerfungen und politische Konstellationen zu beherrschen, die sie aufgrund ihres zehnjährigen Antiterrorkriegs in der nah- und mittelöstlichen Region und dem NATO-Debakel in Afghanistan mit provozierten. Dazu gehört ganz wesentlich der Macht- und Einflussgewinn islamistischer Parteien und Gruppierungen. Mit seinem »War on Terror« und dem Debakel der NATO in Afghanistan hat der Westen die einst zum Erzfeind deklarierten, von Bin Laden und Al Kaida inspirierten, Dschihadisten und Salafisten popularisiert und gestärkt. Das Ergebnis war vorhersehbar. Heute ist jener Feind, neben den demokratisch gestarteten Revolutionen in Ägypten und Tunesien, Teil der »grundlegenden Umgestaltungen der politischen und gesellschaft-

1 Vgl. Ballout, Mohammad: Western Intelligence Agencies Sort ›Jihadist‹ Groups in Syria, As-Safir, Beirut, Dec 7, 2012, www.al-monitor.com/pulse/politics/2012/12/attempts-to-sort-jihadists-from-syria-rebels-slows-western-support.html#ixzz2HNdqMFVUv, Zugriff: 26.01.2013

lichen Verhältnisse in der arabischen Welt«.[2] Da diese Umbrüche aber hinsichtlich ihrer Verwurzelung und Triebkräfte von real autochthonem Charakter sind – sie haben ihren Ursprung in den Gesellschaften des Nahen und Mittleren Ostens –, stehen die für europäische, auch deutsche Nahostpolitik Verantwortlichen plötzlich vor ihnen unbekannten Kräftekonstellationen, deren nationale und internationale Agenden sie nur noch marginal oder nicht mehr zu kontrollieren, geschweige denn zu bestimmen vermögen. Jenes Autochthone scheint wichtig festgehalten zu werden, weil es in seiner Intention dem nationalen, antikolonialen Aufbegehren in der arabischen Welt der fünfziger und sechziger Jahre des vorigen Jahrhunderts, so der Bewegung der Freien Offiziere in Ägypten, ähnelt.

Drittens: Um den Sturz Assads zu erreichen, setzte der Westen auf ein Doppelspiel, in dem auch die dschihadistische Karte ihren verdeckten Platz hatte. Investigative Medien wie *Infowars* fanden heraus, dass die USA und andere NATO-Verbündete Al Kaida-Kämpfer aus Libyen bereits ab November 2011 in die türkisch-syrische Grenzregion einflogen. Darunter auch solche, die während des NATO- Einsatzes in Libyen die Stellvertreter-Bodentruppen der Allianz führten und deren Luftangriffe dirigierten.[3] Im Mai 2012 gab der damalige US-Verteidigungsminister Leon Panetta zu, dass Al Kaida in Syrien präsent ist.[4] US-Politikverantwortliche kalkulierten, erst mal muss Assad weg[5], um Irans regionale Position zu schwächen, und sich danach Al Kaida »vorzunehmen«. An sich wäre solch ein taktischer Schwenk in der US-amerikanischen Nahostpolitik nicht neu, was noch darzustellen ist. Um die eigene Hegemonie zu wahren, ist jedes Mittel recht, werden auch die Partner und Instrumente je nach Zweckmäßigkeit ausgetauscht. Entweder wird ein gewaltsamer Regimewechsel wie in

2 Perthes, Volker: Der Aufstand, die arabische Revolution und ihre Folgen, München 2011, S. 8

3 Vgl. Carlucci, Toni: US Desparation Surfaces in Syria, Landdestroyer, August 20, 2012

4 Vgl. Hahn, Dorothea: Erstmal muss Assad weg, taz, 10.08.2012, www.taz.de/!99365/, Zugriff: 26.01.2013

5 Ebd.

Afghanistan, Irak, Libyen und jetzt Syrien angestrebt, eine Lenkung der Eliten vor Ort versucht oder, angepasst an neue Kräftekonstellationen, eine Mischtaktik aus beidem.

Dass dieser herkömmliche Werkzeugkasten den neuen, grundverschiedenen Reparaturanforderungen entspricht, ist zu bezweifeln. So schätzt zwar die US-Administration die Partei der Muslimbrüder als langfristig ausschlaggebende politische Kraft ein und lässt ihr erste Geldspenden zukommen.[6] Diese Methode dürfte aber den Grundansprüchen der neuen Macht nicht entsprechen. Sie repräsentiert Bewegungen, die Reformen fordern, welche die Gesellschaft »an Haupt und Gliedern« verändern, »die sie in eine auf Koran, Sunna und die Scharia gestützte, starke und einige Gesellschaft umwandeln sollte(n), die ihren inneren und äußeren Feinden (Säkularisten, Linke, Briten und Zionisten) widerstehen würde.«[7]

Dschihadisten – Erste Erfolge in Syrien?

Ziele und Ideologie der im syrischen Bürgerkrieg agierenden Dschihadisten gehen weit über die oben Genannten der Muslimbrüder hinaus. Ihr wesentliches Ziel ist nicht nur der Sturz Assads, sondern ein islamischer Staat in Syrien, ihre Ideologie von der Bin Ladens inspiriert. Zentrales Thema aller Äußerungen Bin Ladens, so resümiert die Spezialistin für die Politik des Nahen Ostens, Christina Hellmich, ist das Schicksal, »Leid und die Erniedrigung der (muslimischen – A. S.) Umma, welches ihr von den Ungläubigen, nämlich den USA und ihren Verbündeten zugefügt wird«.[8] Die Umma, die islamische Gemeinschaft, müsse sich der »fernen« und »nahen« Verursacher ihres drohenden Zer- und Verfalls erwehren. Das »Leid von Muslimen im Irak und Palästina, in Kaschmir und Bosnien, (sei) eine direkte Folge der amerikanischen beziehungsweise westlichen Aggressionspoli-

6 Vgl. Karam, Samir: Saudis Prepare to Fight Islamists And Move to Shore Up US Ties, As/Safir, Beirut, 27.07.2012

7 Vgl. Krämer, Gudrun: Geschichte des Islam, München, 2. Auflage 2011, S. 277

8 Vgl. Hellmich, Christina: al-Qaida, Vom globalen Netzwerk zum Franchise-Terrorismus, Darmstadt 2012, S. 81

tik«.[9] Als aufrüttelndes Trauma spiele bei Bin Laden eine besondere Rolle der Tod 500.000 irakischer Kinder als Folge der Wirtschaftssanktionen nach dem zweiten Golfkrieg 1991, zu denen Madeleine Albright seinerzeit seelenruhig erklärte, das seien die politischen Ziele der USA wert.[10] 1998 verurteilt Bin Laden die Nahostpolitik der USA als »Kriegsführung gegen Gott.«[11]

Im Ringen um die Macht in Syrien sind Al Kaida nahe Formationen inzwischen zum militärisch schlagkräftigsten Faktor herangewachsen, so die Libysch-Islamische Kampfgruppe und die Front zur Verteidigung der Levantinischen Völker. Mehrere syrische islamistische Brigaden schlossen sich zur Front für die Befreiung Syriens zusammen. Dazu gehören u. a. die Faruq-Brigade (Homs), Sukur al-Scham (Idlib) sowie Einheiten in Damaskus, Deir al-Zor, Aleppo. Verhandlungen fanden auch mit Ahrar al-Scham statt; vorgeblich gehören der Gruppierung vierzigtausend Mann an. Obgleich man in der Benennung jener neuen Formation auf »islamisch« verzichtete, bleibt ein islamischer Staat gemeinsames Ziel.[12]

Aufmerksamkeit verdient vor allem Al Nusra, eine Al Kaida zugerechnete Gruppierung, die sich in den nördlichen und westlichen Provinzen Iraks im Kampf gegen die USA-Besatzung formierte. Ihr »Emir« ist Jordanier. Sie schuf in der irakischen Provinz al-Anbar einen »Islamischen Staat Irak«, den sie nunmehr im syrischen Konflikt mit einer syrischen Provinz zu verbinden beabsichtigt.[13] Sie brachte Hunderte von Al Kaida-Dschihadisten aus Tschetschenien, Irak, Liby-

9 Ebd., S. 19

10 Ebd., S. 19 f

11 Ebd.

12 Karouny, Mariam: Powerful Syrian Islamist brigades, frustrated at the growing divisions among rebels, have joined forces in what they say is a »liberation front« to topple President Baschar al-Assad, www.reuters.com/article/2012/10/11/us-syria-crisis-rebels-idUSBRE89A0Y920121011, Zugriff: 26.01.2013

13 Vgl. al-Amine, Hazem u. al-Nusra, Jabhat: Failure of the Opposition in Syria, Al-Hayat, London, 16.12.2012; www.al-monitor.com/pulse/politics/ 2012/12/syria-opposition-fails-with-jabhat-al-nusra-terrorist-label.html#ixzz2HJihy9L4, Zugriff: 26.01.2013

en, Saudi-Arabien, Jemen und Jordanien auf das syrische Konfliktfeld. Ihre syrischen Mitglieder sollen vormals Kämpfer im Irak gewesen sein, die als »Schläfer« nach Syrien zurückkehrten.[14] Die in London erscheinende arabische Zeitung *Al-Hayat* charakterisierte Al Nusra als einen Akteur, der in Syrien nicht gegen das politische Regime Assads kämpfe, sondern gegen das der Alawiten, nationale Identitäten ablehne, transnationalen Charakter trage und sich zu keinem syrischen Staatsmodell bekenne.[15]

Es ist dem Übergewicht des Militärischen im innersyrischen Konflikt geschuldet, dass sich mit dem Ausbleiben einer möglichst gewaltarmen Kompromisslösung das Kräfteverhältnis innerhalb der Anti-Assad-Opposition mit der Zeit zugunsten jenes international kampferfahrenen dschihadistischen Flügels veränderte. Vor dieser Entwicklung hatte die russische Außenpolitik stets gewarnt. Selbst der gegen Kriegsgräuel immunen US-Administration ging der dschihadistische Bodengewinn in einem Schlüsselland der arabischen Welt wohl doch zu weit. Eine Beschuldigung im US-Kongress, sie paktiere mit Al Kaida, wäre an ihre Substanz gegangen und wohl auch an die ihrer internationalen Verbündeten in jenem War On Terror. So entschied sie schließlich Mitte Dezember 2012, Al Nusra auf die internationale Terroristenliste zu setzen. Den Nationalen Rat der syrischen Opposition forderte sie auf, diese Entscheidung anzuerkennen und sich von Al Nusra zu distanzieren. Das lehnten die Nationale Koalition der Syrischen Revolutions- und Oppositionskräfte, der Syrische Nationalrat und die Muslim-Bruderschaft ab.[16] Für sie scheint der dschihadistische Flügel zu einem unverzichtbaren, ideologisch tolerablen Kampfgefährten herangewachsen zu sein.

Damit haben Al Nusra, der dschihadistische Flügel, die syrischen Muslimbrüder und im Hintergrund auch Bin Ladens Ideologie in Syrien ihren ersten großen politischen Erfolg errungen: Einer ihrer erklärten »nahen Feinde«, die säkulare Opposition, stellt sich – zumin-

14 Ebd.

15 Ebd.

16 Ebd.

dest teilweise – schützend vor sie. Was bedeutet das für den Charakter und die ordnungspolitische Orientierung einer zukünftigen Macht in Syrien? Wird ein nationales Projekt noch möglich sein oder steht neues Blutvergießen im Ringen für oder gegen einen islamischen Staat bevor in einem Land, dessen Positionierung es befähigt, »die Waagschale arabischer Politik vollends aus dem Gleichgewicht zu bringen.«[17] Auch gegenüber Israel.

Den Westen und Russland stellen diese Entwicklungen vor äußerst diffizile Fragen. Wofür sind islamistische, ja dschihadistische Gewalten in der jetzigen Umbruchsphase für beide zukünftig noch zugänglich? – Für Handreichungen zum Sturz ihrer »nahen Feinde«.

Was den Westen betrifft und was dieser in seinen Langzeitwirkungen unterschätzt, ist, dass die Dschihadisten sein Afghanistan-Debakel mit größter Aufmerksamkeit zur Kenntnis nahmen. Für sie bedeutet das, nicht nur ihr »naher«, auch der »ferne Feind« ist verletzbar. Insbesondere wenn er seiner arabischen Komplizen verlustig geht, jener Verderber der islamischen Umma in den eigenen arabischen Reihen.

Erstes Spiel der USA mit dem Islamismus

Als die erste islamische Revolution 1979 den wichtigsten Verbündeten der USA und Englands in der Golfregion, Schah Reza Pahlavi, stürzte, scherte die damals größte Erdölmacht aus einem Abhängigkeitssystem aus, in das die beiden westlichen Alliierten die Herrscherhäuser beiderseits des Golfs seit den 50er Jahren eingebunden hatten. Den Ausbruchsversuch davor hatten die USA durch den Sturz des iranischen Ministerpräsidenten Mohammed Mossadegh, der die Anglo-Iranische Petrolgesellschaft zu verstaatlichen versuchte, 1953 noch zu vereiteln vermocht. Die Niederlage jedoch, welche die islamische Revolution den USA zufügte, haben diese bis heute nicht verwunden.

Im Iran bekamen es die USA und Europa erstmals in der Region mit einer autochthonen, antiimperialistischen Revolution zu tun, die in einer staatlich konstituierten Variante islamischer Opposition gipfelte und ihre eigenen Streitkräfte aufbaute. In diese Periode fielen

17 Perthes, a. a. O., S. 121

auch die Saur-Revolution in Afghanistan sowie der Einmarsch der Sowjetunion. In Afrika führten weitere Befreiungsbewegungen zum Entstehen junger Staaten, deren Führungen sich auf ein Bündnis mit dem sozialistischen Lager orientierten.

Als Reaktion hoben die USA zu Beginn der 1970er Jahre einen strategischen »Think Tank« zur Bekämpfung des Kommunismus und der sozialistischen Orientierung in Afrika aus der Taufe. Ihm gehörten an Henry Kissinger, Alexandre de Marenches (seit 1972 Chef des französischen Auslandsgeheimdienstes SDECE), Ägyptens Präsident Anwar Sadat, Schah Mohammad Reza Pahlavi, der marokkanische König Hassan II und Kamal Adham, damaliger Chef des saudi-arabischen Geheimdienstes. Die Geheimdienste der Staaten dieses Klubs, den der Herausgeber des ägyptischen Zeitung *Al Ahram*, Mohammad Hasanein Heikal[18], Safari-Klub taufte, vereinbarten im September 1976 gemeinsame Maßnahmen, um weitere Ausbruchsversuche aus dem System von Abhängigkeiten zu verhindern. Dazu gehörte im Sinne des obigen Ziels auch die Ausweitung des Einflusses islamistischer Organisationen in Nahost und Afrika als Gegenkraft zum »kommunistischen Modell.«[19] Der Klub erkannte dem saudischen Königshaus die Führungsrolle zu. Es unterstützte von 1973 bis 1993 die Konsolidierung islamischer Organisationen in siebzig Entwicklungsländern mit 80 Mrd. US-Dollar.[20]

Die Herrscherhäuser der arabischen Erdölstaaten in eine Allianz gegen die Sowjetunion und den Warschauer Pakt zu ziehen, war Mit-

18 Heikal erhielt vom iranischen Revolutionsführer Khomeini die Erlaubnis zur Sichtung der Archive des Schahs, wo er auf die hier wiedergegebenen Fakten stieß.

19 Der Safari-Klub rettete Zaires Diktator Mobuto, wofür er marokkanische und ägyptische Truppen sowie französische Luftstreitkräfte einsetzte, wendete von Ägypten die ›Flut‹ ab, indem er 1972 die sowjetischen Militärberater aus dem Lande komplimentierte, später geschah Gleiches mit den sowjetischen Militärberatern in Somalia; er provozierte Krieg zwischen Somalia und Äthiopien, weil dieses sich zur sozialistischen Orientierung bekannte. Vgl. A. Ignatenko, Islamic Radicalism: A Cold War By-Product, Central Asia and the Caucasus, No. 1 (7), 2001, S. 108

20 Ebd.

te der 1980er Jahre das hauptsächliche Bestreben der US-Diplomatie am Golf.[21] Sie blieb erfolglos, weil die Golfmonarchien sich an eine Politik des gleichen Abstands zu den Blöcken hielten, die ihnen nationale und internationale Spielräume eröffnete. Mit dem Warschauer Vertrag verschwanden auch diese Spielräume. Erst im Golfkrieg 1990/91 gelang es Washington schließlich, die von Saddam Hussein mit der Okkupation Kuwaits in die Enge getriebenen Golfstaaten in eine solche Allianz einzubinden. Diesmal allerdings mit anderen Zielen.

Jetzt stand das Bemühen im Vordergrund, die Golfstaaten auf einen Kurs der Normalisierung ihrer Beziehungen mit Israel zu bringen und ihre Zustimmung zur Stationierung von bis zu einer halben Million ausländischer, vor allem US-amerikanischer, Truppen in der Region zu erreichen – ausgerechnet in Saudi Arabien, einem Heiligen Land des Islam. Diese Strategie provozierte die islamistischen Gegenkräfte. Jene, welche die USA im ersten Afghanistankonflikt als Hilfstruppe zum Verdrängen der Sowjets aus Süd-West-Asien aufgepäppelt und denen sie zum ersten erfolgreichen internationalen Dschihad verholfen hatten, wandten sich vehement gegen die Hegemoniepolitik der USA im Nahen und Mittleren Osten, was schließlich in den terroristischen Anschlägen vom 11. September 2001 kulminierte. Die »Afghanen«, die nach dem sowjetischen Rückzug aus Afghanistan 1989 in arabische Länder zurückkehrten, hatten Bin Laden und Al Kaida erzogen. Sie spielen in den gegenwärtigen Aufständen in arabischen Ländern mit ihren militärischen Erfahrungen und ihrem Hass auf die USA und den Westen eine ambivalente Rolle.

Dass das US-amerikanische Vorgehen nicht weniger dubios war, erhellt das Bekenntnis des ehemaligen US-Sicherheitsberaters Zbigniew Brzezinski gegenüber der französischen Zeitschrift *Nouvel Observateur*, die ihn fragte: »Bedauern Sie, islamistischen Fundamentalismus ermutigt, zukünftige Terroristen mit Waffen und Beratern versorgt zu haben?« Antwort: »Was ist im Kontext von Weltgeschichte wichtiger:

---

21 Deren Beobachter konnte der Verfasser zwischen 1982 und 1987 in seiner Eigenschaft als DDR-Botschafter sein.

die Taliban oder der Zusammenbruch des Sowjetimperiums? Einige islamistische Fanatiker oder die Befreiung Mitteleuropas und das Ende des Kalten Krieges?«[22]

Clash der Hegemonien – das Fiasko der Antiterrorstrategie

Nachdem die USA aus dem Untergang des Sowjetimperiums als die einzige verbliebene Supermacht hervortraten, zogen sie selbstsicher in ihren ersten großen Krieg am Golf. Es folgten weitere Kriege für das, was sie sich als »Neue Weltordnung« und »Neuen Nahen Osten« vorstellten. Es verdient heute hervorgehoben zu werden, dass es die islamische iranische Führung war, die mitteilte, wie sie sich eine »neue Weltordnung« vorstellen könnte. Irans Präsident Mohammed Chatami sagte 2002 vor der UN-Vollversammlung:

»Unsere Welt [sieht] sich neuen Zwängen und Erfordernissen gegenüber, die eine Neubewertung der Natur und der Zukunft von internationaler Sicherheit verlangen (...) Die alte Auffassung von internationaler Sicherheit, die auf Macht und militärischen Fähigkeiten von Großmächten beruht, hat einen fundamentalen Wandel durchlaufen. Sicherheit kann nicht mehr allein durch Vereinbarungen zwischen einer Handvoll von Mächten in Abwesenheit derjenigen, die marginalisiert werden, garantiert werden. Die Ereignisse vom 11. September zeigen, dass die Trennung von Zentrum und Peripherie nicht mehr länger die Sicherheitsordnung unserer heutigen Welt festlegen kann, da sogar die marginalisierten Gegenden in der Lage sein könnten, den großen Mächten Schaden zuzufügen.«[23]

Hätte sich der Westen weitsichtig auf die Botschaft Chatamis eingelassen, stünde er heute in seiner Nahostpolitik günstiger da. Sowohl hinsichtlich Irans als auch Syriens. Die beiden hätten sich zur Bildung einer Allianz nicht genötigt gesehen. Heute muss der Westen seine Interessen unter Bedingungen sich regional ausweitender autochthoner Selbstfindungs- und Selbstbestimmungsprozesse realisieren. Zu

22 Nouvel Observateur, No. 1732, 15. Jan. 1998

23 Chatami, M.: Rede vor der 56. Generalversammlung der Vereinten Nationen am 10. November 2001, in: Internationale Politik Nr. 3, März 2002, S. 75 f.

den Trägern der ersten islamischen Revolution, der iranischen, kommen jetzt jene im arabischen Raum. In ihnen gibt es konfessionelle Differenzen bis Spaltungen, was sie jedoch von Übereinstimmung in diesen oder jenen Fragen internationaler und regionaler Politik nicht abzuhalten braucht. Der Westen wird nun womöglich bei mehreren islamistischen Regimes anklopfen müssen. Letztere werden nicht vergessen haben, dass er sie noch bis vor kurzem als seinen »neuen zivilisatorischen Feind« auf der ganzen Klaviatur seiner internationalen und regionalen Machtmittel bekämpfte und sich dabei von einem arabisch/islamischen Desaster ins nächste manövrierte. Aus dem Irak und Afghanistan musste er sich, nicht zuletzt wegen dschihadistischen Widerstands, schmachvoll zurückziehen, seine autoritären arabischen Statthalter vermochte er nicht zu halten.

Mit Syrien könnte nun hinzukommen das Beispiel dschihadistischen Bodengewinns als Szenario gegenseitigen Schulterschlusses mit Oppositionsvertretungen, die der Westen im Ringen um den Sturz Assads als seine Alternative für ein demokratisches Syrien protegiert. Verstummen in Syrien die »wirklich guten Nachrichten der arabischen Aufstände und Revolutionen, (…) dass diese eine Absage an die Ideologie eines gewaltsamen, terroristischen Jihad waren, wie Al Kaida ihn verkörpert,«[24] dann kann sich eine Dynamik entfalten, die die arabische Welt in eine neue Qualität führt.

All das signalisiert, dass sich die gesellschaftspolitische Beschaffenheit des Nahen und Mittleren Ostens weiter verändert. Letzte Worte sind nicht gesprochen. Doch das, was geschieht, liegt komplett quer zu sämtlichen Prioritäten der bisherigen Nahoststrategie des Westens.

Das historisch Neue für ihn besteht darin, dass er in die Verteidigung seiner postkolonialen Hegemonie selbst nicht länger als Hegemon gehen kann. Vielmehr hat er es mit islamischen Parteien und Bewegungen zu tun, die selbst um ihre politische Hegemonie kämpfen. In diesem Wettbewerb befindet sich der Westen in der Defensive, weil ihm der politische Islam im weitesten Sinne in seiner gesellschaftlichen und regionalen Akzeptanz zunächst uneinholbar überlegen ist.

---

24 Perthes, a. a. O., S. 167

Letzterer kann sich auf bedeutende Schichten der muslimischen Massen stützten. In deren Bewusstsein hat sich der Westen, beginnend mit den europäischen Kolonialmächten bis in die Gegenwart, insbesondere mit seiner Politik in der Palästinafrage, diskreditiert. Während Islamisten tief in ihren arabischen Gesellschaften verankert sind, sind es der Westen und seine Nahostpolitik grosso modo nicht.

Ein neues Verhältnis wird gebraucht!

Wird über die Umbruchsprozesse in unserer arabischen Nachbarregion und im westasiatischen Afghanistan gesprochen, so dürfen die Tausende Opfer und die Verwüstungen nicht ausgeblendet werden, für welche die Erfinder und Verfechter jenes War On Terror verantwortlich sind. Wird als Wertmaßstab die Frage von Krieg oder Frieden zugrunde gelegt, dann darf auch die Verantwortung des dschihadistischen Terrors nicht klein geredet werden.

Jedoch im Kontext sowohl des Fiaskos der Antiterrorstrategie als auch der Umbrüche in unserer arabischen Nachbarregion ist jetzt die Friedensfrage an die erste Stelle zu rücken.

Wie soll es weiter gehen im Verhältnis und den Beziehungen zwischen Arabern und Europäern, Muslimen und Christen? Die Antworten dürfen nicht jenen überlassen werden, welche sich im letzten Jahrzehnt als Anhänger von Kriegen exponierten.

Solange die EU ihre Nachbarschaftspolitik gegenüber dem Nahen und Mittleren Osten als ein regionales Szenario für die Umsetzung einer Politik gestaltet, die das transatlantische Bündnis als »Achse« versteht, um die herum der Westen seine neue Weltordnung formt, wird es nicht gelingen, das Verhältnis zu seinen islamischen Nachbarregionen auszubalancieren. Eine solche Strategie ist nicht geeignet, die auf der arabischen und islamischen Seite weit verbreitete negative Subjekt-Objekt-Wahrnehmungsperspektive abzubauen, der zufolge Europa das Subjekt von Interessenpolitik ist, während die nah- und mittelöstlichen (islamischen) Regionen deren Objekt sind. Eine solche Wahrnehmung von Zweitklassigkeit belastet das Verhältnis zu Europa aufs Schwerste und belässt es in seiner Krise.

»Eine (...) unerläßliche Handlungsrichtung ist das selbstkritische

Überprüfen und Ausmerzen traditioneller Fehler westlicher Politik gegenüber diesem Raum. Das Verhältnis Europas zum Phänomen ›islamische Revolution‹, zu Iran sowie zum Umgang mit sozialer Spezifik der dortigen Gesellschaften (muß) im weiteren Sinne neu bestimmt werden. Es ist von tiefer Abneigung, ja Ignoranz gegenüber der Tatsache geprägt, daß sich im nah- und mittelöstlichen Raum eine islamistische gesellschaftliche Fundamentalopposition herausgebildet hat und weiter ausbreitet.«[25]

Das schrieben deutsche Botschafter a. D. aus Ost und West sofort, nachdem sich die Bundesregierung entschlossen hatte, die Deutschen in den gefährlichen Strudel jener Antiterrorstrategie zu ziehen. Sie schlugen eine Richtungsentscheidung zu Gunsten einer Politik vor, die das Verhältnis zu den islamischen Nachbarregionen langfristig zu einem Modus Vivendi friedlicher Koexistenz und Zusammenarbeit führt. Auf einer solchen Grundlage müsste der dringend benötigte Ausgleich zwischen den unterschiedlichen Regimes, politischen Systemen, Kulturen, Werteauffassungen und daran gebundenen, teilweise gegensätzlichen Interessen organisiert werden, die in diesem gewaltigen Nachbarschaftsraum mit den arabischen und islamischen Regionen herrschen.

Die ehemaligen Diplomaten fragten: »Wer oder was hindert eine deutsche Regierung daran, im Interesse der Friedensfrage aus diesen und anderen Aktionsmöglichkeiten ein alternatives Handlungsbündel zu schnüren?«[26]

Von einer beratungsresistenten Nahostpolitik ignoriert, blieben sie damals ungehört. Jetzt ist die Zeit gekommen, diese Denkanstöße erneut in die Debatte zu bringen und weiter zu fragen: Welche friedlichen, politisch-diplomatischen Regelungsideen werden gebraucht? Wie kann zwischen extremistischen und gemäßigten Islamisten differenziert werden? Ist Vertrauensbildung möglich, mit wem und wie?

---

25 Seifert, Arne C. / Winter, Heinz-Dieter: Gibt es politisch-diplomatische Wege aus der Terrorismusfalle?; Vom falschen Umgang westlicher Politik mit dem Islamismus, Neues Deutschland, 22./23.5.2004

26 Ebd.

NORMAN PAECH

Wer siegt in Syrien, der Krieg oder das Völkerrecht?[1]

Wir schreiben das Jahr drei des Aufstandes eines großen Teils der syrischen Bevölkerung gegen ein Regime, welches seit fast 50 Jahren mit harter Hand, ja diktatorischer Gewalt sein Schicksal bestimmt hat. Was allerdings den Volksmassen in Tunesien und Ägypten gelang, die alten korrupten Kräfte relativ schnell zum Teufel zu jagen, scheitert bisher in Syrien an dem offensichtlich noch ausreichenden Rückhalt von Präsident Baschar al-Assad und seiner Baath-Partei in den übrigen Teilen der Bevölkerung. Auch in Libyen hatte sich Oberst Muammar Gaddafi überraschend lange vor dem Ansturm der Rebellen halten können. Erst der massive militärische Einsatz der USA und der NATO wendete das Blatt gegen ihn und lieferte ihn der grausigen Exekution durch die marodierende Opposition aus. Zweifellos hatten alle diese Regime die Legitimation ihrer jahrzehntelangen Herrschaft durch die Ausplünderung ihrer Länder, die Repression und Gewalt gegen ihre Untertanen und die immense Korruption ihrer Clans zum Zeitpunkt ihres Endes bereits verloren. Vergangene Verdienste um den Aufbau ihrer Länder und die antikoloniale Sicherung ihrer Unabhängigkeit waren schon lange aufgebraucht. Was jedoch an dieser Stelle nicht vergessen werden sollte, ist, dass diese Regime ihr Überleben zu einem guten Teil ihrer engen Kooperation mit den alten Kolonialmächten zu verdanken hatten. Sie erfüllten lange Jahre die neokolonialen und strategischen Interessen der westlichen Mächte in der Region.

Wenn diese Mächte jetzt jedoch die Gelegenheit für günstig erachten, sich von ihren alten Verbündeten zu trennen, so entspricht das einem politischen Kalkül, welches die USA schon mehrfach, vor allem in Lateinamerika, zum Verrat ihrer Allianzen getrieben hat. Sie

1 Dieser Artikel basiert im Wesentlichen auf dem Artikel: Die Schlacht um Damaskus – Syrien und das Völkerrecht, in: Blätter für deutsche und internationale Politik, 10/2012, S. 91-99

haben ausgedient und sind nicht mehr gegen den Widerstand des aufbegehrenden Volkes zu halten. Dieses ist keine spontane aus der Rebellion heraus entstandene Erkenntnis. Ihr gehen intensive Überlegungen und Planungen voraus. Bekannt geworden ist die Aussage von General Wesley Clark aus dem Jahr 2007, dass das Pentagon den Regime-Change in sieben Ländern in den nächsten fünf Jahren angekündigt habe: beginnend mit dem Irak, dann Syrien, Libanon, Libyen, Somalia, Sudan und schließlich dem Iran. (*Democracy now*; 2. März 2007). Dass die Reihenfolge etwas durcheinandergeraten und der Zeitplan in Verzug geraten ist, sollte nicht darüber hinwegtäuschen, dass die Strategie des »Greater Middle East«[2]auch heute noch Grundlage der US-amerikanischen Außenpolitik unter dem wiedergewählten Präsidenten Obama ist.

So widersprüchlich und unzuverlässig die Berichterstattung über die Auseinandersetzungen in Syrien auch ist, in einem Punkt sind sich alle einig. Die Kämpfe haben schon lange den Rahmen eines innersyrischen Aufstandes gegen die Regierung in Damaskus gesprengt und die Grenzen zu den Nachbarländern überschritten. Die Flüchtlinge, die in täglich ansteigender Zahl das Land in Richtung Libanon, Jordanien, Türkei und Irak verlassen, haben eine Situation heraufbeschworen, die dem UN-Sicherheitsrat in vergleichbaren Fällen die Legitimation verschaffte, »Maßnahmen zur Wiederherstellung des Friedens« zu ergreifen. 1981 war dies der Fall, als er den im Norden des Irak lebenden Kurden zu Hilfe kam und sie vor den Angriffen Saddam Husseins mit der Einrichtung eines »save haven« schützte.

Der Konflikt in Syrien hat allerdings, anders als die ersten Aufstände in Tunesien, Ägypten und Jemen, alsbald die Einmischung fremder Staaten erfahren. Vor allem die USA, Türkei, Katar und Saudi-Arabien haben nicht nur mit finanzieller und logistischer Hilfe sowie politischen und wirtschaftlichen Sanktionen, sondern auch mit Waffenlieferungen und der Einschleusung von Söldnern verschiedener Herkunft sich eindeutig auf die Seite der Aufständischen geschlagen und damit

---

2 Brzezinski, Zbigniew: The Grand Chessboard. American Primary and Its Geostrategic Imperatives, 1997

die weitere Eskalation und Internationalisierung des Konfliktes betrieben. Der UN-Sicherheitsrat kann auf Grund der unüberbrückbaren Meinungsdifferenzen zwischen den Veto-Mächten USA, Frankreich und Großbritannien auf der einen und Russland und China auf der anderen Seite derzeit keine Maßnahmen treffen. Doch der Druck, den Aufständischen mit einer militärischen Intervention zum Sieg über Assad zu verhelfen, wächst. Dass ein solches Unternehmen ohne ein Mandat des UNO-Sicherheitsrats eindeutig völkerrechtswidrig wäre, spielt dabei immer weniger eine Rolle. So findet die Journalistin Natalie Nougayrède, dies sei nicht so sehr eine Frage der »Legalität« als vielmehr der »Legitimität« (*Le Monde* v. 11.12.2012), und der Boulevard-Philosoph Bernard-Henri Levy pflichtet ihr mit einem Zitat des französischen Expräsidenten Nicolas Sarkozy bei, »den heiligen Imperativ, die Rettung eines Volkes, gegen den pedantischen Respekt vor einem verrückt gewordenen internationalen Recht durchzusetzen« (DIE ZEIT v. 12.12.2012). Die Debatte drehe sich allein darum, »ob der unausweichliche Sieg der Rebellen auch ein wenig unser Sieg sein wird oder nicht.« Es geht also offensichtlich weniger um die Rettung eines Volkes als um die Rettung der westlichen Interessen im Syrien nach Assad. Denn, darüber sind sich auch alle Interventionisten einig, man kann die Nachkriegsentwicklung nicht einer Rebellion überlassen, die zunehmend in die verschiedensten Fraktionen eines sektiererischen islamischen Fundamentalismus zersplittert ist.[3]

Daher die aufwendigen Bemühungen, sie unter dem leichter zu kontrollierenden Syrischen Nationalrat einzubinden und gleichzeitig Pläne für die bereits in Libyen erprobte Einrichtung sog. Flugverbotszonen bereit zu halten.[4] Während in den Medien die Überzeugung verbreitet wird, dass der Syrien-Konflikt mit politischen Mitteln nicht mehr zu kontrollieren sei[5], setzt der UNO-Sonderbeauftragte

3 Cockburn, Patrick: Syria: The Descent Into Holy War, Independent, 26.12.2012

4 US military has contingency for civilian safe havens if Syria violence escalates, Guardian, 19.4.2012, U.S. military completes initial planning for Syria, CNN Security Clearance, 14.06.2012 und SAS Set up Safe Camps in Syria, Daily Star, 3.6.2012

5 Nonnenmacher, Günther, FAZ.net, 28.12.2012

Brahimi seine Verhandlungsbemühungen fort, effektiv wohl nur noch von Russland unterstützt. Obwohl in dieser Situation, die ebenso wenig eine politische wie militärische Lösung verspricht, das Völkerrecht eine immer geringere Rolle zu spielen scheint, sollen dennoch einige Fragen erörtert werden, die sich vor allem dem UNO-Sicherheitsrat immer dann stellen, wenn ein interner Konflikt auf die Nachbarländer übergreift oder durch die Intervention anderer Staaten internationale Dimensionen erhält.

Die fast einhellige Verurteilung der syrischen Regierung für ihr gewaltsames Vorgehen gegen Demonstranten und Aufständische legt zunächst die Frage nahe, ob überhaupt Gewalt gegen die eigene Bevölkerung – von der gewaltsamen Auflösung der ersten Demonstrationen im März 2011 mit Verhaftungen und mindestens fünf Toten am 17. März bis zum Einsatz schwerer Waffen in den Kämpfen um Homs, Damaskus und Aleppo – erlaubt ist. Dabei bleibt die umstrittene Frage, ob die Demonstranten von Anfang an bewaffnet waren oder erst als Reaktion auf das gewaltsame Vorgehen von Polizei und Armee sich bewaffnet haben, außer Betracht.[6] Für die Frage des Gewalteinsatzes der Regierung ist sie ohne Belang.

Das zwingende Gewaltverbot des Art. 2 Ziff. 4 UN-Charta bezieht sich nur auf die Gewaltanwendung der Staaten »in ihren internationalen Beziehungen«. Das bedeutet, dass die Anwendung von Gewalt in den staatlichen Grenzen prinzipiell erlaubt ist und nur den Beschränkungen des innerstaatlichen Rechts unterliegt. Dieses muss sich wiederum in dem Rahmen der anerkannten Menschenrechte bewegen. D.h. dass die Gewaltanwendung in keinem Fall schrankenlos ist, selbst wenn das innerstaatliche Recht den Einsatz von Gewalt weitgehend erlaubt. Das Recht auf Leben und Gesundheit, die Achtung der Menschenwürde, das Folterverbot etc. sind auch dann zu beachten, wenn sie im innerstaatlichen Recht nicht berücksichtigt werden. Das sind Grundsätze, die nach Großeinsätzen der Polizei in unseren Breitengraden immer wieder diskutiert werden.

---

6 Vgl. dazu Guilliard, Joachim: Syrien, der gefährliche Mythos einer »friedlichen Revolution«, in: junge Welt, 01.07.2012, S. 10

Bürgerkrieg und Völkerrecht

In der aktuellen Auseinandersetzung in Syrien kommt eine weitere Beschränkung hinzu, die Organisationen wie Amnesty International[7] oder Human Rights Watch[8], aber auch das Internationale Komitee vom Roten Kreuz und die UNO, immer wieder einfordern: die Beachtung des humanitären Völkerrechts. Die Berufung auf das Völkerrecht ist in diesem Fall möglich und geboten, weil die gewaltsamen Auseinandersetzungen zwischen den Aufständischen und der Regierung allmählich die Formen eines Bürgerkrieges – in der Terminologie des Völkerrechts eines »nicht-internationalen bewaffneten Konflikts« – angenommen haben. Die Aufständischen haben bei aller Fraktionierung und Zersplitterung[9] zumindest mit der Freien Syrischen Armee einen Grad der Organisation und eine militärische Kampfkraft erreicht, die es ihnen erlaubt, ihre militärischen Aktionen nicht nur sporadisch, sondern dauerhaft und effektiv gegen die Regierungstruppen zu führen. Die Gefechte um Homs, Damaskus und Aleppo lassen kaum mehr Zweifel daran, dass aus den Aufständischen eine Kriegspartei geworden ist. Sie erhalten Zulauf von Politikern und Militärs und sind in der Lage, zumindest zeitweilig Teile des syrischen Territoriums unter ihre Gewalt zu bringen – das Land befindet sich im Kriegszustand.[10]

Die Einmischung von außen könnte es zudem nahelegen, bereits

---

7 Im April 2012 veröffentlichte Amnesty International einen 67seitigen Report »Deadly Reprisals« über willkürliche Tötungen und andere Missbräuche der syrischen Streitkräfte.

8 Im Juni 2011 hatte bereits Human Rights Watch einen 60-seitigen Report über schwere Menschenrechtsverletzungen durch syrisches Militär und Polizei mit Beispielen systematischen Tötens und Folterns veröffentlicht. Am 3. Juli 2012 berichtete sie erneut über systematische Folterung an Gefangenen und Verbrechen gegen die Menschlichkeit. Vergleichbare Reports über Kriegsverbrechen der Aufständischen fehlen bisher.

9 Vgl. The Telegraph, 9. November 2011, »Syrian Opposition pelted with eggs in Cairo«; Los Angeles Times, 09.08.2012, »Syria rebels moving ahead and apart«

10 Im Juli 2012 hat das IKRK den Konflikt als Bürgerkrieg eingestuft, wie vorher im Juni 2012 schon der Chef der Beobachtermission der Vereinten Nationen (UNSMIS), Hervé Ladsous.

von einem »internationalen bewaffneten Konflikt« zu sprechen. Aber die Beteiligung ausländischer Kräfte an einem Bürgerkrieg macht diesen noch nicht zu einem internationalen Konflikt. Selbst die massive militärische Präsenz ausländischer Truppen im Afghanistan-Krieg und die Beteiligung ausländischer Mujaheddin an den Aktionen der Taliban haben die UNO nicht veranlasst, von einem »internationalen bewaffneten Konflikt« zu sprechen, obwohl es dafür gute Gründe gäbe. Die ausländische Einmischung in das syrische Kriegsgeschehen ist demgegenüber bisher noch viel geringer, sodass auch dieser Konflikt noch nicht »international« im Sinne des humanitären Völkerrechts ist. Der Unterschied ist bedeutsam, da die völkerrechtlichen Schutzvorschriften für die Aufständischen als Kriegspartei geringer sind als in internationalen bewaffneten Konflikten. Erst nach dem Zweiten Weltkrieg haben 1949 die vier Genfer Abkommen in gleichlautenden Artikeln drei Mindeststandards für den Schutz von Zivilisten und »Mitglieder der Streitkräfte, die Waffen gestreckt haben«, aufgestellt. Sie verbieten vor allem Angriffe auf das Leben, ob Tötung oder grausame Behandlung und Folterung, die Festnahme von Geiseln, die erniedrigende und entwürdigende Behandlung sowie Verurteilungen und Hinrichtungen ohne rechtsstaatliche Gerichtsverfahren. 1976 ist der Schutz durch das »Zweite Zusatzprotokoll zu den Genfer Konventionen« erweitert und präzisiert worden. Es regelt das Verbot des Aushungerns, den Schutz von Anlagen, die gefährliche Kräfte enthalten, wie Staudämme und Kernkraftwerke, und den Schutz von Kulturgütern und Kulturstätten. Doch erreichen die Schutzvorschriften nicht den gleichen Umfang wie die im »Ersten Zusatzprotokoll« für die internationalen bewaffneten Konflikte vereinbarten Regeln. Der Grund lag in der Furcht vieler Staaten, dass ein umfassenderer Schutz der Zivilbevölkerung die Aufständischen in den neuen unabhängigen Staaten ermuntern oder auch als Legitimation für Gewaltakte gegen Staatsorgane aufgefasst werden könnte. Dennoch besteht kein Zweifel, dass die Bombardierung oder der Raketenbeschuss von Wohnvierteln, die wahllose Exekutierung oder Folterung von Gefangenen schon nach den allgemeinen Vorschriften des Menschenrechtsschutzes absolut verboten sind und eine strafrechtliche Ahndung vor dem

Internationalen Strafgerichtshof in Den Haag nach sich ziehen müssten. Die Verurteilung des Einsatzes schwerer Waffen durch die UN-Generalversammlung zielt auf deren oftmals unkontrollierbare Zerstörungskraft, die keinen Unterschied zwischen Kombattanten und Zivilisten macht. Sie richtet sich auch gegen die schon zum Standard gewordene »Abbuchung« ziviler Opfer als sog. Kollateralschäden. Zu betonen bleibt allerdings, dass diese Verbote nicht nur für die Regierungstruppen, sondern ebenso für die Aufständischen als Kriegspartei gelten. Sie gleichfalls zu verurteilen, ist zwar eine ständige Forderung der russischen Delegation in der UNO, ist jedoch von den unter dem Namen »Freunde Syriens« firmierenden Unterstützerstaaten der Aufständischen bislang verhindert worden.

Waffenlieferungen: Legal, legitim, illegal?

Kann man Assad also vom Standpunkt des Völkerrechts keinen grundsätzlichen Vorwurf machen, dass er gegen die Aufständischen auch mit militärischer Gewalt in den genannten Grenzen vorgeht, so ist die nächste Frage, wer mit welchen Mittel die Kriegsparteien unterstützen, d.h. sich einmischen darf. Allmählich unbestritten ist, dass vor allem die beiden arabischen Staaten Katar und Saudi-Arabien die Aufständischen finanziell unterstützen, damit diese sich Waffen etc. beschaffen und wohl auch Kämpfer, d.h. Söldner aus fremden Staaten, bezahlen können. Zugegeben hat auch die Obama-Administration, dass sie mit Hilfe der CIA Aufgaben der Logistik und Kommunikation für die Aufständischen von der türkischen Grenze aus übernommen hat. Sicher ist auch, dass Waffen mit Wissen der türkischen Regierung über die Grenze nach Syrien zu den Aufständischen gebracht werden. Dies hat der CDU-Abgeordnete Andreas Schockenhoff eingeräumt, allerdings offen gelassen, ob und in welchem Umfang die Bundesregierung an diesen Waffenlieferungen beteiligt ist. Auch er hält dies fälschlich für eine Frage der »Legitimität« und nicht der »Legalität«.[11] Die türkische Regierung nimmt nicht nur Flüchtlinge (derzeit ca. 200.000) in ihrem Grenzgebiet auf, sondern

11 Schockenhoff, Andreas, Deutschlandfunk, 06.02.2012

bietet den Aufständischen dort auch Zuflucht und Training sowie in Istanbul und Ankara ein Forum für ihre politische Darstellung und Werbung um Unterstützung. Inwieweit die CIA und andere Geheimdienste (der israelische Mossad z. B.) direkt in Syrien aktiv sind, lässt sich nur vermuten, es fehlen aber konkrete Anhaltspunkte. Die von Paris aus agierenden Volksmujaheddin behauptet, dass der Iran zahlreiche Mitglieder der Revolutionsgarden nach Syrien eingeschleust habe, um Assad gegen die Aufständischen zu unterstützen.

Nach geltendem Völkerrecht ist eine Regierung befugt, einen anderen Staat um bewaffnete Hilfe zur Bekämpfung von Aufständischen zu bitten. Lassen wir einmal die Zweifel an dem politischen Auftrag der Volksmujaheddin, die u. a. von Pentagon und CIA bezahlt werden, beiseite und unterstellen die Richtigkeit dieser Information, wie sie ähnlich schon am 27. Mai 2011 und 4. März 2012 in der *Washington Post* über den iranischen Geheimdienst in Syrien kolportiert wurde, so wäre völkerrechtlich gegen eine solche Beteiligung »auf Einladung« nichts einzuwenden.[12] Zwar ist eine derartige Einladung vielfach missbraucht worden, um eine völkerrechtswidrige Intervention zu legitimieren, wie die USA bei der Besetzung Grenadas 1981, die Sowjetunion bei ihrem Einmarsch 1979 in Afghanistan, und auch Frankreich hat sich bei seinen Einmischungen in Afrika verschiedentlich auf eine dubiose Einladung berufen. Davon bleibt jedoch grundsätzlich das Recht einer legalen Regierung unberührt, militärische Hilfe eines anderen Staates zu erbitten.

Die syrische Opposition – eine Befreiungsbewegung?

Anders auf der Seite der Aufständischen, wenn sie sich gegen die legale Regierung wenden und nicht den völkerrechtlichen Status einer Befreiungsbewegung beanspruchen können. Einen solchen Status hatten die afrikanischen Befreiungsbewegungen des ANC, PAC, SWAPO, MPLA und Frelimo aber auch die PLO von der UN-Generalversammlung in den siebziger Jahren zuerkannt bekommen. Sie wandten

12 Das gleiche gilt für eine stillschweigende Billigung durch die syrische Regierung, wenn Iraner sich wirklich an den Kämpfen beteiligen, die iranische Regierung aber ein Hilfeersuchen ausdrücklich verneint.

sich gegen Fremdherrschaft und rassische Unterdrückung. Derartige Voraussetzungen liegen jedoch bei der Freien Syrischen Armee nicht vor. Ebenso wenig hat hat die syrische Nationale Koalition einen solchen Status, selbst wenn sie von derzeit 130 Staaten als die legitime Vertretung des syrischen Volkes anerkannt ist. Der Kampf gegen ein ohne Zweifel durch Korruption, Gewalt, Folter und schwere Menschenrechtsverletzungen diskreditiertes Regime[13] verleiht noch nicht den Status einer Befreiungsbewegung, die, vom Verbot des Art. 2 Ziff. 4 UN-Charta befreit, mit Gewalt gegen die koloniale Herrschaft vorgehen kann. Dennoch ist eine Hilfeleistung für Aufständische nicht vollkommen ausgeschlossen. Nur eine direkte militärische Unterstützung verstößt gegen das Gewaltverbot. Der UN-Sicherheitsrat hat z. B. die Unterstützung der Taliban durch Drittstaaten ausdrücklich verurteilt.[14] Hingegen ist die finanzielle Unterstützung zulässig, da sie nicht unter das Gewaltverbot fällt, selbst, wenn mit dem Geld Waffen gekauft werden. Das Gleiche gilt für ökonomische Sanktionen wie Handelsembargo und Boykott, wenn die Maßnahmen nicht die Bevölkerung unverhältnismäßig treffen. Die logistische Unterstützung ist wiederum vom Internationalen Gerichtshof in Den Haag (IGH)[15] als unzulässige Intervention gewertet worden. Der IGH hatte über eine Klage Nicaraguas gegen die USA zu entscheiden, mit der sich die Regierung in Managua gegen verschiedene Interventionen der USA zur Wehr setzte. Die USA hatten den Hafen vermint, überflogen Nicaragua ohne Erlaubnis und unterstützten die Contras nicht nur mit Waffen, sondern auch mit einem Guerilla-Handbuch, in dem sie Anweisungen und Hilfestellungen für deren Guerillakampf gaben. In einer umfangreichen Entscheidung verurteilte der Gerichtshof 1986 die USA wegen elf z. T. schwerer Verstöße gegen das Völkerrecht. Eine unzulässige Unterstützung der Contras und damit einen Verstoß gegen das Gewaltverbot sahen die Richter nicht nur in der Versorgung mit Waffen, sondern auch in der Verteilung

13 Vgl. etwa Wieland, C.: A Decade of Lost Chances. Repression and Revolution from Damascus Spring to Arab Spring, Seattle 2012, S. 103 ff.

14 Vgl. UNSR Res. 1214 vom 8. Dezember 1998

15 ICJ, Military and Paramilitary Activities in and against Nicaragua (Nicaragua v. USA), ICJ Reports 1986, 14 ff., 346

des Guerillahandbuchs. Nach diesen Kriterien sind auf jeden Fall die Waffenlieferungen an die Aufständischen und ihr Training in der Türkei völkerrechtswidrig. Das könnte ebenso der Fall sein mit der Hilfestellung der CIA für die Logistik und Kommunikation der Aufständischen, wenn sie sich als eine direkte Beteiligung an den militärischen Aktivitäten herausstellen sollte. Dies zu entscheiden, wird allerdings erst möglich sein, wenn genauere Informationen über die Art der CIA-Hilfen vorliegen. Auf jeden Fall verdienen sie im Licht des Völkerrechts nicht jene jubelnde Zustimmung, die wir in der deutschen Presse finden.[16]

Der Vorwurf an Russland, Syrien nicht nur politisch im UN-Sicherheitsrat abzuschirmen, sondern auch mit Waffen zu versorgen, ist bisher für etwaige Waffenlieferungen nicht spezifiziert worden. Unterstellt, es ist so, dann können Russland und Syrien auf einen Freundschaftsvertrag vom 25. Oktober 1979 verweisen, der immer noch gültig ist. In ihm ist zwar keine militärische Beistandspflicht enthalten, wohl aber eine militärische Zusammenarbeit, die Waffenlieferungen einschließt. Eine dieser Waffen haben die türkischen Luftstreitkräfte bereits testen können, als eines ihrer Kampfflugzeuge vom Typ F4 Phantom am 22. Juni 2012 vor der Küste Syriens von der Luftabwehr abgeschossen wurde. Dass dies ohne die übliche Vorwarnung geschah, ist von der syrischen Regierung als Irrtum über die wahre Herkunft des Flugkörpers ausgegeben worden. Der Abschuss stellt auch keine Verletzung geltenden Völkerrechts dar, da er offensichtlich innerhalb des syrischen Luftraums geschah. Die auffallend zurückhaltende Reaktion Ankaras und der NATO lässt zudem vermuten, dass die Verletzung der syrischen Lufthoheit kein Versehen war, sondern eher das Ziel verfolgte, die Effektivität der syrischen Luftabwehr zu prüfen.

Und bist du nicht willig, dann…

Die Türkei hat jedoch in jüngster Zeit offen mit einer Intervention im Norden Syriens gedroht. Forderungen nach einer Intervention zugunsten der Aufständischen hatte es schon lange zuvor in den USA

16 Vgl. z. B. Nordhausen, F.: »Dilemma des Westens«, in: Frankfurter Rundschau, 03.08.2012

gegeben[17], und die Botschafterin der USA bei der UNO, Susan Rice, hatte die Möglichkeit einer Intervention ohne Mandat des UN-Sicherheitsrats angedeutet, wenn dieser weiterhin durch das Veto der Russen und Chinesen blockiert werde. Die Drohung Ankaras hat jedoch einen besonderen Hintergrund und hängt mit den im nördlichen Grenzgebiet lebenden Kurden zusammen. Diese standen seit Jahrzehnten in Opposition zum Assad-Regime, von dem sie diskriminiert wurden. Allerdings schlossen sie sich dem bewaffneten Kampf der »Freien Syrischen Armee« nicht an. Im Juli 2012 übertrug Damaskus den Kurden die Aufrechterhaltung der Sicherheit und Ordnung in ihrer Region, welche diese in sieben größeren Ortschaften übernahmen. Das war ein großer Schritt in die geforderte Selbstverwaltung und löste in Ankara sofort Ängste aus, dass nach dem Norden des Irak hier ein weiteres autonomes Gebiet entstehen könnte, welches den Autonomiebestrebungen im eigenen Land neuen Auftrieb geben würde. Außerdem befürchtet man, dass ein neues Rückzugsgebiet für die PKK entstehe. Angesichts der wieder aufgeflammten Kämpfe im Südosten des eigenen Landes, wo die Armee in den letzten Monaten wieder verstärkt militärisch vorgeht, ist diese Sorge nicht unbegründet. Sie reicht allerdings nicht aus, eine Intervention in den Norden Syriens zu rechtfertigen. Selbst die Drohung mit einer solchen Intervention ist nach dem eindeutigen Wortlaut des Art. 2 Ziff. 4 UN-Charta, der schon die Androhung von Gewalt verbietet, völkerrechtswidrig. Dieses Verbot ist allerdings in der Gewöhnung an die permanenten Gewaltandrohungen gegen den Iran untergegangen und fast schon in Vergessenheit geraten. Auch humanitäre Motive oder die vielbemühte »Responsibility to Protect« reichen weder zur Legitimation einer Intervention noch zu ihrer Androhung aus. Darauf hat schon der IGH in seinem Nicaragua-Urteil von 1986 mit eindeutigen Worten hingewiesen.[18]

17 Vgl. etwa den republikanischen Senator John McCain am 5. März 2012 in einer Rede vor dem US-Senat.

18 IGH ICJ Reports1968, §268, S. 135. Zur Untauglichkeit der »Responsibility to Protect«, eine militärische Intervention ohne völkerrechtliches Mandat zu begründen, vgl. Paech, Norman: Libyen und das Völkerrecht, in: International II/2012, S. 20ff.

Dieses Urteil – von der US-Administration nie richtig akzeptiert – hat die US-Außenministerin Clinton nicht davon abgehalten, mit ihrem türkischen Amtskollegen Davutoğlu über effektivere Maßnahmen zur besseren Unterstützung der Aufständischen und die Einrichtung einer Flugverbotszone à la Libyen zur schnelleren Beseitigung der Assad-Regierung zu beraten.[19] Beide werden um die völkerrechtlichen Probleme derartigen Handelns und die unveränderte Ablehnung der Russen und Chinesen wissen. Sie rechnen jedoch mit der Gefolgschaft der übrigen NATO-Staaten und mit der Erfahrung, dass selbst schwerste Kriegsverbrechen, wie sie mit dem Irak-Krieg begangen wurden, keine Sanktionen auslösen werden.

Dies weiß auch die israelische Regierung aus Erfahrung mit der strafrechtlichen Folgenlosigkeit ihres letzten Gaza-Krieges. Dennoch ist auch ihr die hier eindeutige Rechtslage entgegenzuhalten, wenn sie die chemischen Waffen im Besitz der syrischen Regierung zum Vorwand einer Interventionsdrohung nimmt.[20] Allein die Gefahr, dass diese Waffen unkontrolliert in die Hände der Aufständischen gelangen könnten, erfordere ihre präventive (militärische) Sicherung. Abgesehen davon, dass der Einsatz von chemischen Waffen absolut verboten und auch nicht zur Verteidigung erlaubt ist, rechtfertigt der Besitz dieser Waffen in keinem Fall eine Intervention. In den Debatten im Frühjahr 2003 vor dem Irak-Krieg hat der UN-Sicherheitsrat noch einmal in seiner Resolution 1441 betont, dass es kein militärisches Interventionsrecht eines einzelnen Staates gegen die vermutete oder bewiesene Produktion von Massenvernichtungsmitteln durch einen dritten Staat gibt, auch wenn diese Aktivitäten gegen das Völkerrecht verstoßen. Die in der Nationalen Sicherheitsstrategie der USA von 2002 verankerte und 2006 bestätigte Strategie der präventiven Selbstverteidigung ist mit dem Völkerrecht nicht vereinbar, darüber herrscht weitgehende Einigkeit.[21]

---

19 Vgl. Frankfurter Allgemeine Zeitung, 13.08.2012, S. 2.

20 Vgl. Leukefeld, Karin: Einsatz von chemischen Waffen aus Libyen, in: junge Welt, 11.08.2012, S. 7

21 Vgl. Ipsen, K.: Völkerrecht, 2004, § 39 Rz. 30

Die anhaltenden wechselvollen Kämpfe vor allem in Damaskus, Aleppo und der Region um Homs sowie die Unsicherheit über ihren Ausgang haben in letzter Zeit besorgte Überlegungen über die Zukunft des Staates Syrien aufkommen lassen. Nicht nur die über 60 verschiedenen konkurrierenden und zerstrittenen Oppositionsgruppen, sondern auch die Vielzahl ethnischer und religiöser Minoritäten[22] weisen eher auf den Zerfall und die Aufsplitterung eines noch jungen, aus der Auflösung des Osmanischen Reiches herausgeschnittenen Gebildes, wenn die Herrschaft von Baath-Partei und Baschar al-Asad beseitigt ist. Bislang sprach zweifellos auch die Stabilität, die der Assad-Clan über Jahrzehnte in der labilen Region garantierte, für die Kooperation mit ihm. Man machte sich seine offensichtliche Kriminalität in vielen Bereichen zu Nutzen und sah über die elende Verfassung der Menschenrechte hinweg. Die eigenen Maßstäbe der Rechtsstaatlichkeit und des Völkerrechts haben nie eine Rolle in den Beziehungen zu Syrien gespielt. Das gegenwärtige Engagement der NATO-Staaten und die bedingungslose Entschlossenheit der Aufständischen lassen befürchten, dass auch die bevorstehende Auswechslung des Regimes daran kaum etwas ändern wird.

ERHARD CROME

Die Türkei. Ein neuer globaler Akteur

Wir leben inmitten einer Neu- und Umverteilung von Macht und Einfluss in der Welt. Zentral ist auch der Nahe und Mittlere Osten. Hier verläuft dieser Prozess derzeit besonders konfliktreich, müssen neue Kräfteverhältnisse in Libyen und dem gesamten Maghreb, mit Ägypten, Tunesien, in Mali und in Syrien zusammengedacht werden.

22 Unter anderen Kurden, Armenier, Tscherkessen, Turkmenen sowie Sunniten, Alawiten, Schiiten, Ismailiten, Christen und Drusen. Vgl. Wieland, a.a.O., S. 79ff.

Tatsächlich haben wir es mit einem Spannungsbogen zu tun, der von Zentralasien, Pakistan, Afghanistan, Kaschmir über den Iran bis zu den arabischen Ländern, Nord- und Schwarzafrika reicht. Widersprüche unterschiedlicher Interessen und unterschiedlicher Möglichkeiten treffen im Bündel aufeinander und werden in Syrien, stellvertretend für diese Konflikte, gewaltsam ausgetragen.

Die schwächer werdenden Positionen der USA und Europas in der Welt haben jedoch nicht nur eine neue Rolle Chinas, Indiens und Russlands, auch Brasiliens, zur Folge. Im Nahen Osten ist die Rolle Russlands nur noch ein Schatten dessen, was einst sowjetische Nahostpolitik war. In Europa spielt Deutschland zusammen mit Frankreich eine neue machtpolitische Rolle, im Nahen und Mittleren Osten insbesondere die Türkei. Der Iran, Saudi-Arabien und Katar sowie im Gefolge der Umbrüche in der arabischen Welt Ägypten beanspruchen ebenfalls eine neue Machtposition bei der Gestaltung der internationalen Beziehungen, zumindest in der Region.

Die vier Mächte – Türkei, Saudi-Arabien, Iran und Ägypten – belauern sich gegenseitig, kooperieren miteinander und konkurrieren untereinander, agieren gegen Israel, das nach wie vor die schlagkräftigste Militärmacht in der Region ist, aber die Entwicklungen in den Ländern immer weniger beeinflussen kann, und schließen Vereinbarungen mit ihm. In der Konkurrenz dieser vier Mächte hat die Türkei gegenwärtig die größten Spielräume. Schon deshalb lohnt es sich, den Widersprüchen innerhalb der Türkei nachzugehen.

Innere Widersprüche

Die Verfassung der Türkischen Republik von 1923 zielte auf die Veränderung der traditionell vom Islam bestimmten Gesellschaftsordnung. Dazu gehörten die Trennung von Religion und Staat, die Gleichstellung der Frau und die Reform des Alltagslebens, des Bildungssystems, der Kleidung und der Schrift (die Einführung eines angepassten lateinischen Alphabets als Schrift für das Türkische erfolgte unter direkter Mitwirkung des Präsidenten Atatürk) nach modernem europäischen Muster. Das politische System wurde als Einparteisystem strukturiert mit der von Atatürk gegründeten Republikanischen

Volkspartei (CHP) im Zentrum. Die Armee genoss einen weitreichenden Sonderstatus. Der Staatsaufbau war in hohem Maße zentralisiert: Provinzen, Regionen und Kommunen erhielten keine eigenen Entscheidungsbefugnisse; alle Entscheidungen, von der Festlegung der Preise für landwirtschaftliche Produkte bis zur Besetzung von Lehrerstellen in ländlichen Grundschulen, gingen über die Schreibtische der Ministerien und Behörden in Ankara. Auch die Entwicklung der Industrie erfolgte im Grunde durch den Staat und in hohem Maße zentralisiert. Dieser hoch konzentrierte Zentralismus wurzelte in den Erfordernissen der Modernisierung wie zugleich in der Angst vor Zerfall und Rückfall.[1]

Das Nationsverständnis war am Modell der französischen Revolution orientiert, das heißt alle Staatsbürger sollten gleich sein und gleichermaßen die Staatsbürgerrechte genießen, aber ethnische, kulturelle, sprachliche und religiöse Minderheiten waren nicht vorgesehen und sollten von daher auch keine Gruppenrechte innerhalb der türkischen Nation genießen. Insofern resultiert von der Republikbildung her sowohl die Nicht-Gleichberechtigung der armenischen, griechischen und anderer Volksgruppen, die (noch) im Lande lebten, und vor allem der Kurden, als auch der verschiedenen christlichen Kirchen. Die kemalistische Türkei war im Grunde eine Entwicklungs- und Erziehungsdiktatur, die darauf zielte, eine in sich geschlossene, sprachlich und kulturell vereinheitlichte, moderne bürgerliche Nation zu schaffen. Träger dieses Projekts war eine kulturell einheitlich geprägte Staatsbürokratie, die wesentlich aus dem Offizierskorps des Befreiungskrieges (1919-1923) hervorgegangen war.

Nach dem Tode Atatürks 1938 bugsierte Präsident Mustafa Ismet Inönü – unter Atatürk war er Ministerpräsident – das Land als neutrale Macht durch den Zweiten Weltkrieg und vollzog nach 1945 eine Anlehnung an die USA und Großbritannien. Unabhängige, das heißt nicht der CHP angehörende Parlamentsabgeordnete hatte er bereits 1943 zugelassen, 1945 verkündete er die Umwandlung des Landes in

1 Vgl. Thumann, Michael: Der Islamirrtum. Europas Angst vor der muslimischen Welt, Frankfurt a. M. 2011, S. 65

eine Demokratie und es wurden Konkurrenzwahlen zugelassen. 1950 gewann die *Demokratische Partei* die Wahlen, die CHP ging in die Opposition. Im Jahre 1960 putschte die Armee, stürzte den seinerseits autokratisch regierenden Ministerpräsidenten Menderes und übergab die Macht wieder an die CHP, Inönü wurde Vorsitzender einer verfassungsgebenden Versammlung und 1961 bis 1965 nochmals Ministerpräsident. Im Jahre 1971 griff das Militär wieder in das politische Geschehen ein und forderte eine Veränderung der Regierung, 1980 putschte es erneut. Es wurden die bürgerlichen Freiheitsrechte außer Kraft gesetzt und weitreichende Einschränkungen der politischen Betätigung, des Versammlungs-, Demonstrations- und Presserechts verhängt. Tausende, vor allem linke und kurdische Aktivisten wurden ins Gefängnis geworfen, gefoltert und viele ermordet. 1982 wurde eine neue Verfassung oktroyiert, dann konnten auch wieder politische Parteien gegründet werden und fanden wieder Parlamentswahlen statt.

Da es in dem kemalistischen System – auch in der Mehrparteienvariante – keine politische Gewichtsverteilung gab, »hatten Kemalisten und Generäle eine merkwürdige Gewaltenteilung eingerichtet: Während die Regierung vom unkontrollierbaren Volk gewählt wurde und sich auf eine Mehrheit im Parlament stützte, sollten das Präsidialamt, das unantastbare Militär, das Verfassungsgericht und andere republikanische Institutionen in den Händen der klassischen Bürokratie bleiben. Staat und Regierung waren zweierlei. Die Eliten profitierten davon, dass die Türkei durch und durch zentralisiert war.«[2] Zugleich hatte sich über mehrere Jahrzehnte, parallel zu der Putschpraxis der Militärs bzw. als Teil deren Umsetzung, ein »tiefer Staat« gebildet, ein Staat im Staate, der eine konspirative Verquickung von Teilen der oberen Militärbürokratie und der Führungen der Geheimdienste, von Politik, Justiz und Verwaltung, rechtsextremer Organisationen und der organisierten Kriminalität bildete, sich als »Konter-Guerilla« oder als »Amt für besondere Kriegsführung« verstand und Anschläge verübte bzw. extra-legale Tötungen von kurdischen Politikern, linken Gewerkschaftern, missliebigen Journalisten und anderen praktizierte.

2 Ebd., S. 66

Selbst noch vor wenigen Jahren verübte Morde, die »nicht aufgeklärt« wurden, sind von kritischen Analytikern diesem »tiefen Staat« zugeordnet worden.

Die kemalistischen Eliten sahen linke und sozialistische Bewegungen, nationale Bewegungen, wie die der Kurden, und religiöse, islamistische Bewegungen als Feinde ihres Republik-Projekts an, die zu bekämpfen waren. Im Hintergrund der politischen Auseinandersetzungen in der Türkei und der daraus resultierenden Entwicklungen standen vier Probleme: die Rolle der Religion in der Gesellschaft; der Platz der Armee im Gefüge des Staates und ihre Kontrolle; die Rechte der Minderheiten, insbesondere des kurdischen Volkes; das Recht aller politischer Kräfte des Landes, sich frei zu organisieren und Einfluss auf das politische Geschehen des Landes zu nehmen.

Die innenpolitische Öffnung

Erste Bewegungen eines »türkischen Volksislam« bildeten sich bereits parallel zur Republik 1923. Die »Anhänger des Lichts« (Nurculuk) lehnten Atatürks Reformprojekt ab; ihnen schwebte ein panislamischer Staat mit Mekka und Medina als Zentrum und der Scharia als Rechtsordnung vor. Diese Bewegungen spalteten sich mehrmals, wurden verboten, wieder hingenommen, gründeten Zeitungen, Schulen und Radiosender. Politisch kamen derartige Bestrebungen in unterschiedlichen Parteipräferenzen zum Ausdruck. Bereits die Demokratische Partei verdankte ihren Wahlsieg 1950 vor allem der ländlichen Bevölkerung und der Erwartung, dass der Islam wieder eine größere Rolle in der Gesellschaft spielen sollte. Versuche, eine islamistische Partei zu gründen, gab es seit den 1970er Jahren; sie wurden durch das Militär bzw. die kemalistische Staatsbürokratie immer wieder unterbunden. Bei den Parlamentswahlen 1995 war in Gestalt der Wohlfahrtspartei mit 21,4 Prozent der Wählerstimmen erstmals eine islamistische Partei stärkste Kraft im Parlament. Ihr Vorsitzender, Necmettin Erbakan, konnte im Sommer 1996 die Regierung bilden, wurde aber durch den Nationalen Sicherheitsrat 1997 zum Rücktritt gezwungen, und die Partei wurde 1998 durch das Verfassungsgericht verboten.

Zugleich bildete sich ein neues, anatolisches Bürger- bzw. Unternehmertum heraus, das wirtschaftlich erfolgreich und zugleich gläubig ist. Es begann, mit der kemalistischen Staatsbürokratie um die Macht zu konkurrieren. Die Rede ist hier von »weißen« und »schwarzen Türken« – die »weißen« sind die westlich und traditionell nationalistisch orientierten urbanen Eliten, die »schwarzen Türken« die gläubige muslimische Bevölkerung Anatoliens. Erstere sehen in der AKP ein trojanisches Pferd des Islamismus, letztere im überkommenen Laizismus eine »paternalistische Entmündigung der Muslime«.[3]

Politischer Ausdruck dieser Entwicklung einer neuen, muslimischen Bourgeoisie wurde das Agieren des Ministerpräsidenten Recep Tayyip Erdogan. Er war 1994 als Mitglied der Wohlfahrtspartei zum Oberbürgermeister von Istanbul gewählt worden, galt in dem Amt als erfolgreich und wurde so landesweit bekannt. 2001 war er einer der Begründer der Partei für Gerechtigkeit und Entwicklung (AKP), die sich nicht als islamistisch, sondern als konservativ-demokratisch definiert – der Parteiname suggeriert, das Land entwickeln zu wollen, und enthält zugleich ein Teilhabeversprechen, dies für alle Bürger des Landes zu tun. Die AKP regiert seit den Parlamentswahlen 2002 mit absoluter Mehrheit der Parlamentssitze und hat ihren Anteil an den Wählerstimmen von 36,4 Prozent auf 46,6 Prozent (2007) und 49,8 Prozent (2011) erhöht.

Der Machtkampf

Als Vordenker eines modernisierten türkischen Volksislam gilt Fethullah Gülen. Die von ihm gegründete Bewegung ging aus der Nurculuk-Bewegung hervor. Er gründete Schulen, Studentenheime und Universitäten; heute gehören zu der Gülen-Bewegung Radio- und Fernsehsender, Verlage und mehrere Tageszeitungen, eine Nachrichtenagentur, Krankenhäuser, Banken und Versicherungen. Das ist für eine mafiöse Bewegung in dieser Region nichts Außergewöhnliches. Die Kopplung von Machtansprüchen und Sozialarbeit ist fast typisch.

3 Çakır, Murat: Neo-osmanische Träume. Über das Werden einer Regionalmacht, Papers der Rosa-Luxemburg-Stiftung, Berlin 2011, S. 66

Es heißt, dass über zehn Prozent der türkischen Bevölkerung Gülens Bewegung nahestehen. Im Westen gilt er als Vertreter der Vereinbarkeit von Islam, Moderne und Demokratie, der auch für die Unvereinbarkeit von Islam und Gewalt stehe.[4]

Erdogans AKP passte sich zunächst den Gegebenheiten an. Da zu Beginn der 2000er Jahre die Frage eines EU-Beitritts der Türkei stand, die ihrerseits eine Reihe von Bedingungen gestellt hatte, wurden wesentliche Gesetzesänderungen auf den Weg gebracht. Dazu gehörten ein ausdrücklicher Menschenrechtsschutz, Trennung von Militär und Politik, Umschulung von Polizei und Richtern, Demokratisierung der Institutionen. Christen und Kurden gegenüber signalisierte Erdogan Dialogbereitschaft. Die EU honorierte dies 2005 mit dem Beginn von Beitrittsverhandlungen. All diese Reformen hatten eine Zurückdrängung der Positionen des Militärs und der kemalistischen Bürokratie zur Folge. Zugleich wurden, etwa durch das öffentliche Auftreten von Erdogans Ehefrau mit Kopftuch, auf der Ebene der symbolischen Politik Zeichen einer stärker islamischen Orientierung gesetzt.

Im Jahre 2007, als die Amtszeit des kemalistischen Präsidenten Sezer abgelaufen war, wollte Erdogan durchsetzen, dass sein Parteifreund Abdullah Gül, bis dahin Außenminister, dieses Amt übernimmt. Damit war die oben beschriebene Gewaltenteilung zwischen Präsident und Regierungschef aufgekündigt. Der Generalstab drohte mit Putsch, das laizistisch geprägte Verfassungsgericht mit Verbot der AKP. Erdogan konnte jedoch Gül als Präsidenten durchsetzen, das Verbotsverfahren scheiterte. Im Jahre 2008 wurde dann eine Reihe von Generälen unter Putschverdacht verhaftet und damit entmachtet. Beobachter der Szenerie mutmaßten, dass das nur möglich war, weil Anhänger der Gülen-Bewegung nicht nur wichtige Positionen in der AKP einnahmen, sondern auch in der Polizei, den Geheimdiensten und im Staatsapparat. Zugleich hatte Erdogan viele Positionen inzwischen durch AKP-Mitglieder besetzt.

4 Prediger Fethullah Gülen im F.A.Z.-Gespräch: Islam und Moderne stehen nicht im Widerspruch, in: Frankfurter Allgemeine Zeitung, 06.12.2012

Damit war der Machtkampf zugunsten der AKP und Erdogans entschieden. Die bis 2007 praktizierte Reformpolitik kam jedoch zum Erliegen. Die AKP hat den zentralistischen Staat übernommen und nutzt ihn jetzt in ihrem Sinne. Immer häufigere Eingriffe in die Medien, Verhaftungen von Journalisten, brutale Polizeieinsätze gegen missliebige Demonstranten, erneut provokative Äußerungen und eine neue Unterdrückungspolitik in den kurdischen Angelegenheiten sind Ausdruck dessen. »Nach der vollmundigen Ankündigung einer ›Öffnung in der Kurdenfrage‹ ist wenig passiert, viele Kurdinnen und Kurden, die 2007 auf die AKP gesetzt hatten, sind enttäuscht oder zermürbt von den anhaltenden militärischen und polizeilichen Operationen in der Region.«[5]

Wirtschaftliche Interessen

In den Jahren 2000/2001 war die Türkei in eine Wirtschafts- und Finanzkrise geraten, die mit Kredithilfen des Internationalen Währungsfonds und entsprechenden Auflagen gemeistert wurde. Danach wuchs die Wirtschaft wieder, zwischen 2002 und 2007 um insgesamt 40 Prozent. Die Weltfinanz- und -wirtschaftskrise hat die Türkei vergleichsweise gut überstanden; die Wirtschaft wuchs 2010 um 9,2 Prozent, 2011 um 8,5 Prozent und 2012 immerhin noch um etwa 3,2 Prozent. Das Einkommen je Einwohner hatte sich von 2004 bis 2011 verdoppelt und betrug 2011 7.800 Euro. Damit lag die Türkei vor den EU-Ländern Rumänien und Bulgarien und nur knapp hinter den baltischen Republiken. Etwa 40 Prozent des türkischen Außenhandels werden mit der EU abgewickelt, darunter 10 Prozent mit Deutschland. Wichtigstes Importland ist Russland, weil die Türkei einen großen Teil ihres Erdöls und Erdgases aus Russland bezieht, gefolgt von Deutschland, China und den USA, wichtigstes Exportland der türkischen Wirtschaft ist Deutschland. Insgesamt ist der Umfang des türkischen Außenhandels von 82,3 Mrd. US-Dollar im Jahre 2000 auf 375,8 Mrd. 2011 angestiegen.

Auch wenn die inneren wirtschaftlichen und sozialen Probleme

5 Murat Çakır, a. a. O., S. 89

nach wie vor beträchtlich sind – Arbeitslosigkeit, vor allem Jugendarbeitslosigkeit, Ost-West- und Stadt-Land-Gefälle, wachsende soziale Polarisierung –, verleiht eine solche Wirtschaftsdynamik außenpolitisches Selbstbewusstsein. Die Türkei ist Mitglied der »G 20«-Gruppe der führenden Industriemächte der Welt. Westliche Analytiker sehen sie im Jahre 2050 unter den zehn wichtigsten Industrieländern der Welt; nach einer ersten Runde, da die BRIC-Länder wichtige Volkswirtschaften, wie die Deutschlands oder Großbritanniens überholt haben, folgt eine zweite Runde, da Volkswirtschaften wie Mexiko, Indonesien oder eben die Türkei dem folgen.[6]

Die Türkei im Nahen Osten

Die Türkei, zwischen Europa, Afrika, dem Nahen Osten und Zentralasien gelegen, hatte sich mit Atatürk für eine europäische Orientierung entschieden. Die EU-Mitgliedschaft wäre eine Vollendung dessen. Die zurückhaltende Politik vor allem Deutschlands und Frankreichs in dieser Frage spätestens seit 2005, die islamische Untersetzung nicht nur der türkischen Innen-, sondern auch der Außenpolitik durch die AKP und die Gülen-Bewegung sowie die Euro-Krise, von der die Türkei als Außenstehende nicht unmittelbar betroffen ist, haben eine Diversifizierung der türkischen Außenpolitik mit sich gebracht. Sie wird verstärkt durch die Möglichkeiten, die eine internationale Handelspolitik bietet, die von Brüssel unabhängig ist, und durch die Umstände, die die Umbrüche in der arabischen Welt mit sich bringen. Insofern versteht sich die Türkei heute als Mittler zwischen den Welten: verbunden mit den EU-Ländern sowie mit den USA in der NATO, mit guten, sich erweiternden Beziehungen zu Russland, mit engen Beziehungen nach Zentralasien, vor allem zu den früheren Sowjetrepubliken, und einer gegenseitig vorteilhaften Zusammenarbeit mit dem Iran, engen Beziehungen zum Irak und anderen arabischen Ländern sowie einem sich erweiternden Geflecht von Beziehungen in Afrika.

Erdogan war bereits 2009 in der arabischen Welt zum »beliebtesten Politiker« ernannt worden. Im Jahre 2010 reagierte er scharf

6 Vgl. www.deutsch-tuerkische-nachrichten.de, 22.12.2012

auf den Angriff israelischen Militärs auf das türkische Schiff *Mavi Marmara*, das Hilfsgüter nach Gaza bringen sollte, und die Ermordung von neun türkischen Aktivisten. Da die Beziehungen der Türkei zu Israel traditionell als gut und eng galten, auch im militärischen Bereich, war dies eine sichtbare symbolische Geste, auch wenn Analytiker zweifelten, dass die realen Beziehungen tatsächlich stark zurückgefahren würden. Das hatte zur Folge, dass bei Ausbruch der arabischen Aufstände die Türkei als enger Partner betrachtet wurde. Zugleich bot die AKP ihr Gesellschaftskonzept als Alternative zu einem erzwungenen Säkularismus, wie in Ägypten, und als gemäßigte Variante des Islam an. In diesem Sinne wurde die türkische Politik in bestimmtem Maße auch von den USA und in Westeuropa unterstützt.

Gleichwohl macht die Türkei ihre eigene Politik. Eine Islamisierung der arabischen Länder liegt gewiss auch im Interesse der Erdogan-Regierung. Eine Einvernahme durch das wahhabitische Saudi-Arabien oder den schiitischen Iran ist dabei eher nicht im Sinne türkischer Politik. Ob die AKP die ägyptischen Muslimbrüder fördern wollte, mag bezweifelt werden. Beide dürften sich als Konkurrenten ansehen, gesellschaftspolitisch wie außenpolitisch. Zugleich bleibt die Differenz zwischen Türken und Arabern, zwischen ehemaliger Kolonialmacht und früheren Unterdrückten trotz gleicher Religion erhalten. Die Machtkonkurrenz zwischen den vier Regionalmächten besteht unter den Bedingungen der Umbrüche im Nahen und Mittleren Osten fort, ja sie tendiert dazu, sich zu verstärken.

Syrien und die Türkei haben die längste gemeinsame Grenze beider Länder und standen sich lange Zeit gegnerisch gegenüber. Syrien beanspruchte die türkische Region um Antakya, in der eine arabischsprachige Minderheit lebt; die Grenze war befestigt und scharf bewacht. Seit 2000 wurden die Beziehungen entspannt, bereits unter dem früheren Präsidenten Sezer, dann unter Erdogan. Es ging um Aussöhnung und Zusammenarbeit. Ministerpräsident Erdogan und Präsident Baschar al-Assad trafen sich regelmäßig, zu großen Regierungskonsultationen und zu Treffen mit Gattin, der Handelsaustausch wuchs dynamisch, die Grenzbefestigungen wurden abgebaut.

Mit dem Bürgerkrieg in Syrien veränderte sich das abrupt. Erdogan forderte Assad zum Rücktritt auf, unterstützt die syrischen Oppositionskräfte und gewährt den militärischen Gegenkräften Unterstützung. Das hat offenbar mehrere Ursachen. Syrien war bisher stark mit dem Iran verbunden; die Türkei will nicht, dass der Iran seine Positionen in der Mittelmeerregion weiter stärkt oder gar in den Libanon ausgreift, auch wenn die Türkei selbst gutnachbarliche Beziehungen zum Iran unterhält und die westliche Embargo-Politik konterkariert. Die islamistische Opposition dagegen will Erdogan nicht dem Einfluss Saudi-Arabiens überlassen, dann kontrolliert er sie lieber selber. Ein unkontrollierter Zerfall Syriens kann ebenfalls nicht im türkischen Interesse liegen. Eine Rolle spielt gewiss das, was der »subjektive Faktor in der Politik« zu nennen ist. Der Nahost-Kenner Thumann hatte bereits 2011, bevor die Auseinandersetzungen in Syrien eskalierten, geschrieben: »Die größte Gefahr für Ankara ist, dass der vergängliche Applaus der arabischen Straße die Neigung türkischer Politiker zur Selbstüberschätzung nährt.«[7] Erdogan fühlte sich düpiert, dass Assad seinem »väterlichen Rat« zurückzutreten, nicht Folge leistete und fürchtete, dadurch in der arabischen Welt sein Gesicht zu verlieren. Und wenn die neue syrische Regierung maßgeblich durch türkische Einflussnahme errichtet wird, kann das den eigenen Einfluss nur stärken. Und es kommt eine starke Spannung zwischen Innen- und Außenpolitik hinzu: Der Irak-Krieg der USA hatte ein autonomes irakisches Kurdistan an der türkischen Grenze entstehen lassen. Der Konflikt mit der türkischen PKK eskalierte wieder. So könnte eine autonome oder gar unabhängige Republik in den kurdischen Gebieten Syriens, die aus dem Zerfall des Landes heraus entsteht, die Probleme für die türkische Kurdenpolitik nur vergrößern. Und Erdogan wollte sich, schon aus innenpolitischen Gründen, nicht vorwerfen lassen, er sei nicht nationalistisch genug.

Die türkischen Streitkräfte stationierten im Grenzgebiet zu Syrien zusätzlich Panzer und Kampfflugzeuge, nun noch verstärkt durch Ra-

7 Thumann, a. a. O., S. 307

keten-Einheiten anderer NATO-Länder, darunter deutsche. Es wird behauptet, das ziele nicht auf einen Einmarsch nach libyschem Muster; faktisch ist es bereits eine Ausweitung und Internationalisierung des Krieges. Ob die Verschärfung der syrischen Auseinandersetzungen durch die türkische Politik, statt zwischen den Bürgerkriegsparteien zu vermitteln, den Ambitionen eher im Wege steht, als sie zu befördern, wird die Geschichte zeigen. Als Handelsmacht sollte es Interesse der Türkei sein, dass der Krieg so schnell wie möglich aufhört, als selbsternannte Regionalmacht hat sie ihn bereits eskaliert und verlängert.

Karin Kulow

Israel – Syrien: Widerstreitendes Interessengefüge

Allem Anschein nach war Israel in Bezug auf die innersyrischen Machtkämpfe zunächst darauf bedacht, den Eindruck einer Art Abwartehaltung zu erwecken. Ganz im Unterschied zu den USA und seinen anderen westlichen Verbündeten sowie verschiedenen regionalen Mächten, die von Anfang an dezidiert Einfluss auf die Syrien-Krise nehmen, indem sie den Sturz des von Baschar al-Assad geführten Baath-Regimes nachweislich von außen zu befördern suchen. Demgegenüber hatte Benjamin Netanjahu schon frühzeitig ausdrücklich darauf verwiesen, israelischerseits nicht in diese Auseinandersetzungen involviert zu sein. Nichtsdestoweniger ist es aber auch eine Tatsache, dass Israel – gemäß den Aussagen seines Premiers – mit Aufmerksamkeit die dramatischen Vorgänge in Syrien verfolgt, mit den USA und der internationalen Gemeinschaft kooperiert und sich auf die Möglichkeit eines radikalen Regimewechsels einstellt.[1]

1 Vgl. dazu Netanyahu, Benjamin: Israel is preparing for dramatic changes in Syria, in: Haaretz, 23.12.2012

Erklärtermaßen größte Sorge bereitet in Tel Aviv, dass die in den Arsenalen der syrischen Armee vermuteten so genannten sensitiven Waffen[2] in die Hände von radikalen Gruppierungen, sprich vor allem der Hisbollah, gelangen könnten. Für einen solchen, auch als »rote Linie« bezeichneten, Fall ist Israel jedoch, wie seine Luftschläge Ende Januar 2013 auf syrisches Staatsgebiet gezeigt haben, ohne Wenn und Aber dazu entschlossen, sich unmittelbar militärisch einzumischen.[3] Besorgnis lösen zudem die nach Syrien eingesickerten Al Kaida- und anderen Untergrundkämpfer aus. Insbesondere wird befürchtet, dass von ihnen eine Destabilisierung der Lage an der israelisch-syrischen Grenze ausgeht. Wo immerhin seit Unterzeichnung des israelisch-syrischen Entflechtungsabkommens im Jahre 1974 und der darin implizierten Stationierung von UNO-Truppen (UNDOF) bislang eine relative Ruhe geherrscht hat.

Wenngleich sich andererseits aber auch im israelischen Establishment, wie dem der USA, solche Meinungsträger finden, die den Sturz des Assad-Regimes als wichtigen Schritt zur Schwächung ihres eigentlich ärgsten Feindes – dem Iran – präferieren. Wenn also das

---

2 Die Rede dabei ist von B- und C-Waffen, über die das Baath-Regime verfügen soll und deren partiellen Einsatz im Bürgerkrieg bestimmte Vertreter der syrischen Opposition mit erkennbarem Vorsatz nicht zufällig zu lancieren suchen. Westliche Militärexperten gehen davon aus, dass das Damaszener Regime über vier vermutete Chemiewaffeneinrichtungen verfügt und es in der Lage ist, solche chemischen Kampfstoffe wie Senfgas, Sarin und möglicherweise auch das VX Nervengas zu entwickeln und zu produzieren. Wobei Russland zum einen erklärt hat, keinerlei Chemiewaffen nach Damaskus geliefert zu haben, und zum anderen darauf verweist, dass es seines Erachtens bislang keinerlei Anzeichen für deren mißbräuchliche Anwendung oder für deren nicht mehr sichere Lagerung gäbe.

3 Sicherlich nicht umsonst hatte der israelische Ministerpräsident auf einer Air Force-Graduierten-Veranstaltung Ende Dezember 2012 erklärt, dass in Israel alles unternommen werde, um sich selbst gegen jedwede Bedrohung zu verteidigen. Pikanterweise erfolgte diese Aussage einen Tag nach seinem als geheim bezeichneten Treffen mit dem jordanischen König Abdullah II, bei dem es um die Syrien-Krise und die Möglichkeit einer israelischen Militäraktion gegen Syriens Arsenal der sensitiven Waffen gegangen sein soll. Vgl. dazu Haaretz, 27.12.2012

Baath-Regime fiele, so deren Kalkül, verlöre das Teheraner Mullah-Regime seinen wichtigsten regionalen Verbündeten und könnte damit leichter zum Nachgeben vor allem bei seinem umstrittenen Nuklearprogramm bewogen werden. Und die als äußerst missliebig eingestufte – und gemeinhin als »Widerstandsachse« bezeichnete – Allianz zwischen Syrien, Iran und Hisbollah wäre damit dann auch passé.

Nichtsdestoweniger scheint aber dennoch wohl eher Skepsis zu überwiegen. Um so mehr, als sich Israel mit dem im Zuge des »Arabischen Frühlings« ausprägenden Vormarsch des politischen Islam in seiner unmittelbaren Nachbarschaft grundsätzlich veränderten, schwieriger zu kalkulierenden Rahmenbedingungen gegenübersieht. Denn aus Sicht der israelischen Interessen gegenüber Syrien wird kaum begründete Hoffnung zu finden sein, dass sich mit dem Fall des Assad-Regimes die israelisch-syrischen Beziehungen automatisch besserten. Auch bisherige Verlautbarungen aus manchen Kreisen der syrischen Opposition, in der Nach-Assad-Ära die syrischen Beziehungen zu Iran und Hisbollah unbedingt kappen zu wollen, vermögen daran kaum etwas zu ändern. Selbst wenn sich damit ein von israelischer Seite bislang definiertes vorrangiges strategisches Interesse gegenüber Syrien erfüllte, sähe sich Israel dann aber damit konfrontiert, dass es auch in Syrien mit dem politischen Islam als einem bestimmenden, von ihm aber nicht minder misstrauisch beäugten Faktor in der Politik seines nördlichen Nachbarstaates zu tun hätte.

Dass sich Israel und Syrien formell immer noch im Kriegszustand befinden und die Grundlage ihrer zwischenstaatlichen Beziehungen nach wie vor das Waffenstillstandsabkommen von 1949 bildet, kann nun wirklich nicht allein nur dem Baath-Regime angelastet werden. Gleichermaßen ist es nicht dafür verantwortlich zu machen, dass nicht auch mit Syrien ein solches Friedensabkommen wie mit Ägypten (1979) und Jordanien (1994) realisiert worden ist. Die mit Syrien bislang strittigen Probleme wären ganz sicher auch mit dem Verschwinden Assads nicht so einfach aus der Welt. Unter Umständen könnten sie sich sogar noch in viel größerer Schärfe stellen.

Hauptstreitpunkt Golan-Frage

Immerhin ist es Israel, das die Rückgabe der von ihm während des 1967er Juni-Krieges besetzten und dann 1981 annektierten[4] Golan-Höhen an Syrien verweigert. Jenes Hochplateau von um die 1.100 km² im südwestlichen und an Libanon grenzenden Teil des Landes. Obwohl eigentlich innerhalb der israelischen Gesellschaft mehrheitlich Klarheit darüber besteht, dass ein Friedensschluss mit Syrien ohne die Räumung und Rückgabe der Golan-Höhen reine Fiktion bleibt.

Als einer der Hauptrechtfertigungsgründe für deren fortgesetzte Okkupation wurde bislang beständig das Argument strapaziert, wonach im Falle ihrer Rückgabe die syrisch-israelische Grenze dann wieder – wie eben vor 1967 – destabilisiert werden würde und damit Israels Sicherheit erneut bedroht sei. Zwar war es bis dahin tatsächlich zu häufigen militärischen Zwischenfällen an der Grenze gekommen – obwohl auch Israel damals durchaus seinen Anteil daran hatte –, so ist aber keinesfalls zu übersehen, dass sich syrischerseits ein wichtiger Positionswandel gegenüber Israel vollzogen hat.[5] Kulminierend in der von Hafez al-Assad im Wege eines Militärputsches im November 1970 durchgesetzten und den Realitäten stärker Rechnung tragenden so genannten Korrekturbewegung.[6] Nachdem dann Syrien gemeinsam mit Ägypten im »Oktoberkrieg« 1973 – am Jom Kippur, dem

---

4 Während 1967 rund 130.000 Araber vertrieben worden waren, wurde den auf den Golan-Höhen Verbliebenen, darunter hauptsächlich Drusen, im Zuge der Annexion die israelische Staatsbürgerschaft angeboten, die jedoch von den meisten nicht angenommen worden ist, weil sie sich weiterhin als Syrer verstehen.

5 Wenngleich erst im Ergebnis scharfer regimeinterner Auseinandersetzungen und eines langwierigen inneren Klärungsprozesses – im Wesentlichen mit ausgelöst durch die katastrophale Niederlage der arabischen Armeen im 1967er Krieg.

6 War bis 1970 noch vehement die These vom »Volkskrieg« und mithin die Beseitigung Israels als selbständiger Staat auf palästinensischem Boden verfochten worden – so nahm bis dahin auch kaum jemand in Syrien den Begriff Israel überhaupt in den Mund, sondern sprach stets nur von der »Kiyan Sihyauni«(Zionistische Existenz)–, widerspiegelte sich dann jedoch das veränderte Verhalten allein schon darin, dass Israel offiziell und medial nunmehr auch korrekt bezeichnet wurde.

heiligsten Tag im jüdischen Kalender – mit der Rückeroberung der als Zentrum der Golan-Region geltenden Stadt Qunaitra durchaus ein militärischer Achtungserfolg gelungen und im Folgejahr noch das Entflechtungsabkommen ausgehandelt worden war, schien dem Baath-Regime vollends klar geworden zu sein: Es kann weder Israel als eine Realität im Nahen Osten wieder beseitigen noch die Golan-Höhen mit militärischen Mitteln zurückerobern.[7]

Indessen war die Golan-Region wegen ihrer geografischen Hochlage und der Nähe zur syrischen Hauptstadt (nur rund 50 Kilometer davon entfernt) für Israel seit eh und je von hoher sicherheitsstrategischer Relevanz.[8] Hinzu kommt, dass sich aus den dortigen Quellflüssen des Jordan ein nicht unbeträchtlicher Teil des israelischen Wasserbedarfs speist. Nicht zuletzt besitzt die Region aus landwirtschaftlicher wie touristischer Sicht eine hohe Attraktivität.[9] Sieht man sich israelische Werbeprospekte an, so wird die Golan-Region längst als integraler Bestandteil israelischen Staatsgebiets betrachtet. Ist sie doch auch bereits zum Dorado zehntausender Siedler geworden, deren Zahl beständig weiter steigt. Gezielt von israelischer Regierungsseite gefördert unter Missachtung aller internationalen Proteste. Neben den rund dreißig, vornehmlich im südlichen Teil konzentrierten Siedlungen befindet sich hier überdies mit Katzrin eine rein israelische Stadtneugründung.

---

7 Zumal sich Ägypten unter der Präsidentschaft von Anwar al-Sadat den USA zugewandt und dann Ende der 1970er Jahre einen Separatfrieden mit Israel geschlossen hatte – also mithin auch als militärischer Partner weggefallen war.

8 Obwohl inzwischen längst das Zeitalter der Satelliten- und anderen Lufterkundungssysteme angebrochen ist, führen vor allem Rückzugs-Gegner aus den Sicherheitsbereichen immer wieder die Bedeutung der auf dem Jabal asch-Schaich (Mount Hermon) und den gesamten Golan-Höhen stationierten Radar- und anderen Überwachungssysteme als essentiell für die Sicherheit Israels ins Feld. Zudem seien sie dort auch noch viel kostengünstiger.

9 Gedeihen hier Wein, Zitrusfrüchte und andere Obst- wie Gemüsearten, bieten die Weideflächen günstige Voraussetzungen für Viehzucht und Milchproduktion, verfügt die Region über in Israel hoch geschätzte Thermalbäder und das einzige Wintersportzentrum.

Selbst in aller Öffentlichkeit machten verschiedene israelische Politiker aus ihrer ablehnenden Haltung gegenüber einem Rückzug aus dem Golan kaum ein Hehl. Kein geringerer als Netanjahu bezeichnete 2004, damals noch in seiner Eigenschaft als Finanzminister, dies als einen viel zu hohen Preis, um mit Syrien Frieden zu schließen. Er wolle lieber darauf bauen, dass Syrien angesichts seiner Angreifbarkeit und Schwäche zur Änderung der herkömmlichen Formel »Land für Frieden« gezwungen wäre und sich zu gegebener Zeit eine Situation ergäbe, bei der ein bestimmter, vielleicht sogar größter Teil des Golan in israelischer Hand verbleiben könne.[10] Manch einer seiner damaligen Ministerkollegen, so Landwirtschaftsminister Yisrael Katz, ging sogar noch weiter und erklärte die Golan-Region kurzerhand zu israelischem Staatsgebiet, über das es mit Syrien nichts zu verhandeln gäbe. Keinesfalls zufällig kam also der bekannte Haaretz-Kolumnist Gideon Levy am 11. Juli 2010 in seiner Zeitung zu dem Schluss: »Israel will keinen Frieden mit Syrien. Punkt. Es zieht den Golan einem Frieden mit seinem ärgsten und gefährlichsten Feind vor. Es will lieber den jetzigen Zustand, Erholungseinrichtungen, Mineralwasser, trendigen Wein und einige tausend Siedler, statt einen strategischen Wandel in seinem Status.«

Überdies existiert in Israel auch noch das Judikat, wonach Territorien, die israelischer Kontrolle unterstehen, nur dann zurückgegeben werden dürfen, wenn entweder ein dazu speziell abgehaltenes nationales Referendum oder eine Zwei-Drittel-Mehrheit in der Knesset dafür votiert.

Israelische Vorbedingungen

Um diese, in krassem Gegensatz zum Völkerrecht stehenden Bestrebungen wenigstens einigermaßen zu bemänteln, werden von Syrien immer wieder Vorleistungen verlangt, bevor überhaupt an eine Rückgabe der Golan-Höhen zu denken wäre. So die Forderung, dass es seine Allianz mit dem Iran, der Hisbollah und anderen als Israel feind-

10 Vgl. dazu Benn, Aluf: Suddenly, diplomacy is all about Syria, in: Haaretz, 11.01.2004.

lich eingestuften Gruppierungen aufgibt. Wohl wissend, dass dieses als israelisches strategisches Interesse definierte Ansinnen vom Baath-Regime nicht akzeptiert werden kann. Wiederholte Strafakte aus der Luft[11] verhärteten noch zusätzlich die Fronten und trugen damit ihrerseits zur Verstärkung der strittigen »Widerstandsachse« bei.

Israels Forderung an das Baath-Regime lässt zudem völlig außer acht, dass die Hisbollah keinesfalls dessen willfähriges Werkzeug ist und sich auch nicht beseitigen lässt. Ist die Hisbollah doch überhaupt erst im Kontext israelischer Politik entstanden – im Ergebnis des Israel-Krieges 1982 gegen den Libanon. Zwar vermochte Israel, mit diesem Krieg eines seiner Hauptziele – nämlich die Beseitigung des PLO-Hauptquartiers in Beirut und die Zerstörung deren militärischer und politischer Strukturen im Libanon – zu erreichen. Zugleich sah es sich aber in der Folgezeit in Gestalt eben der Hisbollah mit der Formierung einer neuen, Israel politisch und vor allem auch militärisch herausfordernden Kraft konfrontiert. Einer Kraft, die nicht mal mehr mit einem Krieg, wie dem 2006 von Israel gegen Libanon geführten, aus der Welt zu schaffen war und der auch nicht durch noch so rigide Sanktionen beizukommen ist. Deren Existenz und Wirken in untrennbarem Zusammenhang mit den von Israel

11 So flog die israelische Luftwaffe (IAF) wiederholt Angriffe auf syrisches Hoheitsgebiet, zum Zwecke der Warnung an das Baath-Regime, wie es hieß, wegen dessen Unterstützung für libanesische wie palästinensische »Terroristen«. Zum Beispiel im August 2003, als IAF-Kampfflieger die Ferienresidenz des syrischen Präsidenten im Tiefflug überquerten, um ihm damit die Botschaft zu vermitteln, endlich die Hisbollah zu zügeln, oder im Juni 2006, als derartige Flieger über einen der Assad- Sitze hinwegdonnerten, um ihn wegen seiner vermuteten Unterstützung für die palästinensischen Kidnapper von Gilad Shalit zu bestrafen. Im September 2007 dann wurde jene Fabrik bei Deir Ezzor aus der Luft bombardiert, die – laut israelischer und US-amerikanischer Lesart – eine von Nord-Korea gelieferte Atomwaffenanlage gewesen sein soll. Mitte Februar 2008 wiederum wurde ein hochrangiger Hisbollah-Funktionär inmitten der syrischen Hauptstadt gezielt getötet. Seitens der syrischen Muslimbruderschaft übrigens wurden betreffende Akte in einem Statement vom 10. Oktober 2008 scharf verurteilt. Zugleich wurde dem Regime angelastet, nicht adäquat darauf reagiert zu haben und seiner Schutzverantwortung für das Land nicht nachgekommen zu sein.

bislang offen gehaltenen Streitfragen, vor allem dessen Weigerung zur Beendigung seiner Okkupation arabischer wie palästinensischer Territorien steht.

Ebenso wie auch das der Hamas, deren Verbindungen zum Baath-Regime bekanntlich gleichermaßen Gegenstand israelischer Kritik im Zusammenhang mit der »Widerstandsachse« waren. Aber schon allein die von der Hamas inzwischen selbst überraschend vollzogene Auflösung ihres Hauptquartiers in Damaskus zeigt, dass sie durchaus ihre eigene Agenda verfolgt. Nicht zufällig finden sich deshalb unter den in Syrien ansässigen, von Israel angefeindeten palästinensischen Gruppierungen nicht nur Unterstützer des Assad-Regimes, sondern auch solche, die Partei für die Aufständischen ergriffen haben.

So gesehen, musste man Assad eigentlich darin zustimmen, wenn er – wie in seinem Interview mit *The Wallstreet Journal* vom 31. Januar 2011 – von der Notwendigkeit einer Gesamtlösung der nahöstlichen Konfliktlagen ausging. Davon, dass ein Friedensvertrag mit Syrien allein auch noch keinen Frieden bedeute; dass vor allem die Lösung der Palästina-Frage, inklusive des palästinensischen Flüchtlingsproblems (es betrifft allein in Syrien und im Libanon zusammen beinahe eine Million Menschen) sowie des nach wie vor im israelisch-libanesischen Verhältnis kursierenden Streits über die Shiba'-Farmen[12] gleicherma-

12 Äußerst aufschlussreich in diesem Kontext ist auch die kontrovers geführte Debatte um die Shiba'-Farmen. Dieses schmale, rund 20 km² umfassende und wenig bevölkerte Gebiet – in Arabisch als Mazari asch-Shiba' und in Hebräisch Har (Berg) Dov genannt, welches Libanon als sein von Israel besetztes Territorium annonciert, – ist insofern strittig, als Israel es als zu Syrien zugehörig bezeichnet und folglich als Bestandteil einer israelisch-syrischen Regelung der Golan-Frage. Israel beruft sich dabei darauf, dass dieses Gebiet nach dem Ende des Frankreich-Mandats über Syrien syrisch verwaltet gewesen sei, was sich auch aus entsprechenden Karten jener Zeit ablesen lasse. Auf jeden Fall will die israelische Seite es aus Opportunitätsgründen eher Syrien zuordnen, weil sie damit nicht in Kollision mit der UN-Sicherheitsratsresolution 425 geriete, sie also weiterhin die Auffassung vertreten könnte, die Okkupation libanesischen Territoriums im Jahre 2000 beendet zu haben und so gesehen auch der Hisbollah den Wind aus den Segeln nähme, die Israel nach wie vor dieser Okkupation bezichtigen und aus dem Kampf dagegen ihre Reputation als libanesische Widerstandskraft ableitet.

ßen unabdingbar dafür sei. Die Dringlichkeit einer solchen Gesamtlösung der nahöstlichen Konfliktlinien bekräftigt sich noch einmal mehr in der Syrien-Krise, da dort die palästinensischen Flüchtlinge zunehmend von beiden Seiten instrumentalisiert werden und zwischen die Kampffronten zu geraten drohen.

Umstrittene Grenzverläufe

Die im Zuge US-amerikanischer Anläufe zur friedlichen Regelung der nahöstlichen Konflikte – zumeist von betreffenden US-Präsidenten gegen Ende ihrer jeweiligen Amtszeiten unternommen – wirkten sich insofern aus, als es dann doch schon zu mehreren israelisch-syrischen Verhandlungsansätzen gekommen ist, die allerdings sämtlich immer wieder ins Leere gelaufen sind. Insgesamt handelt es sich dabei um drei Runden von nur indirekten Gesprächen, geführt in mehr oder weniger größeren zeitlichen Abständen und mit partiell unterschiedlichen Vermittlern.

In der Hauptsache geht es offensichtlich um den prinzipiellen Dissens über Grenzverläufe und Ausgangsprämissen.

Während die syrische Seite, durchaus in Übereinstimmung mit dem Völkerrecht, auf einer kompletten Räumung der Golan-Region beharrte, suchte die israelische Seite dies mit advokatischen Winkelzügen zu unterlaufen. So forderte Syrien den vollständigen Rückzug Israels hinter die am 9. Juni 1967 von israelischen Truppen überschrittenen Linien. Sich dabei ausdrücklich auf die UN-Sicherheitsratresolution 242 (1967) berufend, insbesondere auf die darin enthaltene Betonung der »Unzulässigkeit, Territorium durch Kriege zu erobern«. Demgegenüber wollte Israel dies schon allein deshalb nicht gelten lassen, als es – unter expliziter Berufung auf die sprachliche Unstimmigkeit zwischen der französischen und der englischen Textfassung – seiner Meinung nach per se strittig sei, ob damit nun ein Rückzug aus allen oder lediglich bestimmten Territorien zu erfolgen habe. Vor allem aber suchte es als Verhandlungsgrundlage andere als die 1967er Grenzlinien ins Spiel zu bringen. So sollte Syrien akzeptieren, dass für den Rückzug Israels aus der Golan-Region jene Grenzverläufe zugrunde gelegt werden, wie sie auf Karten zu Zeiten des Osmanischen

Reiches oder der nachfolgenden Mandatsherrschaft verzeichnet waren. Damit sollte insbesondere abgesichert werden, dass Israel wenigstens anteilige Ansprüche auf diese Region behält und sich somit ein kompletter Rückzug von seiner Seite aus erübrigt.

Nachdem der erste 1996 unternommene Verhandlungsversuch ergebnislos verlaufen war, hatte es dann bei dem nachfolgenden zweiten Anlauf, gleichfalls unter Vermittlung von US-Präsident Clinton – zuweilen auch als Ehud Barak – Bill Clinton – Hafez al-Assad – Kontakt bezeichnet –, durchaus so geschienen, als ob eine Vereinbarung zwischen Israel und Syrien nur mehr reine Formsache sei. Dann aber war doch auch letztlich dieser erneute Anlauf wieder gescheitert. Wie von israelischer Seite immer wieder kolportiert, lediglich wegen einiger läppischer Kilometer, denen der damalige syrische Präsident Hafez al-Assad im März 2000 seine Unterschrift verweigerte. Im Kern jedoch war es dabei um den Dissens über den Grenzverlauf am Ostufer des Sees Genezareth – dem größten Süßwasserreservoir der Region – gegangen, welches vor Beginn der Okkupation zu Syrien gehört hatte, jetzt aber unbedingt bei Israel bleiben soll.

Die schließlich dritte Runde indirekter Verhandlungen, gestartet im Juli 2008 und zwar unter türkischer Vermittlung, stand in unmittelbarem Zusammenhang mit dem so genannten Annapolis-Prozess, den US-Präsident Bush jr. im November 2007 mit der von ihm initiierten Konferenz auf den Weg zu bringen versuchte. Nur wenige Monate zuvor hatte bekanntlich die Arabische Liga auf ihrer Gipfelkonferenz in Riad die 2002 in Beirut verabschiedete Arabische Initiative erneuert und Israel normale Beziehungen mit seinem arabischen Umfeld in Aussicht gestellt, so es sich zur Anerkennung eines Palästina-Staates in den Grenzen von 1967 mit Ost-Jerusalem als Hauptstadt und zur Lösung der Flüchtlingsfrage in Übereinstimmung mit der UN-Resolution 194 bereit zeigte. Syrien war für seine Teilnahme an der Annapolis-Konferenz von US-amerikanischer Seite ausdrücklich zugesichert worden, dass die Golan-Frage Gegenstand der Agenda des nachfolgenden Prozesses sein würde.[13]

---

13 Interessanterweise hatte US-Präsident Bush im Dezember 2003 noch davon

Natürlich war dem Baath-Regime sehr daran gelegen, dies zugleich als eine Gelegenheit zu nutzen, um insbesondere sein seit dem US-Krieg gegen den Irak 2003 wieder einmal schwer belastetes Verhältnis zu den USA zu verbessern. Wegen seiner Verurteilung dieses Krieges als völkerrechtswidrig war es in Washington in Ungnade gefallen und es wurde ihm die Förderung anti-US-amerikanischer Aktivitäten in Irak unterstellt. Vor allem aber setzte Syrien Hoffnung darauf, dass kraft der internationalen Unterstützung seine legitimen Forderungen bei den anstehenden Verhandlungen mit Israel über die Golan-Frage eher zur Geltung zu bringen wären.

Auch wenn auf israelischer Seite gewohnheitsgemäß viel Skepsis bis hin zur offenen Ablehnung geäußert wurde – angeblich wollte man nicht dazu beitragen, die ramponierte internationale Reputation des Baath-Regimes aufzuwerten –, so wurden andererseits auch jene Stimmen lauter, die für Gespräche mit Syrien, selbst ohne Vorbedingungen, plädierten. Ende Mai 2008 gab auch der damalige Ministerpräsident Ehud Olmert seine Bereitschaft zu indirekten Gesprächen mit Syrien unter türkischer Vermittlung bekannt.[14] Die wurden dann zwei Monate später tatsächlich aufgenommen, alsbald jedoch wieder auf Eis gelegt. Abgebrochen seitens des Vermittlers wie der syrischen Seite aus entschiedenem Protest gegen den von Israel unter dem Label »Cast Lead« (Gegossenes Blei) Ende 2008/Anfang 2009 gegen Gaza geführten Krieg.[15]

---

gesprochen, dass es sich bei Syrien um ein sehr schwaches Land handele und es bis zur Lösung aller anderen nahöstlichen Streitfragen warten müsse, ehe die Frage der besetzten Golan-Höhen überhaupt auf die Agenda komme. Dokumentiert im Blog des syrischen politischen Analysten Sami Moubayed vom 8. August 2008 unter der Überschrift »What the Syrians Got From Annapolis«.

14 Angeblich sollte der israelische Premier den türkischen Vermittlern damals sogar eine schriftliche Zusage darüber gegeben haben, dass die Golan-Region an Syrien zurückgegeben werde und Israel bereit sei, sich auf die Grenzen von 1967 zurückzuziehen.

15 Was um so bemerkenswerter ist, als die Türkei und Israel bis dahin enge Verbindungen unterhielten. Aber als Israel dann seinen dreiwöchigen Kriegseinsatz gegen Hamas und Gaza begonnen hatte, gerieten diese Beziehungen ohne irgendwelche Vorwarnungen aus Ankara in die Turbulen-

So vernichtend das Urteil über das Baath-Regime westlicherseits heute ausfällt, schien es vor gar nicht allzu langer Zeit noch anders zu sein. Beispielsweise zeigte sich der inzwischen ins Amt gekommene US-Außenminister John Kerry – seinerzeit noch in seiner Eigenschaft als Vorsitzender des Außenpolitischen Komitees im US-Senat – über seine Gespräche mit Assad im Lauf des Jahres 2010 und bis noch Anfang 2011 durchaus zufrieden. In mehrfachen direkten Begegnungen war ein grundsätzliches Einverständnis über einen Plan zum Neustart von Verhandlungen zwischen Syrien und Israel erreicht worden. So sei an einem inoffiziellen Positionspapier zu den Verhandlungsprinzipien und den Bedingungen für die Wiederaufnahme der Gespräche gearbeitet worden, an deren vorderster Stelle sich die syrische Forderung nach einem Rückzug Israels vom Golan befunden habe. Als Ausgangsprämissen seien die von den USA auf der Madrider Konferenz 1991 eingebrachte Formel »Land für Frieden« sowie die einschlägigen UN-Sicherheitsratsresolutionen fixiert gewesen. Die von John Kerry – unter ausdrücklicher Berücksichtigung israelischer Schlüsselforderungen – eingebrachte Klausel, wonach jedes Friedensübereinkommen zur Trennung der Bande Syriens zu Iran und Hisbollah führen müsse, sei von Netanjahu aber flugs gegenüber Kerry als ungenügend zurückgewiesen worden.

Auch wenn Israel durch die Syrien-Krise in der Golan-Frage wieder etwas Luft bekommen hat, darf dies jedoch nicht darüber hinwegtäuschen, dass sich dieses strittige Problem im Falle eines Sturzes des Assad-Regimes ganz schnell zuspitzen kann, woran dann der zu errichtende Elektrozaun an der syrisch-israelischen Grenze auch nichts zu ändern vermag.

Besorgte Stimmen in Israel warnen davor, dass unter den sich verändernden Bedingungen in der Region Herausforderungen für das Land entstehen, denen allein mit der bisherigen, in erster Linie

---

zen. Der türkische Ministerpräsident Erdogan habe sich noch zusätzlich düpiert gefühlt, weil Olmert unmittelbar vor Kriegsausbruch noch in seiner Privatresidenz in Ankara zu Besuch gewesen sei und dabei viel vom Frieden geredet habe, währenddessen es in Israel bereits »Grünes Licht« für diesen Krieg gab.

auf die Schlagkraft der israelischen Armee setzenden Strategie nicht nachhaltig zu begegnen sein wird. Feuerkraft allein genüge jedenfalls nicht mehr, Israel müsse sich unbedingt auch diplomatisch wappnen.[16]

JOHANNA BUSSEMER

Entschlossen in der zweiten Reihe

ZUR SYRIEN-POLITIK DER DEUTSCHEN BUNDESREGIERUNG

Die Syrien-Politik der Bundesregierung seit Beginn der Unruhen lässt sich grob in die drei Phasen gliedern: Abwarten und Sanktionspolitik, erstes Eingreifen in den innenpolitischen Prozess und aktive Teilnahme an einer Politik des Regime-Change. Die Entwicklung der drei Phasen lief analog zur Verschärfung des Konfliktes zwischen März 2011 und November/Dezember 2012. Als Beginn aktiver politischer Handlungen kann der 9. Mai 2012 mit dem Beschluss der ersten Sanktionen der EU und als bisher stärkstes Eingreifen in den Konflikt die Stationierung deutscher Patriot-Raketen in der Türkei und die beinah gleichzeitige Anerkennung der Nationalen Koalition durch alle

16 Sicherlich nicht zufällig hat der am Interdisziplinären Zentrum in Herzlija tätige Experte für iranische Zeitgeschichte, Meir Javedanfar, in einem Post vom 24. Dezember 2012 gerade mögliche negative Folgen für Israel im Falle dessen direkten militärischen Eingreifens in Syrien durchgespielt, indem er dort beispielsweise konstatierte: Um Bedrohungen aus Syrien zu kontern, müsste Israel das Territorium eines arabischen Landes angreifen. Dies würde vielerlei Konsequenzen in der Arabischen Welt auslösen, einschließlich in jenen Staaten, mit denen Israel Beziehungen unterhält, wie Jordanien und Ägypten. Wenn Ägypten auch dagegen sein würde, dass sich die Präsenz und der Einfluss des iranischen Regimes in der Nach-Assad-Ära weiterhin ausbreiteten, so würde es aber dennoch fortgesetzte israelische Schläge gegen das Territorium eines anderen arabischen Staates nicht so einfach hinnehmen. Eventuell noch die ersten 10 Luftschläge, aber dann würde Ägypten unter Präsident Mursi, in dem Bestreben, ein Führer der sunnitischen Arabischen Welt zu sein, sich in irgendeiner Weise einmischen.

EU-Länder als die legitime Vertretung des syrischen Volkes gesehen werden. Hiermit zeigt sich deutlich, was sich bereits seit Sommer 2012 ablesen ließ: Durch eine Mischung der Maßnahmen Sanktionspolitik, Aufbau einer neuen Regierung und militärischem Drohgebaren wird ein Regime-Change angestrebt.

Dabei steht außer Frage, dass ein Land, in dem bewaffnete Aufständische auf der einen und eine Regierung, die Teile der Bevölkerung mit militärischen Mitteln, auch durch Luftschläge, bekämpft, auf der anderen Seite, eine politische Lösung und in diesem Fall auch eine Übergangsregierung braucht, die glaubwürdig einen Friedensprozess einleiten kann.[1] Im Fall der deutschen Syrien-Politik zeigen sich insbesondere zwei Probleme: Zum einen wurde sich in der zweiten Phase, beim Eingreifen in den innenpolitischen Prozess, einseitig auf bestimmte Oppositionsgruppen fokussiert. Die Teile der syrischen Opposition, die einen unbewaffneten Prozess durch Verhandlungen mit der Regierung anstreben, wurden darin wenig bis gar nicht berücksichtigt. In Syrien wird dies, ähnlich wie bereits in Libyen, höchstwahrscheinlich zum Ende des säkularen Staates und zur Verschärfung ethnischer Konflikte führen. Zum anderen sind die Beiträge Deutschlands zum Regime-Change der deutschen Öffentlichkeit nur sporadisch oder gar nicht transparent gemacht worden. Bei den meisten Aktivitäten, wie der Überwachung Syriens durch das deutsche SIGINT[2]-Schiff »Oker« oder die logistische und materielle Unterstützung der bewaffneten Opposition, sind bis heute sowohl das Parlament als auch die deutsche Öffentlichkeit außen vor.

Dieses Vorgehen zeigt, wie sich die außenpolitischen Strategien der schwarz-gelben Regierung von der ihrer Vorgänger unterscheiden: an die Stelle militärischen Kraftgebarens bis hin zur »Humanitären Intervention« bei der Verletzung von Menschenrechten – diese werden im

---

1 Nach UN-Angaben sind dem Konflikt in Syrien bereits mindestens 60.000 Menschen zum Opfer gefallen. Mehr als eine halbe Millionen Menschen sind auf der Flucht, www.ohchr.org/Documents/Countries/SY/PreliminaryStatAnalysisKillingsInSyria.pdf, Zugriff: 15.01.2012

2 SIGINT steht für »Signal Intelligence«, was zivile und militärische Aufklärungsarbeit, meist das Abhören von Funksprüchen, bedeutet.

Syrien-Konflikt von allen Konfliktparteien vorgenommen[3] – ist eine leisere Politik getreten, die sich stets verschiedene Handlungsoptionen offenhält. Die Bundesregierung gehörte bisher nicht zu den Scharfmachern für ein militärisches Eingreifen, hat sich aber festgelegt: »Wir wollen den Erosionsprozess des Regimes beschleunigen und arbeiten daran auf mehreren Ebenen«, so Außenminister Westerwelle. »Deutschland beteiligt sich an der internationalen Isolierung Syriens, an den internationalen Sanktionen und unterstützt die Nationale Koalition der syrischen Revolutions- und Oppositionskräfte.«[4] Die Bundesregierung verfolgt im Syrien-Konflikt keine eigene, konsistente Strategie. Sie will aber aktiv und in zentraler Position in der Region Politik machen. So versucht sie, sowohl die Erwartungen der Bündnispartner USA und EU zu erfüllen als auch bei der deutschen Bevölkerung unpopuläre Folgen durch teure Interventionen und deren Folgekosten zu vermeiden.

Abwartende Sanktionspolitik

Die erste Phase, die hauptsächlich aus Abwarten und Sanktionsaktivitäten in Abstimmung mit den anderen EU-Ländern (seit 9. Mai 2011)[5] bestand, dauerte vom Beginn der Unruhen im Land bis ca. Jahresanfang 2012. Zuvor hatte es keine nennenswerte Syrien-Politik Deutschlands gegeben, die nicht fast ausschließlich durch Wirtschaftsinteressen geprägt gewesen ist. Deutschland exportierte vor allem technische Güter nach Syrien und importierte im Gegenzug hauptsächlich Erdöl und Erdgas.[6]

3 Vgl. den Beitrag von Paech, Norman in diesem Buch: Wer siegt in Syrien, der Krieg oder das Völkerrecht?

4 www.auswaertigesamt.de/sid_29D441FCBAEA92C76CA140C8E70B80ED/DE/Infoservice/Presse/Interviews/2013/130114-BM_Augsburger_Allgemeine.html?nn=342580, Zugriff: 15.01.2013

5 Erste Sanktionen verhängte die EU am 9. und 23. Mai 2011 als Reaktion auf die blutige Niederschlagung sozialer Proteste im ganzen Land. BESCHLUSS 2011/273/GASP DES RATES vom 9. Mai 2011 über restriktive Maßnahmen gegen Syrien.

6 Die Handelsbeziehungen zwischen Deutschland und Syrien wurden besonders im Jahr 2010 intensiviert. Im Februar wurde das »Syrian German Business Council« durch Staatssekretär Pfaffenbach eröffnet. Die Minister

Seit Beginn der Sanktionsdebatten in der EU gehörte Deutschland stets zu den Befürwortern rascher restriktiver Maßnahmen. Spanien, Portugal, Belgien und Rumänien äußerten sich im Mai 2011 noch kritisch gegenüber Sanktionen, weil sie existierende Kommunikationskanäle zur Beilegung des Bürgerkrieges nicht zerstören wollten. Auch gegen die innerhalb der EU umstrittene Listung von Ölfirmen, gegen die Sanktionen verhängt werden, sprachen sich andere Staaten aufgrund von möglichen negativen Folgen für die Bevölkerung kritisch aus, während Deutschland sie befürwortete. Inzwischen umfassen die Sanktionen gegen Syrien fast alle Handelsbereiche.[7]

Wahrscheinlich ist jedoch, dass in einem System wie in Syrien vor allem diejenigen, die Repressionen gegen die Bevölkerung ausüben, zuletzt von wirtschaftlichen Sanktionen betroffen sind. Stattdessen leiden schnell große und vor allem die armen Teile der Bevölkerung unter den Folgen von Wirtschaftssanktionen.

Im Fall der EU-Syrien-Sanktionen sind drei Aspekte besonders problematisch: Erstens wurden Sanktionen und wirtschaftliches Handeln nicht in Einklang gebracht und dadurch unglaubwürdig. Während die EU Sanktionen unter anderem über Kraftwerksbau verhängte, schloss die deutsche Firma Siemens am 13.11.2011 mit Syrien einen Vertrag über den Ausbau eines Gaskraftwerks in Höhe von 305 Millionen Euro. Siemens argumentierte, dass dieser Vertrag durch einen Vorvertrag festgelegt gewesen sei und eine Nicht-Einhaltung juristische Folgen haben würde. Die Bundesregierung

---

Westerwelle und Ramsauer besuchten Syrien jeweils im Mai 2010 und Februar 2011. Das Handelsvolumen zwischen den beiden Ländern betrug im Jahr 2010 1,81 Milliarden Euro, wobei der Import von Erdöl und Erdgas aus Syrien und der Export von technischen Geräten nach Syrien den Löwenanteil ausmachen. (Quelle: Auswärtiges Amt)

7 Die gegen Syrien verhängten Sanktionen umfassen die Bereiche Rohöl und Erdölerzeugnisse, Ausrüstung für Öl-/Gasindustrie, Kraftwerksbau, Ausrüstung für Internet-/Telefonüberwachung, Diverse weitere Ausrüstungsgüter, Luxusgüter, Gold, Edelmetalle, Diamanten, Banknoten, Münzen, Waffenembargo/Ausrüstung für interne Repression, Frachtflüge syrischer Fluglinien, Finanzsanktionen – Personenlisten, Zentralbank Syriens, Finanzdienstleistungen und Frachtkontrolle.

will von Siemens nicht über den Abschluss des Vertrages informiert gewesen sein.

Zweitens erfolgten für eine Entschärfung des Konfliktes sinnvolle Sanktionen, wie das EU-Waffenembargo, mit Juni 2012[8] erst sehr spät. Es ist nicht eindeutig zu klären, ob neben Russland auch EU-Staaten Waffen an Syrien geliefert haben. Sicher ist jedoch, dass die vielen Waffenlieferungen in die Region den Konflikt über alle Maßen verschärft haben.

Drittens werden die oben benannten Sanktionen, die sich negativ auf die Situation der Bevölkerung auswirken können, und die Leistung humanitärer Hilfe nicht in Zusammenhang gebracht.[9] In Syrien stehen sich der Wegfall von Exporten nach Deutschland in Höhe 1.162.162.000 (1,15 Milliarden) Euro[10] in 2010 und Hilfsleistungen in Höhe von 22 Millionen Euro gegenüber. Das heißt, dass die geleistete humanitäre Hilfe in keinem Verhältnis zu dem steht, was durch die Sanktionspolitik weniger vorhanden ist oder durch sie überhaupt erst nötig wird.

Eingreifen in den innenpolitischen Prozess

Als das Ende der ersten Phase kann die Schließung der deutschen Botschaft in Damaskus am 9. Februar 2012 gesehen werden, mit der Deutschland die Option, zur Lösung des Konfliktes mit diplomatischen Mitteln beizutragen, zumindest bilateral ausschloss. Von nun an kennzeichnete eine Vielzahl von gleichzeitigen Aktivitäten mit unterschiedlichen Partnern das deutsche Vorgehen.

---

8 Unterrichtung des Deutschen Bundestages in europapolitischen Angelegenheiten Nachmeldung zur indikativen Vorschau auf Rechtsakte im Bereich der Gemeinsamen Außen- und Sicherheitspolitik und der Gemeinsamen Sicherheits- und Verteidigungspolitik für das 2. Quartal 2012 gem. §8 Abs. 1 EUZBBG; 20.06.2012

9 Deutschland hat bis Ende 2012 über 90 Mio. Euro für Humanitäre Hilfe in Syrien zur Verfügung gestellt und angekündigt 5000 syrische Flüchtlinge aufzunehmen. Bis Oktober 2012 haben bereits 5515 Syrerinnen und Syrer in Deutschland Asyl beantragt. Die Aufnahme bedeutete bisher aber nur eine Aussetzung von Abschiebungen und kein Bleiberecht.

10 www.een-bayern.de/een/inhalte/Unser-Service-fuer-Sie/Auslandsmarkterschliessung/Laender/Asien/Syrien/Export-Import-Statistik-Syrien.jsp, Zugriff: 15.01.2013

Noch im gleichen Monat, am 24. Februar 2012, kam es in Tunis auch unter Teilnahme Deutschlands zum ersten Treffen der Gruppe »Freunde Syriens«, womit auch die Vorbereitungen für die Zeit nach der Regierung Assad begannen.[11] Gleichzeitig wurden jedoch auch die beiden Sondergesandten der UN und der Arabischen Liga, Annan und Brahimi, in ihren Bemühungen für eine friedliche Konfliktlösung unterstützt. Im UN-Sicherheitsrat warb Deutschland weiter für den Entwurf einer Resolution, die die Gewalt des Assad-Regimes und der Opposition gleichermaßen verurteilte und eine Verhandlungslösung bevorzugte, ein militärisches Eingreifen von außen jedoch nicht komplett ausschloss. Für die UN-Beobachtermission stellte Deutschland zehn Soldaten in Zivil bereit.

Mit einer Erwähnung des Syrien-Konfliktes in der Begründung des UNIFIL-Mandates für den Einsatz der Bundeswehr vor der libanesischen Küste zur Sicherung des Waffenstillstandes zwischen dem Libanon und Israel, schaffte sich Deutschland eine erste Hintertür, um im Zweifelsfall im Rahmen dieses Mandates auch in Richtung Syrien militärisch aktiv werden zu können.[12]

Dass Deutschland vielleicht schon früher als andere EU-Staaten eine Verhandlungslösung für den Syrien-Konflikt ausschloss, zeigt sich daran, dass es, anders als z.B. Frankreich und Großbritannien, am 30. Juni 2012 in Genf nicht selber, sondern nur im Rahmen der EU durch Catherine Ashton vertreten war. Dort wurde mit der Genfer Erklärung der Aktionsgruppe für Syrien[13] die vielleicht aussichtsreichste Grundlage für einen friedlichen Ausgang des syrischen Bürgerkrieges geschaffen. Das Genfer Kommuniqué spielte auch in der deutschen Öffentlichkeit so gut wie keine Rolle.[14]

---

11 www.auswaertiges-amt.de/cae/servlet/contentblob/609960/publicationFile/165056/120224_Chairmans_Conclusions.pdf, Zugriff: 15.01.2013

12 http://dip21.bundestag.de/dip21/btd/17/098/1709873.pdf, Zugriff: 27.12.2012

13 Als Aktionsgruppe für Syrien hatten sich konstituiert der UNO-Generalsekretär, die Außenminister der fünf VETO-Mächte, Nordirlands, Iraks, Kuwaits, Katars, der Türkei und die EU-Außenbeauftragte.

14 www.unog.ch/80256EDD006B9C2E/(httpNewsByYear_en)/18F70DBC923963B1C1257A2D0060696B?OpenDocument, Zugriff: 07.01.2013

Im Sommer 2012 übernahm das Auswärtige Amt die Leitung der Arbeitsgruppe »Wirtschaftlicher Wiederaufbau für Syrien« und die regierungsnahe Stiftung Wissenschaft und Politik führte das Projekt »Syrien – The Day After« durch. In beiden Fällen kamen die eingeladenen Partner eher aus dem Spektrum der gewaltorientierten Opposition, insbesondere der Freien Syrischen Armee und des Syrischen Nationalrates, und es wurde ein Regime-Change mit einer völlig neuen Machtkonstellation vorausgesetzt. Es wurde angenommen, dass das Regime Assad etwa zum Jahreswechsel 2012/2013 nicht mehr in der Lage sein würde, sich noch an der Macht zu halten.

Die Installierung einer neuen syrische Regierung

Mit dem Treffen der syrischen Opposition in Doha im November 2012 und der zeitgleichen Vorbereitung der Stationierung der Patriot-Raketen in der Türkei haben die Vorbereitungen für die Zeit nach Assad eine weitere Dimension angenommen. Die Bundesregierung bestreitet zwar eine Teilnahme an einem Treffen, das zeitgleich zu Doha in Riad mit Vertretern zahlreicher Staaten zur militärischen Koordination der Opposition stattgefunden haben soll und über das eine libanesische Tageszeitung unter Berufung auf einen französischen Diplomaten berichtete.[15] Es ist aber unwahrscheinlich, dass

15 Laut eines Berichtes der libanesischen Tageszeitung Al-Safir vom 17.11.2012 trafen sich im November 2012 Militärs aus Deutschland, Frankreich, Großbritannien, USA, Jordanien, Vereinigte Arabische Emirate, Katar, Türkei und Saudi-Arabien mit der bewaffneten syrischen Opposition, insbesondere der Freien Syrischen Armee, in Riad, um deren Neustrukturierung zu besprechen. Weitere Themen sollen die Vereinigung unterschiedlicher, bewaffneter Brigaden unter der Führung einer neuen nationalen Koalition, die Schaffung eines Militärrats und eines Nationalen Sicherheitsrats gewesen sein. Nach Aussage eines im Text zitierten französischen Diplomaten sei eines der Ziele, dass mindestens zwei Drittel oder mehr der Kämpfer in Syrien unter die selbe Kommandostruktur gestellt werden sollen, um in Städten und Ortschaften koordinierter und konzentrierter vorzugehen. Außerdem soll aus dem Kreis der bewaffneten Opposition ein Gesetzgebungskomitee gebildet werden, welches eine neue Verfassung für Syrien ausarbeiten und Gesetze und Dekrete verabschieden und eine Übergangsregierung für die von der Koalition eroberten Gebiete bilden sollen.

die Bundesregierung nicht über ein Treffen von Regierungsvertretern der USA, Frankreichs, Großbritanniens, der Golf-Staaten und Jordaniens gewusst hat, bei dem ein 30köpfiger Militärrat gewählt wurde.

Es scheint trotz aller Bestrebungen nach einer Harmonisierung innerhalb der syrischen Opposition bisher nicht gelungen zu sein, einen Interims-Präsidenten zu finden, der bei Opposition und syrischer Bevölkerung Rückhalt hätte. Russland hat sich dafür bereits seit Ende des Jahres 2011 engagiert. Anders als allgemein kolportiert, sah sich Russland zwar vielleicht noch als Verbündeter Syriens, jedoch immer weniger als der von Präsident Assad, dessen Unfähigkeit zu Reformen es immer häufiger kritisierte. Man könnte also davon sprechen, dass Russland immer stärker ein Interesse an einem verbündeten Syrien ohne Assad hat. Erst im Herbst 2012 wurde auch innerhalb der EU und von deutscher Seite erkannt, dass Russland aktiv in den Prozess der Konfliktlösung in Syrien einbezogen werden muss, da kaum andere diplomatische Kontakte mehr existieren. Zuvor galt die Veto-Haltung Russlands und Chinas gegenüber einer UN-Resolution im Sicherheitsrat als zu großes Hemmnis für eine gemeinsame Handlungsgrundlage. Seit den durch Brahimi organisierten Treffen zwischen ihm, Clinton und Lawrow sowie ihm, Burns und Bogdanov im Dezember 2012 gilt das Genfer Kommuniqué als vereinbarte Handlungsgrundlage.

Derzeitiger Stand ist die Anerkennung der Nationalen Koalition der Syrischen Revolutions- und Oppositionskräfte als die legitime Vertretung des syrischen Volkes durch EU, USA und zahlreiche andere Staaten.[16] Durch die Schaffung einer »Assistance Coordination Unit« (ACU) soll es nun möglich sein, Gebergelder zu koordinieren. Diese Einheit wird aktiv von der Bundesregierung im Rahmen ihrer Arbeit für die Arbeitsgruppe wirtschaftlicher Wiederaufbau unterstützt. Ob dadurch die Bildung einer Übergangsregierung erschwert oder erleichtert wird, ist noch unklar.

16 Vgl. The Fourth Ministerial Meeting of The Group of Friends of the Syrian People, Marrakesh, 12 December 2012, Chairman's Conclusion.

Deutschlands Rolle beim Umbruch in Syrien

Deutschland ist an der Schaffung einer Parallel-Regierung zu derjenigen Assads beteiligt. Die aktuelle Situation ist paradox: während sich Assad selber als scheinbar ungebrochen im Kampf gegen die Aufständischen darstellt, werden in Kairo bereits Gelder an seine potenziellen Nachfolger verteilt. Dass hier, ähnlich wie in Ägypten, Tunesien und Libyen, noch gar nicht absehbar ist, welche politische Richtung diese einschlagen werden, scheint bei der Findung des kleinsten gemeinsamen Nenners – dem Sturz Assads – erst einmal in den Hintergrund zu treten. Die Bundesregierung wird sich voraussichtlich so lange weiter an den Aktivitäten Sanktionspolitik, Unterstützung der Opposition und Aufbau einer neuen Regierung beteiligen, bis entweder die Aufständischen aus den Golf-Regionen so viel materielle Unterstützung erhalten haben, dass sie tatsächlich militärische Erfolge erzielen, oder sich doch noch ein Staat oder ein Bündnis findet, das die Aktivitäten der Aufständischen, ähnlich wie in Libyen, militärisch flankiert.

Wolfgang Gehrcke / Christiane Reymann

Linke und der Syrien-Konflikt

Eigenes jenseits der Konfliktparteien

In Syrien kreuzen sich die strategischen Konfliktlinien globaler Machtkämpfe und strategischer Umbrüche. Auf der Landkarte kann man gut den Bogen verfolgen, der sich von Iran, Afghanistan, Pakistan bis China spannt, von dort zurück über die ehemaligen südlichen Sowjetrepubliken entlang der kaukasischen Grenzen Russlands erreicht er über den Nahen Osten den nordafrikanischen Raum und dehnt sich auf der ganzen Breite des Kontinents in Richtung Äquatorial-Afrika aus. Das Drehkreuz, das Syrien in seiner Geschichte so attraktiv gemacht hat, ist heute sein Schicksal: In und mit dem Bürgerkrieg wird Weltpolitik gemacht.

Für die US-Strategen ist Syrien ein Schurkenstaat. Um ihn los zu werden, verbündet sich der Westen mit jenen anderen Schurken, Islamisten, Terroristen, die er aus Mali vertreibt und die er in Afghanistan erst züchtete und jetzt nicht besiegen kann. In Palästina förderte Israel die Hamas, um die PLO klein zu kriegen. Die PLO wurde kleiner, die Hamas wuchs. In Syrien unterstützt der Westen politisch die Kräfte, deren militärischer Arm, die Freie Syrische Armee, von erfahrenen Dschihad-Kämpfern und Söldnern gegen Demokratie und Freiheit dominiert wird, ein riskantes Unterfangen.

Wer heute öffentlich über Syrien spricht, steht sofort unter dem Druck, sich zu bekennen: Gegen Assad und für »die Revolution«, meint: Für die vom Westen als einzig legitime Vertretung anerkannte Nationale Koalition der Syrischen Revolutions- und Oppositionskräfte und für die Freie Syrische Armee. Selten gibt es auch den erheblich schwächeren Druck, Assad zu verteidigen. Gut beraten, wer sich diesem Entweder – Oder verweigert und selbst genau hinguckt.

Was war das Syrien von Vater und Sohn Assad wirklich? Mit welchem anderen Land wäre es zu vergleichen? Nehmen wir Saudi-Arabien oder Ägypten unter Mubarak, zwei Staaten aus der Region, mit denen der Westen gern zusammengearbeitet hat resp. zusammenarbeitet. Saudi-Arabien und Ägypten unterscheiden sich gravierend voneinander, doch gemessen an ihnen war die Bevölkerung in Syrien sozial besser abgesichert, die Gesundheitsversorgung war kostenfrei, die Waren des täglichen Bedarfs und Mieten unterlagen einer Preisbindung, Strom, Benzin, Diesel wurden subventioniert, die Mehrheit der Erwerbstätigen hat in dem großen staatlichen und öffentlichen Sektor gearbeitet. »Historisch handelte es sich bei Syrien um einen Staat mit eher geringen Einkommensunterschieden«[1], konstatiert die Europäische Union. Das hat sich allerdings spätestens in der Periode

1 EU-Syrien: Abschluss der Verhandlungen über ein Assoziationsabkommen, Brüssel, den 10. Dezember 2003: http://trade.ec.europa.eu/doclib/docs/2003/december/tradoc_115350.pdf, zit. n. Wagner, Jürgen, Imperialer Neoliberalismus: Syrien und die Europäische Nachbarschaftspolitik, IMI-Studie, Nr. 12/2012, 03.08.2012, S. 8; www.imi-online.de/download/IMI-Studie2012-12_web.pdf, Zugriff: 13.02.2013

des 10. Fünfjahrplans 2006-2010 geändert, als Baschar al-Assad die üblichen »Reformen« nach Art von EU und Internationalem Währungsfonds durchsetzte: Abschaffung bzw. erhebliche Reduzierung von Preisbindungen und Subventionen, Privatisierung öffentlichen Eigentums, Liberalisierung der Märkte. Im Ergebnis verarmten Teile der Bevölkerung und es schmolz die soziale Basis des Regimes Assad. Noch haben ihre Armut und sozialen Unterschiede nicht das Maß wie in Ägypten unter Mubarak erreicht, wo die Eliten mit ihrer schamlosen Bereicherung an den Privatisierungen ehemals staatlichen Eigentums ein kleptokratisches System errichteten.

Syrien unter den Assads war ein säkularer Staat mit religiöser Toleranz und hoher Bereitschaft, Flüchtlinge aufzunehmen, vor allem aus Palästina und dem Irak. Frauen konnten mehr Rechte wahrnehmen. Diese Bereiche zeichneten Syrien gegenüber den anderen arabischen Ländern aus, ganz zu schweigen von Saudi-Arabien unter dem Geltungsbereich der Scharia, dem einzigen Staat der Welt, in dem Frauen nicht selbst Auto fahren dürfen und in dem sie für Geschlechtsverkehr nicht nur außerhalb der Ehe, sondern auch als Witwe gesteinigt werden können.

Syrien hat ein Parlament und formal ein Mehrparteiensystem. Bis 2012 konnten sich außer der Baath-Partei nur die Parteien der Nationalen Progressiven Front und zugelassene Einzelbewerber zur Wahl stellen. Sie mussten die führende Rolle der Baath-Partei anerkennen und dem (autoritären) Arabischen Nationalismus und Sozialismus verpflichtet sein. Diese Bestimmungen wurden in der Verfassung von 2012 gestrichen, es fiel auch der 50jährige Ausnahmezustand. Das Parlament hat kein Recht zu Gesetzesinitiativen, in diesem einen Punkt gleicht es dem Europaparlament. Es gab kein System der Kontrolle der Herrschenden, keine freie Presse, keine freie Justiz. Willkürlich und unberechenbar erhielten Oppositionelle Reiseverbot, Berufsverbot, sie wurden inhaftiert, verschleppt, oft genug ohne Anklage und ohne Prozess, und gefoltert, so erfahren und ohne Aufhebens, dass die USA ihre Gefangenen aus Afghanistan in syrischen Gefängnissen foltern ließ. Das öffentliche Leben wurde kontrolliert von 16 Geheimdiensten. Auch die Armee und ihre einzelnen Waffengattungen haben eigene Geheimdienste, die zudem noch miteinander konkurrieren. In ihren Gefängnissen verschwinden bis heute Menschen. Man mag sagen: Das ist besser als in Saudi-Arabien, wo es überhaupt nur Kommunalparlamente ohne Frauen gibt und Menschen zur Strafe verstümmelt oder öffentlich hingerichtet werden. Oder es ist nicht schlechter als in Ägypten unter Mubarak, wo der Ausnahmezustand seit 1958 mit kurzen Unterbrechungen faktisch andauert und seit dem Sturz Mubaraks erheblich mehr Menschen der Militärgerichtsbarkeit zugeführt worden sind als früher.[2]

Doch diese Betrachtung liefert keinen Grund, sich im syrischen Bürgerkrieg auf eine der beiden sich mit Waffengewalt bekämpfenden Seiten zu stellen. Keine zeigt sich (im Februar 2013) bereit und in der Lage, ernsthaft Gespräche ohne Vorbedingungen anzustreben, um das Blutvergießen zu beenden. Keine von beiden strebt ein demokratisches Syrien an, deshalb verdient auch keine der beiden Seiten das Attribut revolutionär. Eine Revolution ohne Demokratie ist keine Revolution. Die vom Westen unterstützten Kräfte in Syrien bezeichnen sich zwar als »Revolutions- und Oppositionskräfte«, doch diese Selbstdarstellung stimmt eher skeptisch. Noch niemals haben die US-Administration, Frankreich oder Großbritannien eine Revolution unterstützt, die Bundesregierung auch nicht. Ihre Freunde waren eher Konterrevolutionäre – in Kuba, Nicaragua, El Salvador oder im Jemen. Und die Finanziers der syrischen »Revolutions- und Oppositionskräfte«, namentlich Katar und Saudi-Arabien, sind ausgemachte reaktionäre, antiemanzipatorische Regime mit mittelalterlichen Zügen. Die anfangs den arabischen Aufbruch wagten, haben das als Revolution verstanden. Jetzt besteht die Gefahr, dass sie politisch enteignet und ins Abseits gedrängt werden. Und hierzulande wird gerade

2 So sollen in der 30jährigen Herrschaft Mubaraks 2.000 Zivilisten von Militärgerichten abgeurteilt worden sein, in den ersten sieben Monaten der Herrschaft des Militärrats von März bis September 2011 hingegen sollen 12.000 Verfahren von Zivilisten vor Militärgerichten eingeleitet worden sein, die freilich nicht alle mit Verurteilungen endeten. Vgl. Stichwort: Notstandsgesetzgebung in Ägypten, Wikipedia; http://de.wikipedia.org/wiki/Notstandsgesetzgebung_in_Ägypten, Zugriff: 13.02.2013

mittels der politisch-ideologischen Auseinandersetzung um den »Arabischen Frühling« die Idee einer Revolution von Rechts besetzt und gegen Links gewendet.

Innere Faktoren der Aufstände

Große gesellschaftliche Beben mögen in der Luft liegen, doch ob, wann, aus welchem Anlass sie aufbrechen, ist nicht im Voraus zu berechnen. Sie beginnen mit dem Aufbegehren kleiner Gruppen, auch Einzelner, in denen der angestaute Zorn der Vielen seinen Grund erkennt. So wurde die Selbstverbrennung des jungen Mohamed Bouzazizi zum Fanal des arabischen Aufstands. Das kurze Leben des tunesischen Hochschulabsolventen, der auf seinem verzweifelten Weg in die Arbeitswelt nur Demütigungen erfuhr, der noch nicht einmal unbehelligt Gemüsehändler sein durfte, brachte die Erfahrung einer ganzen Generation auf den Begriff. Sein Tod löste die Welle aus, die Despoten in Tunesien und Ägypten hinwegfegte und die innere Ordnung der arabischen Staaten infrage stellte. Unvergessen wird die Erfahrung bleiben, dass die gestern noch Ohnmächtigen die herrschende Macht erschüttern und Mächtige stürzen können.

In Tunesien, Ägypten, Syrien, Jemen, Bahrain waren es zuerst junge Menschen, die die Angst überwanden und sich entschlossen den Regimen entgegen stellten. Sie wollten nicht länger, selbst mit guter Bildung, unnütz und abhängig sein. Die Proteste politisierten sich in Windeseile zu einem Aufbegehren gegen autoritären Zustände und Scheindemokratie, sie erhoben den Anspruch auf Würde und Gerechtigkeit. Die den Aufstand begonnen hatten, konnten seinen Verlauf oft nicht mehr bestimmen. In Libyen schlug er rasch um in einen Verteilungskampf unter Clans, der mittels der NATO-Militärintervention durch einen Zustand der Gesetzlosigkeit unter der gewalttätigen Herrschaft marodierender Banden ersetzt worden ist. In Bahrain walzte eine saudische Militärintervention das Aufbegehren nieder; für seinen nächsten Einsatz wird das Königreich gerade mit deutschen Panzern ausgestattet. In Syrien kann zur Zeit keine der Seiten im Bürgerkrieg militärisch gewinnen, in Ägypten, dem größten arabischen Land, usurpieren die Muslimbrüder die Macht.

In Tunesien, Ägypten, Syrien und anderen arabischen Staaten wollten Aufständische in eine Demokratie aufbrechen, nicht als Abziehbild des Westens, sondern mit eigenen Wurzeln, Inhalten und Bewegungsformen. Einen solchen Typ an Staat und Gesellschaft gibt es bislang in der arabischen Welt noch nicht. Die Usurpatoren des Aufstandes wollten genau das Gegenteil: Einen islamischen Staat auf der Basis der Scharia.

Die jungen Rebellierenden konnten kaum zurückgreifen auf die Geschichte von Kämpfen, die sich mit Arbeiterbewegung, Sozialisten oder Kommunisten in ihren Ländern verbindet. Die wurden immer verfolgt, von den Kolonialmächten, den Mächten des Arabischen Sozialismus, den Autokratien. Obwohl sehr aktiv in den antikolonialen Befreiungsbewegungen, sind Tausende Kommunistinnen und Kommunisten in Ägypten unter Nasser verfolgt oder im Irak unter Saddam Hussein ermordet worden. In den syrischen Gefängnissen wurden sie gefoltert. Besonders tragisch ist die Geschichte der kommunistischen Tudeh-Partei im Iran, zwar kein arabisches Land, aber mit Syrien politisch verbunden. Die Tudeh-Partei unterstützte den antiimperialistischen Ministerpräsidenten Mossadegh gegen den Schah und die CIA. Zurück an der Macht, nahm das Schah-Regime blutige Rache, nach dessen Jahrzehnte später erfolgtem Sturz jagte die neu errichtete Islamische Republik sie, als ob sie Kommunismus und Kommunisten mit Stumpf und Stiel ausrotten wollte.

Die Entschlossenheit von unten zu Umverteilung und Teilhabe ist nur eine der Seiten des arabischen Umbruchs. Auch unter den Eliten und Kapitalfraktionen sind Kämpfe um eine neue Verteilung von ökonomischer und politischer Macht aufgebrochen: In Libyen zwischen verschiedenen Stämmen; in Ägypten hatte sich die Wirtschaft einseitig um den staatlichen militärisch-industriellen Komplex entwickelt. Die Aufbegehrenden wollten Demokratisierung, das Kapital will Modernisierung ohne das Risiko des »Königsmords« allein tragen zu müssen. In diesem kurzen historischen Moment kreuzten sich die Interessen von unten und oben. Hinzu kommt der Dritte im Bunde: Der Westen. Er konnte mit Gaddafi zuletzt gut auskommen, schließlich hielt er Flüchtlinge aus Afrika fern und lieferte Öl; doch er blieb als Persönlichkeit und Politiker unberechenbar. Der Westen kam auch mit Mubarak klar, er hatte Ägypten brutal liberalisiert und seinen Frieden mit Israel gemacht; nur dass das Militär einseitig die Richtung der Wirtschaft formte, störte die Modernisierung etwas. Auch mit Assad hatte sich die Zusammenarbeit gut entwickelt, das Assoziierungsabkommen mit der EU war sehr weit gediehen, Syrien stellte keine Gefahr mehr für Israel dar; aber es blieb ein Rest an Unbehagen über die Achse Iran-Syrien und die Verbindung zu Russland, vielleicht auch ein Rest Unbehagen wegen der arabisch-nationalistischen Prägung des Landes. Als sich die Gelegenheit bot, diese Herrscher los zu werden, haben die USA und Europa sie ergriffen.

Die ersten Erhebungen in Persien und Arabien waren antiimperialistische. Sie brachten in den fünfziger Jahren im Iran, dann in Ägypten, Syrien, Libyen, Irak, Algerien Regime an die Macht, die sich als (arabisch-)nationalistisch, republikanisch, säkular, teils sozialistisch verstanden. Fast alle neuen Machthaber waren durch einen Militärputsch an die Macht gelangt. Eine Karriere beim Militär war in jener Zeit die einzige Aufstiegsmöglichkeit für Nichtprivilegierte. Die arabisch-nationalistischen waren von Anfang an autoritäre Regime. Sie haben die Industrialisierung ihrer Länder vorangetrieben, Agrarreformen eingeleitet und wollten mit teils gigantischen Projekten, wie dem Assuan-Staudamm, die Produktivität erhöhen. Diese Reformen blieben auf halber Strecke stecken, bis sie ganz versandeten. Selbst davon war bei Ausbruch der Rebellion nichts mehr übrig geblieben. Die Mehrheit der arabischen Staaten zeichnete sich durch mafiöse Strukturen der Verquickung von Staat, Armee, Wirtschaft und Verbrechen aus.

Unter autokratischen und, wie in den Golf-Staaten, selbstherrlich-feudalen Bedingungen konnten sich demokratische Organisationen und Parteien im Nahen und Mittleren Osten nur schwerlich entwickeln. Linke Massenparteien fehlen. Islamistische Kräfte unterschiedlicher Couleur schicken sich nun an, die Umgestaltungen zu lenken. In den Augen vieler Menschen haben die säkularen Ideologien und Herrschaftspraxen real- und arabisch-sozialistischer Strömungen versagt. Und weil der Staat sich aus seiner sozialen Verantwortung zurückgezogen und sie in die Unsicherheit, auch Armut, entlassen hat, suchen die Menschen Schutz in der Familie und in religiösen Zusammenhängen. »Islamisten in Jordanien, Palästina, Ägypten und vielen anderen Ländern betreiben multifunktionale Netzwerke, in denen sie Sozialarbeit, Bildung und Wirtschaftsförderung mit der Aufforderung zum aufrechten Glauben verbinden. Sie unterhalten Einrichtungen der karitativen Versorgung, Gesundheitsfürsorge, Bildung vom Kindergarten bis zu Berufsschulen und der Wirtschaftsförderung mit Vermarktungshilfen, Kleinkreditprojekten und Messen.«[3] Das alles wird großzügig mit Milliarden Petrodollar aus Saudi-Arabien und Katar unterstützt. Aber Wohlfahrt hat auch eigene Wurzeln, sie ist Pflicht im religiösen Leben von Muslimen und sie setzen eigene Mittel ein. »Soziale Dienste werden über *Zakat* (Almosenabgaben), *Sadaqat* (fromme Abgaben) oder *Auqaf* (fromme Stiftungen), im Falle schiitischer Netzwerke zusätzlich durch *Khums* (Fünft), finanziert.«[4]

Der Neue Nahe Osten – in Partnerschaft mit den Muslimbrüdern

Diese inneren Faktoren der arabischen Umwälzungen treffen auf äußere. Ein immer noch wichtiger Akteur sind die Vereinigten Staaten von Amerika. Ihr strategisches Interesse in diesem Raum ist das Projekt eines Neuen Nahen Ostens. Das hatte Vorläufer, etwa den »Greater Middle East«, aber als Geburtsstunde des Neuen Nahen Ostens gilt eine Pressekonferenz der damaligen US-Außenministerin Condoleezza Rice und des Israelischen Ministerpräsidenten Ehud Olmert im Juni 2006. Während die israelische Luftwaffe den Libanon bombardierte, wahllos, wie es schien, sagte Condoleezza Rice auf jener Pressekonferenz in Tel Aviv: »Was wir hier sehen, ist in gewisser Weise das Entstehen, die Geburtswehen eines neuen Nahen Ostens….«[5]

3 Rosiny, Stefan: Islamismus und die Krise der autoritären arabischen Regime, in: GIGA (German Institute of Global and Area Studies) Focus Nahost 2/12, S. 6

4 Ebd.

5 Zit. n. Nazemroaya, Mahdi Darius: Das Projekt eines »Neuen Nahen Ostens«: Kreative Zerstörung als revolutionäre Kraft, Zeit-Fragen(Nr. 48), 27. November 2006, Global Research, February 05, 2011, www.globalresearch.ca/dem-projekt-eines-neuen-nahen-ostens-kreative-zerst-rung-als-revolution-re-kraft/23196, Zugriff: 27.01.2013

Dieser unglaubliche Zynismus erschließt sich auf dem Hintergrund der »kreativen Zerstörung«[6], das ist ein Schlüsselbegriff der neoliberalen Modernisierer und Neokonservativen. Hemmendes soll kaputt gemacht, Hindernisse sollen gesprengt werden, um den US-Einfluss vom Nahen Osten aus über Afghanistan, Pakistan in den südlichen Gürtel Zentralasiens entlang der ehemaligen Sowjetrepubliken auszudehnen. Diese Region hatte Zbigniew Brzezinski, ehemaliger US-Sicherheitsberater, als den »eurasischen Balkan«, als »Schalthebel einer Region« bezeichnet. »Der eurasische Balkan besteht aus dem Kaukasus (Georgien, der Republik Aserbaidschan und Armenien) und Zentralasien (Kasachstan, Usbekistan, Kirgistan, Turkmenistan, Afghanistan und Tadschikistan) und in gewisser Weise auch aus dem Iran und der Türkei.«[7] Die USA wollen den Nahen und Mittleren Osten beherrschen, Russland im Süden an seiner empfindlichsten Flanke einkreisen und in den Fernen Osten nach China vorstoßen. Das ist ein globales Projekt. Die arabischen Staaten liegen auf dem Weg dorthin.

In die außenpolitische Strategie Washingtons hatte der »Kampf der Kulturen«[8] Eingang gefunden. Nach der Ära des Kalten Krieges, so die Idee, seien die kulturellen und religiösen Identitäten der Völker die wesentliche Ursache internationaler Konflikte. Inzwischen hat sich die US-Administration, ebenso wie Europa, im großen und ganzen mit dem politischen Islam arrangiert, mit Ausnahme noch des Verhältnisses zu Hamas und Hisbollah, aber auch das beginnt sich zu ändern. Im Februar 2012 z. B. hat die palästinensische Hamas feindliche Positionen gegenüber Assad bezogen und ihr Hauptquartier von Damaskus nach Doha im Golf-Emirat Katar verlegt.

Für das Verhältnis der USA zu den arabischen Staaten hat die Tötung Osama Bin Ladens eine hohe symbolische Bedeutung. Damit

---

6 Ebd.

7 Brzezinksi, Zbigniew: Die einzige Weltmacht. Amerikas Strategie der Vorherrschaft, zit. n. ebd.

8 Diese politische Theorie geht zurück auf den US-amerikanischen Politikwissenschaftler und zeitweiligen Berater des US-Außenministeriums, Samuel P. Huntington. Ders., Kampf der Kulturen. Die Neugestaltung der Weltpolitik im 21. Jahrhundert, Spiegel-Verlag, Hamburg, 2006

haben sie den islamischen Staaten und Bewegungen signalisiert: Es beginnt eine neue Etappe, der Krieg gegen den Islamismus ist beendet, auch wenn der Krieg gegen den Terror fortgeführt wird. Schon zwei Jahre zuvor hatte Präsident Obama in seiner Kairoer Rede vom 4. Juni 2009 »einen Neuanfang zwischen den Vereinigten Staaten und den Muslimen überall auf der Welt« angekündigt. »Einen Neuanfang, der auf gemeinsamen Interessen und gegenseitiger Achtung beruht und auf der Wahrheit, dass die Vereinigten Staaten und der Islam die jeweils andere Seite nicht ausgrenzen und auch nicht miteinander konkurrieren müssen. Stattdessen überschneiden sich beide und haben gemeinsame Grundsätze der Gerechtigkeit und des Fortschrittes, der Toleranz und der Würde aller Menschen.«[9] Diese hehren Worte brachten Obama den Friedensnobelpreis ein.

Dabei hat sich nicht das Ziel der US-Administration verändert, verändert haben sich die Mittel und Methoden. Die neue Ordnung im Nahen und Mittleren Osten soll nicht mehr im Kampf gegen den Islam durchgesetzt werden, sondern in Partnerschaft mit seinen Eliten, namentlich den Muslimbrüdern. Sie sollen ihre Verankerung in der Bevölkerung nutzen, um neoliberale Politik durchzusetzen und für einen vollständigen Ausverkauf ehemals staatlichen Eigentums einschließlich der Naturressourcen und die Öffnung der Märkte ohne Schutz für die heimische Wirtschaft Akzeptanz zu schaffen. Dazu bedarf es einer Reform der politischen Herrschaftsverhältnisse mit verlässlicher Westbindung und, ganz wichtig, einem partnerschaftlichen Verhältnis zu Israel. Nicht mehr mit Krieg, Invasion und Besatzung wollen die USA, will der Westen einen Regime-Change herbeiführen, wie sie es noch im Irak getan haben; das sollen jetzt Kräfte von innen besorgen, notfalls können ihnen imperiale Mächte den Weg frei bomben wie in Libyen.

Erste Resultate des Neuen Nahen Ostens sind zu besichtigen im immer weiter auseinander driftenden Irak, nach zwei Kriegen ausge-

9 Barack Obamas Kairo-Rede in deutscher Übersetzung, in: Westdeutsche Zeitung, wz newsline, 4. Juni 2009, www.wz-newsline.de/home/politik/barack-obamans-kairo-rede-in-deutscher-uebersetzung-1.128921, Zugriff: 25.01.2013

plündert und durch die US-Besatzung deformiert; oder in Afghanistan, wo nach elf Jahren Krieg kein Frieden in Sicht ist und US-amerikanische Truppen unter dem Pseudonym »Dorfmilizen« Privattrupps der warlords ausbilden.[10] Sie sind zu besichtigen in Libyen, wo nach dem Lynchmord an Ghaddafi in einem zerfallenden Staat kriminelle Milizen ihr Unwesen treiben und die 40 Milliarden Dollar Erlös aus dem Erdöl-Export in Privatschatullen verschwinden.[11] Ein ähnliches Schicksal kann Syrien drohen. Der Neue Nahe Osten ergreift Nordafrika. Er wirft seine Schatten voraus nach Mali, wo Frankreich die islamistischen Kräfte militärisch bekämpft, die der Westen zeitgleich in Syrien unterstützt; oder nach Sudan, wo das Land zwar jetzt geteilt, aber nicht friedlich ist; oder in den Maghreb und die Sahara, wo alte und neue Konflikte (wieder) aufbrechen, nachdem das regionale Machtzentrum Libyen zerschlagen wurde. Freilich ist nicht mehr gesagt, dass die USA und Europa noch die Kraft haben, die Pläne zum Neuen Nahen Osten auch durchzusetzen. Das historisch Neue für den Westen »besteht darin, dass er in die Verteidigung seiner postkolonialen Hegemonie selbst nicht länger als Hegemon gehen kann«, schreibt Arne C. Seifert in diesem Buch. »Vielmehr hat er es mit islamischen Parteien und Bewegungen zu tun, die selbst um ihre politische Hegemonie kämpfen. In diesem Wettbewerb befindet sich der Westen in der Defensive…«[12]

Eine Sonderrolle spielt die umstrittene Hegemonialmacht Iran, mit der Syrien eng verbunden ist. Indem er Syrien schwächt, will der Westen auch den Iran treffen. Und die Golfstaaten wie Saudi-Arabien, Katar, die Vereinigten Arabischen Emirate, Kuwait oder Bahrain sind abstoßende Beispiele für eine mögliche innere Verfasstheit von Staaten, die der Westen für seinen Neuen Nahen Osten in Kauf nimmt: ständisch-feudalistisch, religiös-fundamentalistisch, kontrollierend, unterdrückend.

10 Mellenthin, Knut: Hilfe für Warlords, in: junge Welt, 18, Januar 2013

11 Ders., Zerfallender Staat, in: junge Welt, 20. Oktober 2012

12 So Arne C. Seifert in seinem Beitrag in diesem Buch: Erobert der Dschihad Syrien? Oder: Das Fiasko der Antiterrorstrategie

Eine wirkliche Alternative im Nahen und Mittleren Osten hätte ein säkularer palästinensischer Staat mit gewählten Vertreterinnen und Vertretern und einer starken politischen Linken sein können. Es gab eine Zeit, als sich dieser Staat in Umrissen abzeichnete, und er war noch möglich während der Oslo-Friedensverhandlungen[13] zwischen Israel und den Palästinensern während der 1990er Jahre. Aber eben diesen Staat wollte Israel verhindern und der Westen hat ihn nicht nachdrücklich unterstützt.

Die enteignete Revolution

Die Lage in Syrien wird von Tag zu Tag dramatischer. Zu Jahresbeginn 2013 geht die UNO von über 60.000 Personen aus, die seit dem Beginn des Bürgerkriegs vor knapp zwei Jahren umgekommen sind. Die Anzahl der Verletzten ist nicht bekannt. Die Ernteausfälle sind drastisch, jeder Fünfte in Syrien ist auf Nahrungsmittelhilfe angewiesen.[14] Etwa 1,2 Millionen Menschen sind auf der Flucht oder in Lagern in der Türkei, Jordanien, dem Libanon; leider viel zu wenige Flüchtlinge haben Aufnahme in Europa gefunden.

Was im März 2011 in der syrischen Provinz Daraa begann, hat »über den internen Machtkampf hinaus auch den Charakter eines Stellvertreterkrieges angenommen, in dem internationale, regionale und subnationale Konflikte ausgetragen werden«, schreibt die regierungsnahe bundesdeutsche *Stiftung Wissenschaft und Politik* in einer Studie. Als Akteure dieses Stellvertreterkrieges nennt sie die Golf-Staaten, »allen voran Saudi-Arabien und Katar«, den Iran und die Türkei. Die Rebellen erhielten »von westlichen Akteuren wie Frankreich, den USA und der Türkei politische und logistische, aus den Golfstaaten finanzielle und militärische Unterstützung.«[15] Die Gefahr einer Intervention von außen und einer Kapitel-VII-Resolution

---

13 Eine Übersicht über die israelisch-palästinensischen Friedensverhandlungen (Oslo-Prozess) gibt: http://www.ag-friedensforschung.de/regionen/Nahost/verhandlungen.html, Zugriff: 25.01.2013

14 www.unric.org/de/uno-schlagzeilen/26893-mehr-nahrungsmittel-fuer-syrien, Zugriff: 25.01.2013

15 Ebd., S. 4

des Weltsicherheitsrates[16] schätzt die Stiftung hingegen eher gering ein, weil es unwahrscheinlich sei, »dass der UN-Sicherheitsrat eine entsprechende Resolution verabschieden wird. Ohnehin zeigten die Akteure, die zu einer solch militärisch komplexen Operation in der Lage wären – allen voran die USA – bislang keine Bereitschaft dazu.«[17]

Jenen Syrerinnen und Syrern, denen es um die demokratische Umgestaltung ihres Landes geht, gehört ihr Aufstand schon nicht mehr. Sie sind enteignet worden durch die ehemaligen Kolonialmächte, die USA, die Golfstaaten, die mit Teilen der inner-syrischen Opposition verwoben sind, namentlich der Freien Syrischen Armee und dem Syrischen Nationalrat. Auf Drängen und Druck des Westens hatte sich am 11. November 2012 die Nationale Koalition der Syrischen Revolutionären und Oppositionellen Kräfte gebildet. Ihr gehört auch der Syrische Nationalrat (SNC) an, der bis dahin als Sprachrohr der Opposition gegolten hatte. Ihm war allerdings vorgeworfen worden, von den Muslimbrüdern dominiert und außerstande zu sein, die »bewaffneten Kräfte unter einen Hut zu bringen.«[18] Dies soll nun die neue Konstellation leisten. »Quasi ihr Geburtshelfer sind die USA. Beim Gründungstreffen in Katar machte das Wort von der ›Ford-Seif-Initiative‹ die Runde. Richard Ford war bis zu seinem Abzug US-Botschafter in Damaskus, Raid Seif ist ein langjähriger syrischer Oppositioneller.«[19] Am Tag der Gründung sagte Saudi-Arabien diesem Bündnis bereits 100 Millionen US-Dollar »für die humanitären Be-

---

16 Kapitel VII der UNO-Charta befasst sich mit »Maßnahmen bei Bedrohung oder Bruch des Friedens und bei Angriffshandlungen«. In besonderen Fällen kann der Sicherheitsrat »mit Luft-, See- oder Landstreitkräften die zur Wahrung oder Wiederherstellung des Weltfriedens und der internationalen Sicherheit erforderlichen Maßnahmen durchführen.« (Artikel 42)

17 Asseburg, Muriel / Wimmen, Heiko: Syrien im Bürgerkrieg. Externe Akteure und Interessen als Treiber des Konflikts, SWP-Aktuell 68, November 2012, S. 3

18 Seel, Beate: Freunde und Förderer, taz, 11.12.2012, www.taz.de/107264, Zugriff: 23.01.2013

19 Ebd.

dürfnisse des syrischen Volkes« zu.[20] Es dauerte nur einen Monat, bis in einem »spektakulären Schritt« (*Frankfurter Rundschau* v.12.12.2012) fast 130 Staaten die Nationale Koalition als »die legitime Vertretung des syrischen Volkes« anerkannten. Das geschah auf einer Konferenz der Freunde Syriens im marokkanischen Marrakesch. Der russische Außenminister Lawrow kommentierte: »Die Vereinigten Staaten haben sich entschieden, alles auf einen militärischen Sieg der Nationalen Koalition zu setzen.«[21]

Unmittelbar vor dieser Konferenz hatten sich, wiederum unter großem internationalem Druck, im türkischen Antalya 263 Rebellenführer aus heterogenen Gruppen auf eine gemeinsame zentrale Kommandostruktur der Freien Syrischen Armee unter einem Obersten Militärrat geeinigt.[22] »Die neue Einigkeit steht und fällt mit der Erfüllung arabischer und westlicher Waffenhilfezusagen«[23], darin waren sich politische Beobachter einig. Und die *New York Times* zitierte einen FSA-Kommandeur mit den Worten: »Wir haben alles akzeptiert, weil sie uns alles versprachen.«[24] Mitglieder der CIA seien schon seit Jahresbeginn 2012 »in Jordanien und der Türkei stationiert, um mögliche Waffenlieferungen an die Aufständischen zu koordinieren. Das britische Militär erarbeitet für Premierminister David Cameron Pläne für ein etwaiges militärisches Engagement« schrieb die *FAZ* unter Berufung auf den britischen *Guardian*.[25]

Die »Revolution ist aus den Händen ihrer führenden Leute entführt worden, sie ist ermordet worden von dem diktatorischen Re-

---

20 Zit. n. Syrische Opposition erhält 100 Millionen Dollar von Saudi-Arabien, Stand 12. Dez. 2012 RIA Novosti, http://de.ria.ru/politics/20121212/26513076.html, Zugriff: 24.01.2013

21 zit. n. ebd.

22 Nordhausen, Frank: Hoffnung auf Waffen einigt Opposition, Frankfurter Rundschau. 10. Dez.2012, www.fr-online.de/aegypten-syrien-revolution/syrien-hoffnung-auf-waffen-einigt-opposition,7151782,21074610.html, Zugriff: 24.01.2013

23 Ebd.

24 Zit. n. ebd.

25 Bickel, Markus: Freunde Syriens stärken Nationale Koalition, FAZ, 12.12.2012

gime, aber auch von der Konterrevolution,«[26] heißt es in einem Aufruf zu einem großen internationalen Kongress der syrischen demokratischen, friedlichen Opposition am 28./29. Januar 2013 in Genf. Doch dieser Teil der Opposition wird international kaum zur Kenntnis genommen, nicht auf dem diplomatischen Parkett und nicht in den Medien. »Die friedliche Revolution, in der sich Menschen mit offener Brust den Gewehrläufen entgegenstellten, ist vergessen gemacht worden in Folge der Verachtung durch jene, die zuerst nach Waffen rufen und zweitens nach Waffen und schließlich nach Waffen.«[27] Aus eben diesem Spektrum hat die regierungsnahe Stiftung Wissenschaft und Politik Teilnehmende für ihr groß angelegtes »Syrien – The Day After«-Projekt eingeladen.[28] Die gleiche Stiftung stellt in einer anderen Studie fest, die friedliche Opposition stoße auf »doppelten Widerstand. Sie sind nicht nur mit der Repression des Regimes konfrontiert, sondern auch mit der entschiedenen Ablehnung anderer Oppositionskräfte, etwa des Syrischen Nationalrats, die sich darin von ihren externen Gast- und Geldgebern bestärkt sehen.«[29] Alle syrischen Autorinnen und Autoren dieses Buches kommen aus Gruppen, die, ohne einer Meinung zu sein, diese doppelte Repression resp. Ausgrenzung erleben.

Wenn die gute Seite fehlt

Die materielle und mediale Enteignung des demokratischen Widerstands ist ein riesiges Problem. Die Männer und Frauen, die ihn gewagt haben, weil sie endlich ihre Handlungsbedingungen selbst bestimmen wollen, und die ihn immer noch als Revolution verstehen, müssen erleben, wie jetzt andere die Interpretationshoheit über ihre Handlungen beanspruchen und damit eigene Interessen verfolgen.

Gegen diese Enteignung wendet sich auf den ersten Blick auch

26 http://syic.wordpress.com/2013/01/05/information-about-the-geneva-conference-of-the-syrian-opposition, Zugriff: 24.01.2013

27 Ebd.

28 Vgl. den Beitrag von Johanna Bussemer in diesem Buch: Entschlossen in der zweiten Reihe

29 Asseburg/Wimmen, a.a.O., S. 5f.

die Initiative »Adopt a Revolution«.[30] Gemeinsam mit medico international hat sie den Appell »Freiheit braucht Beistand« gestartet. Die Unterzeichnenden hoffen »weiterhin auf eine friedliche Lösung. Wir wissen, wie begrenzt unsere Möglichkeiten sind, doch wir können versuchen, verantwortungsvoll zu handeln«.[31] Danach aber fokussiert sich der Aufruf ausschließlich auf tatsächliche oder behauptete Gräueltaten des Assad-Regimes, »über die spürbare psychologische Kriegsvorbereitung und die einseitige Berichterstattung im Westen (hüllt er sich) völlig in Schweigen‹ und lässt damit »einen regime change suggestiv als alternativlos erscheinen,«[32] schreibt der politisch und wissenschaftlich intime Kenner des Nahen und Mittleren Ostens, Mohssen Massarrat. Vielleicht ist das, was in dem Aufruf steht, weniger wichtig als das, was fehlt? Es fehlt, was Friedensappelle üblicher Weise auszeichnet: Die nächsten Schritte zu einer friedlichen Lösung, ihre Umrisse, was die internationale Solidarität beitragen kann. Ohne das, allein schockiert und zu Recht bewegt vom rücksichtslosen Vorgehen des Baath-Regimes, landet der Aufruf unversehens an der Seite der einzig wahrgenommenen Opposition, der Freien Syrischen Armee und der Nationalen Koordination. Es ist schon bizarr bis makaber, nicht nur mit Katja Kipping (DIE LINKE), sondern auch mit Unterzeichnenden des Aufrufs wie Ruprecht Polenz (CDU), Andrea Nahles (SPD) oder Claudia Roth (Grüne) ausgerechnet eine Revolution zu adoptieren.

Ob naiv oder besonders trickreich, hinter diesem Appell steckt ein Problem, das nicht erst im Zusammenhang mit Syrien aufgebrochen ist. Es tritt bei kriegerischen Konflikten zutage, in denen keine der beteiligten Seiten die Gute ist. In der Zeit der antiimperialistischen Befreiungskämpfe war die eigene Positionierung einfacher. Der ANC in Südafrika, die SWAPO in Namibia, die MPLA in Angola, die Frelimo in Mosambique, die PLO in Palästina oder der Vietcong in Vietnam

30 www.adoptarevolution.org/, Zugriff: 24.01.2013

31 Ebd.

32 Massarrat, Mohssen: Warum ich den Syrien-Aufruf von medico international und adopt a revolution »Freiheit braucht Beistand« nicht unterschreiben kann, Stand: 17. Dezember 2012, www.ag-friedensforschung.de/regionen/Syrien/adopt3.html, Zugriff: 24.01.2013

waren Befreiungsbewegungen, sie kämpften für die richtige Sache. Spätestens seit dem Jugoslawien-Krieg ist »die gute Seite« selten geworden. Die Friedensbewegung muss eine eigenständige Position jenseits der Interessen der Konfliktparteien formulieren: Sie kann sich für das Recht, das Völkerrecht, entscheiden oder zugunsten einer zunehmend bellizistisch dominierten, auf »humanitäre Intervention« drängenden medialen Öffentlichkeit. Die Entscheidung ist nicht einfach, weil die bewaffneten Konflikte selbst außer Rand und Band geraten sind, sie beschränken sich nicht mehr auf staatliche Akteure. Friedensaktive finden sich in der bedrückenden Lage, dass sich Konflikte zuspitzen, Menschen großes Leid erfahren, aber eine friedliche Lösung nicht in Sicht ist.

Auf diesem Hintergrund finden Scheinlösungen Widerhall, die letztlich auf »humanitäre Interventionen« hinauslaufen, vor allem dann, wenn sie von Persönlichkeiten oder Gruppen kommen, die den Ruf antiimperialistischer Verlässlichkeit erworben haben. Im Fall von Syrien und Adopt A Revolution war es medico international, im Fall Libyen Ignacio Ramonet. Der ehemalige Chefredakteur der *Le Monde diplomatique,* Impulsgeber zur Gründung von attac Frankreich, kritisierte 2011 scharf die lateinamerikanische Linke, weil sie nicht bereit war, den Aufstand gegen Gaddafi als Revolution anzuerkennen.[33] Im Unterschied zu den Kriegen im Kosovo und Irak, so Ramonet, sei »die jetzige Intervention in Libyen legal nach internationalem Recht, legitim nach den Prinzipien der menschlichen Solidarität und wünschenswert wegen der internationalistischen Brüderlichkeit, die die Völker in ihrem Kampf für die Freiheit vereint.«[34] Demgegenüber sagte die lateinamerikanische Linke, es handele sich um einen neokolonialen Krieg des Westens und eine vom Westen ausgerüstete islamische Opposition.[35] Schon damals spannte der Präsident Venezuelas, Hugo

33 Ramonet, Ignacio: Recht und Unrecht, in: Le Monde diplomatique Nr. 186, April 2011

34 Ebd.

35 Nicht ganz so scharf äußert sich Fidel Castro: »Für mich steht es aber außer Zweifel, dass den USA keinen Deut am Frieden in Libyen gelegen ist und dass sie nicht zögern werden, der NATO den Befehl zum Einmarsch in dieses

Chávez, in seinem Brief an die Generalversammlung der UNO[36] den Bogen von Libyen nach Syrien: »Es lohnt sich noch einmal zu fragen: Was ist aus der Flugverbotszone geworden, die durch die Resolution 1973 des UN-Sicherheitsrates errichtet werden sollte? Sind denn die 20.000 Lufteinsätze der NATO gegen Libyen, viele von ihnen mit dem Ziel, die libysche Bevölkerung zu bombardieren, nicht schon die Negierung eben dieser Flugverbotszone? (...) Und die gleiche imperialistische Vorgehensweise wiederholt sich jetzt im Falle Syriens. Und würden einige ständige Mitglieder des Sicherheitsrates heute nicht die Stärke zeigen, an der es ihnen im Falle Libyens gefehlt hat, stünden schon NATO-Kampfflugzeuge bereit, die nach einer Zustimmung des Sicherheitsrates Syrien mit Luftangriffen überziehen würden.«[37]

Libyen ist eine weitere Scheidelinie geworden zwischen Interventionisten/Bellizisten und denjenigen, die Konflikte friedlich, diplomatisch lösen wollen. Russland und China werden in der deutschen Öffentlichkeit fortdauernd des »Boykotts« des UNO-Sicherheitsrates bezichtigt. Dabei ist vor allem Russland ein aktiver Partner für alle, die ein weiteres Blutvergießen in Syrien beenden wollen. Russland und China unterstützen das Genfer Kommuniqué[38] der Aktionsgruppe für Syrien, das unter der Schirmherrschaft der Vereinten Nationen zustande gekommen ist, sie lehnen aber nach der Libyen-Erfahrung eine unbestimmte Resolution des Sicherheitsrats ab, die zu einer Kapitel VII-Entscheidung der UNO-Charta, zu einem militärischen Vorgehen führen kann.

Innenpolitisch und parteipolitisch tun sich hierzulande vor allem Grüne und SPD als Interventionisten/Bellizisten hervor. Deutschland

---

reiche Land zu geben.« Zit. n. Neuber, Harald: Fidel Castro warnt vor Intervention in Libyen, Stand: 23. Februar 2011, in: Portal amerika21.de, http://amerika21.de/nachrichten/2011/02/24448/castro-libyen-venezuela, Zugriff: 25.01.2013

36 Das historische Scheitern der UNO. Brief von Hugo Chávez an die Generalversammlung der UNO, Caracas, Stand: 26.09.2011, http://amerika21.de/analyse/40799/scheitern-der-uno, Zugriff: 25.01.2013

37 Ebd.

38 S. den Dokumentenanhang in diesem Buch

hatte sich auf Weisung von Außenminister Westerwelle im UN-Sicherheitsrat bei der Abstimmung über die Libyen-Resolution bekanntlich der Stimme enthalten. Nach anfänglicher Zurückhaltung folgten die Grünen Josef Fischer, der im *Spiegel* die Enthaltung als »vielleicht das größte außenpolitische Debakel seit Gründung der Bundesrepublik«[39] bezeichnete. Unisono mit der Mainstream-Presse lauten die Vorwürfe: Deutschland »kneift«, lässt die notwendige »Drecksarbeit« andere verrichten, drückt sich vor der »Übernahme von Verantwortung«, bietet außenpolitisch »Blamage« und »Debakel«.[40] Dieser Druck verfehlt seine Wirkung nicht. Sukzessive wird »Bündnistreue« zu einem Wert deutscher Außenpolitik, der nicht zu hinterfragen ist. »Bündnistreue« verpflichtet dazu, der Türkei in einer eingebildeten Bedrohung durch syrische Raketen mit deutschen Patriots beizustehen ebenso wie Frankreich bei seiner selbstherrlichen Militärintervention in Mali.

Es ist »unwahrscheinlich«, schreibt die regierungsnahe *Stiftung Wissenschaft und Politik,* »dass der Bürgerkrieg bald *militärisch* entschieden wird. Vielmehr steht zu befürchten, dass Ausmaß und Intensität des Kampfes ebenso wie die Opfer- und Flüchtlingszahlen zumindest kurzfristig weiter zunehmen werden.«[41] Soll etwa die Alternative zu Krieg sein: ausbluten, bis Land und Menschen am Boden liegen? Es gibt einen dritten Weg. International hat er in der jüngeren Vergangenheit immer mehr an Bedeutung gewonnen. Er heißt: Frieden schließt man nicht mir seinen Freunden, sondern mit seinen Feinden.

Frieden schließt man mit Feinden

Im regulären Krieg ist »der Andere« der Feind, »wir« gegen »sie« – ausgenommen die Kriegsopposition und Deserteure. Ein Bürgerkrieg oder ein lang anhaltender, tiefer gesellschaftlicher Konflikt, der auch

39 Stand: 27.08.2011, http://www.spiegel.de/politik/deutschland/libyen-politik-fiasko-fischer-rechnet-mit-nachfolger-westerwelle-ab-a-782882.html, Zugriff: 27.01.2013

40 Das alles beispielhaft aus dem Leitartikel von Damit Fras: Deutsches Libyen-Debakel, Frankfurter Rundschau, 25. August 2011

41 Asseburg/Wimmen, a.a.O., S. 5

mit Waffengewalt oder Guerillakämpfen ausgetragen wird, zerreißt eine Gesellschaft bis ins Mark. Diese Wunden heilen oft über Generationen nicht, davon legen etwa das heutige Spanien und seine Belletristik beredtes Zeugnis ab. Ganz besonders für diese Situationen gilt: Selbst Sieger müssen verhandeln, wenn der Frieden nachhaltig sein und die Tür zur Versöhnung geöffnet werden soll. Der siegreiche Nelson Mandela bewerkstelligte gemeinsam mit dem Präsidenten des Apartheid-Regimes, Frederik Willem de Klerk, den Übergang in das neue Südafrika. Die brutalen und lang andauernden Bürgerkriege in El Salvador und Guatemala wurden beendet durch Verhandlungen zwischen Befreiungsbewegungen und rechter Staatsgewalt. Und auf diesem Weg kann möglicherweise der jahrzehntelange Bürgerkrieg in Kolumbien sein Ende finden. Derartige Verträge spiegeln das jeweilige Kräfteverhältnis wider, deshalb sind sie ambivalent. Ihr Ergebnis ist nicht Sozialismus oder eine neue Gesellschaft, sondern vorerst »nur« Schluss mit Mord und Gewalt. Für ein Ende des Bürgerkriegs in Syrien muss der Weg Waffenruhe – Waffenstillstand – Dialog und Verhandlungen zwischen Regierung und Opposition beschritten werden unter Vermittlung der Vereinten Nationen. Das schlägt auch die gewaltfreie demokratische syrische Opposition vor.[42] Unter ihnen sind viele, die unter Assad inhaftiert, mehrfach gefangen gehalten und gefoltert, aus dem Land vertrieben worden sind. Gerade sie setzen sich dafür ein, dass alle Teile der syrischen Bevölkerung, einschließlich Verwaltung, Staatsapparat, Militär, für den Dialog mit der Opposition gewonnen werden müssen. Wie die syrische Gesellschaft dann ihre Geschichte bearbeiten und sich erneuern, wie sie ihren Staat gestalten wird, werden die Syrerinnen und Syrer selbst entscheiden.

Alternativen

Auch in Deutschland wird der syrische Bürgerkrieg geführt – geistig, in den Medien und in der Politik. Hier mischt auch der imperiale Think-Tank *Bertelsmann-Stiftung* mit. Sein Konzept: Mehr Geld und bessere Waffen für den Widerstand, mit Ausnahme der dschihadis-

---

42 S. Genfer Erklärung in diesem Buch

tischen Gruppen, Überführung des bewaffneten Widerstands unter eine politische Kontrolle und damit »ein Ende des Assad-Regimes« und ebenso ein »Ende der Kämpfe.«[43] Die Bertelsmann-Strategen lehnen die Entsendung von UNO-Blauhelmen nach Syrien ab. »Stattdessen sollte Syriens neue Militärführung die notwendige Unterstützung erhalten, um das staatliche Gewaltmonopol wiederherzustellen, die Gesellschaft zu entwaffnen, das Land zu stabilisieren und Sicherheit für alle seine Bewohner zu garantieren.«[44] Mit anderen Worten: Statt Frieden unter Mitverantwortung der UNO – eine Militärdiktatur! Den Weg dorthin haben andere geebnet. Unter ihnen die Bundesregierung, als sie die Nationale Koordination als »die legitimierte Vertretung des syrischen Volkes« anerkannt und die gewaltfreie, dialogorientierte Opposition in Syrien ausgeblendet hat.

Diese Konstellation widerspiegelt sich auch im Bundestag. Hier wird versucht, die Vorschläge der LINKEN auszublenden.[45] Dabei unterstützt sie als einzige Fraktion inhaltlich und konkret die Mission des UN-Sonderbeauftragten Lakhdar Brahimi wie zuvor die von Kofi Annan. Diese Positionen sind beschrieben in Kofi Annans 6-Punkte-Plan und im Genfer Kommuniqué vom 30. Juni 2012. Beide Dokumente befinden sich im Anhang.

---

43 Hamelt, Christian-P. / Helbert, Kristin, Syrien – vom Aufstand zum Krieg, spotlight europe 2013/02, Bertelsmann-Stiftung, S. 6. Alle Ausgaben des »spotlight europe« unter: www.bertelsmann-stiftung.de/spotlight

44 Ebd.

45 »Sofortige humanitäre Hilfe für Syrien leisten – Diplomatische Verhandlungslösung für den Konflikt fördern«, so heißt ein Antrag der Fraktion DIE LINKE (Drucksache 17/11697; http://dip21.bundestag.de/dip21/btd/17/116/1711697.pdf). Am 13. Dezember 2012 wurde er vom Bundestag in erster Lesung ohne Aussprache an den Auswärtigen Ausschuss (federführend) überwiesen, an den Ausschuss für wirtschaftliche Zusammenarbeit und Entwicklung, Ausschuss für Menschenrechte und humanitäre Hilfe, Verteidigungsausschuss. Am 30. Januar 2013 sprach der Auswärtige Ausschuss mit den Stimmen von CDU/CSU, FDP, SPD und Grünen seine Beschlussempfehlung aus: Ablehnung (http://dip21.bundestag.de/dip21/btd/17/122/1712243.pdf). Es gab und gibt übrigens keinen Antrag einer anderen Fraktion zu diesem Thema. Die zweite und dritte Lesung wurde auf den 28. Februar 2013 terminiert; die Reden sollen nicht im Plenum gehalten, sondern zu Protokoll gegeben werden.

Eckpunkte der Syrien-Politik der LINKEN und der demokratischen Opposition in Syrien sind:

- Gewaltfreiheit und Erhalt der staatlichen Einheit Syriens;
- humanitäre Hilfe, auch in die kurdischen Gebiete, nach dem Prinzip der Unparteilichkeit;
- Erhalt der Religionsfreiheit und des multireligiösen Charakters des Staates Syrien;
- Hilfe für syrische Flüchtlinge auch durch eine rasche Öffnung der Grenzen.

Für die Syrien-Politik der UNO und international schlägt die LINKE vor:

- Schritte zu einer Waffenruhe, die zu einem Waffenstillstand führen soll und gegebenenfalls international beobachtet wird;
- striktes Verbot, direkt oder indirekt Waffen an die Konfliktparteien zu liefern, einschließlich einer deutschen Aufforderung an die Türkei, Saudi-Arabien, Katar und weitere Golfstaaten, die Lieferung von Waffen und Geld in den syrischen Bürgerkrieg sofort einzustellen; und
- den USA deutlich zu machen, dass Deutschland keine Resolution des Sicherheitsrates nach Kapitel VII der UN-Charta anstrebt.

Eine solche Politik könnte, verbunden mit einem Prozess des nationalen Dialogs, zu einer syrischen Übergangsregierung führen, die bis zu freien Wahlen die Macht im Land übernimmt, das schließt die Macht über Armee, Geheimdienste und Polizei ein.

Diese Positionen, Forderungen und Vorschläge bilden einen »Korridor«, der unterschiedliche Kräfte in einem breiten Spektrum zusammenführen kann.

Eine Schlussbemerkung der Autorin und des Autors: Wir haben uns entschlossen, die Begriffe »Revolution« und »Arabischer Frühling« nicht mehr zu verwenden. Sie verdecken zu viele unterschiedliche bis gegensätzliche Interessen. Unsere syrischen Freundinnen und Freunde hingegen verteidigen ihre Revolution auch begrifflich gegen Enteignung.

Uns gibt Abo Rabo zu denken. Der Generalsekretär der PLO, der schon in so vielen Stürmen, Kämpfen und Umbrüchen in der arabischen Welt gestanden hat, sagt:« Was bleibt ist die Erfahrung vieler Menschen, dass Macht zu erschüttern ist und dass Herrschaftshäuser und Machtzentralen in der Region nicht auf Dauer Bestand haben. Wie lange hat Europa gebraucht, um Gedanken der Aufklärung und der französischen Revolution aufzunehmen und zu verstehen. Und wie lange wird es dauern, bis begriffen wird, dass Aufklärung nicht nur für die Privilegierten gelten darf, sondern auch für Länder, die unter dem Joch kolonialer Unterdrückung gelitten haben.«

Stimmen aus der demokratischen Opposition

Issam Haddad

Syrische Kommunisten zwischen Widerstand, Teilhabe an der Macht und Spaltungen

Gegründet am 28. Oktober 1924, ist die Syrische Kommunistische Partei eine der ältesten politischen Formationen auf syrischem Boden. Sie fusionierte 1925 mit der Libanesischen Volkspartei, die sich ihrerseits kurz vorher mit dem Spartakusbund von Armeniern auf libanosyrischem Gebiet vereinigt hatte.

Es folgten:

- 1932 die Gründung der (Pan-)Syrischen Sozialen Nationalistischen Partei.
- 1947 die Gründung der (Pan-)Arabischen Baath-Partei in Damaskus. 1952 vereinigte diese sich mit der Sozialistischen Arabischen Partei (besonders stark vertreten in den Gebieten von Hama und Idlib) zur Arabischen Sozialistischen Baath-Partei, wörtlich: Sozialistische Partei der Arabischen Wiedergeburt.
- 1946 wurde im Jahr der Unabhängigkeit des syrischen Staates die (Pan-)islamische Partei der Muslimbrüder als Ableger der 1928 in Ägypten gegründeten Bewegung offiziell auf syrischem Boden zugelassen. Ihr erklärtes Ziel war und ist die Wiederherstellung des (Pan-) islamischen Khalifaten-Systems, das Mustafa Kemal (Atatürk) am 13. März 1924 aufgelöst hatte.

- 1958 wuchs nach Bildung der Vereinigten Arabischen Republik aus Syrien und Ägypten die Anfang der fünfziger Jahre zunächst im Untergrund gegründete Bewegung der Panarabischen Nationalisten. Aus ihr entwickelten sich die nasseristischen Parteien.

Diese knappe Chronologie spiegelt die tief verwurzelte Ablehnung der Teilung des arabischen bzw. syrischen Raumes durch die britisch-französischen Kolonialmächte wider. Auch die alten syrischen Feudalherren und die Vertreter der neu aufkommenden Bourgeoisie beschworen in ihrem Kampf um die Unabhängigkeit Syriens die arabische Einheit.

Assad I und Assad II an der Macht

Der Staatsstreich vom 1. November 1970 unter Führung des damaligen Verteidigungsministers und Feldmarschalls der Luftwaffe, Hafez al-Assad, setzte den scharfen innersyrischen Auseinandersetzungen um das Verhältnis zu Israel ein vorläufiges Ende. Das links-baathistische Regime unter Nureddin Mustafa al-Atassi (1966-1970) hatte die Existenz des Staates Israel nicht akzeptiert, im maoistisch inspirierten »Volkskrieg« sollte Israel vielmehr verschwinden. Es kam anders. Nach der vollkommenen Niederlage im israelisch-arabischen Sechs-Tage-Krieg verlor die gegenüber Israel und dem Westen als unnachgiebig und, auch wirtschaftspolitisch, als »linksradikal« geltende Regierung in den Machtkämpfen innerhalb der Baath-Partei an Boden und konnte von Hafez al-Assad gestürzt werden. Offen bleibt die Umsetzung der Resolution 242 des UN-Sicherheitsrates von 1967. Ihr zufolge sollte Israel alle im Sechs-Tage-Krieg eroberten und besetzten Gebiete, also auch die eroberten Golan-Höhen Syriens, zurückgeben, was bekanntlich bis heute nicht erfolgt ist.

Das sog. Damaszener Netzwerk von Geschäftsleuten und angesehenen sunnitischen Religionsgelehrten im Großraum Damaskus begrüßte euphorisch den Staatsstreich von 1970, den die Putschisten selbst als »Korrektur-Bewegung« bezeichneten. Niemand haben sie mehr gehasst als die abgesetzten Machthaber, die vier Jahre lang einen radikalen Kurs einer sozialen Ausrichtung der Wirtschaft verfolgt hatten. Hafez al-Assad räumte dem Damaszener Netzwerk viel Platz ein in der Wirtschaft wie beim Aufbau von religiös-sozialen Netzwerken. Aus dem Exil in Saudi-Arabien kehrten viele Experten nach Syrien zurück. Sie wirkten am 3. und 4. Fünfjahrplan 1971-1980 mit. Diese Pläne wurden auch mitfinanziert durch Hilfsgelder, die Golfstaaten nach dem Sechs-Tage-Krieg von 1973 gegen Israel beisteuerten. Das war die Gelegenheit, eine größere Rolle des Privatsektors in der Wirtschaft durchzusetzen.

Diese langsam wachsende Rolle des Privatsektors, erst syrischer und dann syrisch-arabischer Herkunft, war verbunden mit einer Umorientierung der Investitionssphären und -zweige. Auf Dauer zeitigte das große sozialpolitische Probleme. Nach der Machtübernahme durch Baschar al-Assad (2001) zwangen seine Reformen die Gesamtwirtschaft unter die Dominanz der Märkte, ihrer Mechanismen und Kräfte. Er bezeichnete sie als soziale Marktwirtschaft, doch ihr Resultat waren verheerende soziale Verwerfungen. Dazu gehörten die Konzentration des Reichtums in wenigen Händen der neuen Elite von ehemaligen Militärs, Bürokraten, gruppiert um den Familienclan Assad; wachsende Arbeitslosigkeit; die Verarmung der Mittelschichten und Verelendung der Geringverdiener, der Handwerker, kleinen Händler und Kleinbauern sowie ihr Exodus in die Slums der Großstädte.

Die allgemeine Spannung konnte weder zivilgesellschaftlich noch parteipolitisch kanalisiert werden. Durch den fast 50jährigen Ausnahmezustand seit 1963 und die Unterbindung jeglicher unabhängiger politischer Ausdrucksformen herrschten unter der Bevölkerung politische Apathie und Machttaubheit bei den herrschenden Eliten. Außerordentlich interessant ist in diesem Zusammenhang ein Brief des Generalsekretärs der Syrischen Kommunistischen Partei, Youssef El-Faisal, an den 10. Parteitag der Baath-Partei. Er schrieb am 6. Mai 2005 zehn Forderungen der syrischen Kommunisten nieder, darunter: Trennung von Staat und Partei, Wettbewerb von Parteien, Freiheit der Religionsausübung, Aufhebung des Ausnahmezustands, Freilassung aller politischen Gefangenen und Andersdenkenden. Assad und die Baath-Partei schlugen diese Forderungen in den Wind, die Folgen sind bekannt.

Es ist die Wirtschafts- und Sozialpolitik, die zur Entfremdung jener

Massen führte, die früher das syrische System getragen haben: die kleinen Bauern und die Geringverdiener, die Arbeiter, das nationale Bürgertum und die Militärangehörigen. Die Explosion der heutigen Krise trifft auf eine andere Allianz: die der Geschäftsleute mit hochrangigen Beamten, Lobbyisten und Händlern. Die Krise hat das System erreicht. Die links-demokratische Opposition vermochte es nicht, eine oppositionelle Massenbewegung zu entfachen.

Die kommunistische Linke in Syrien

Die vernichtende Niederlage der panarabischen Bewegung im Sechs-Tage-Krieg von 1967, der Tod des ägyptischen Präsidenten Nasser und die schwere Niederlage der palästinensischen Widerstandsbewegung auf jordanischem Gebiet im Schwarzen September von 1970 warf im Nahen und Mittleren Osten die Frage der arabischen Führungs- und Ordnungsmacht auf. Die Teilnahme an der Operation »Wüstensturm« 1991 zur Befreiung Kuwaits von den irakischen Truppen und das Einschreiten der syrischen Armee gegen die libanesisch-palästinensische Allianz im libanesischen Bürgerkrieg von 1975 signalisierten eine neue Rolle Syriens im Nahen und Mittleren Osten. Syrien war ausdrücklich bereit, die mit Israel strittige Golan-Frage auf der Grundlage der Beschlüsse der Vereinten Nationen zu lösen. Ein deutliches Zugehen Assads auf westliche Positionen, auch wenn Syrien für die USA noch immer zu den »Schurkenstaaten« zählt, war unverkennbar.

Auf syrischem Boden jedoch wurden die Kader der abgesetzten »linksradikalen« Führung der Baath-Partei verfolgt und verhaftet. Sie waren auch Anhänger einer linken Wirtschafts- und Sozialpolitik. Vielen gelang die Flucht außer Landes, meist über palästinensische Organisationen. Andere schlossen sich gemeinsam mit einigen linken Nasseristen und ehemaligen kommunistischen Kämpfern zu neuen politischen Formationen der Opposition zusammen. Die bekannteste unter ihnen war die Kommunistische Arbeitspartei. Nicht zu vergessen oder zu übersehen waren auch Parteien und Intellektuelle bzw. Organisationen, die sich von der Baath-Partei oder der Syrischen Kommunistischen Partei absonderten und in Opposition traten.

Gegen Ende der siebziger Jahre startete die Regierung eine immense Verhaftungswelle gegen alle, die sich am Aufbau eines oppositionellen Nationaldemokratischen Blocks beteiligten. Tausende landeten oft für lange Zeit in den Gefängnissen. Andere flohen. Mitten in dieser breitesten Verhaftungswelle in der Geschichte Syriens griffen bewaffnete Muslimbrüder eine Militärschule in Aleppo an. Man sprach von 56 ermordeten Militärs. Es kam zum militärischen Feldzug gegen die Aufständischen in Aleppo, Idlib und Hama mit 8.000 bis, nach Quellen der Muslimbrüder, 25.000 bis 30.000 Opfern.

Auch innerhalb der Syrischen Kommunistischen Partei (SKP) kam es ab 1971 zu starken Auseinandersetzungen. Sie betrafen das politische Programm der Partei einschließlich der Frage von Allianzen und Bündnissen, den Partei-Aufbau und die innerparteiliche Demokratie. Eine Spaltung innerhalb der SKP zwischen den Kräften um den Vorsitzenden Bakdasch und seinem Stellvertreter einerseits und dem Politbüro der SKP andererseits wurde öffentlich sichtbar. Der Gegenspieler von Bakdasch, das Politbüromitglied Riad al-Turk, wurde von der Assad-Regierung später für 17 Jahre ins Gefängnis gesteckt. Er erarbeitete mit anderen die Damaszener Erklärung für den Demokratischen Wandel (s. Dokumententeil), die erste politisch-strategische Erläuterung, die 2005 die meisten Kräfte der demokratischen Opposition in Syrien vereinte.

Beide Fraktionen der Syrischen Kommunistischen Partei beteiligten sich an der Regierungsbildung mit Hafez al-Assad (1970), den der stellvertretende Generalsekretär der Bakdasch-KP als Minister auf seinem ersten Moskau-Besuch im November 1970 begleitete. Die sowjetische Führung unterstützte damals diese Entwicklung, auch in der Hoffnung, den israelisch-arabischen Konflikt friedlich lösen zu können. Beide KP-Fraktionen gehörten der 1972 gegründeten Nationalen Progressiven Front aus zehn Parteien unter Führung der Baath-Partei an. Auch nach ihrer Spaltung im Jahre 1986 hatten beide Fraktionen jeweils einen Vertreter im Führungsgremium der Nationalen Progressiven Front sowie jeweils eine gleiche Zahl von Ministern und Parlamentsabgeordneten. Beide, die Syrische Kommunistische Partei (Bakdasch) und die Syrische Kommunistische Partei (Vereint), seit 2012 nennt sie sich Vereinigte Syrische Kommunistische Partei, VSKP, hielten an der mit Assad verabredeten bzw. von ihm vorgegebenen Politik fest, auch wenn intern und auf Parteitagen hinter vorgehaltener Hand Kritik geübt wurde.

Aus vierzigjähriger Erfahrung beschrieb der Rechtsanwalt Ismail Hedscho im Parteiorgan der VSKP am 14.3.2012 diese Nationale Progressive Front: »Es ist sehr naiv, an gleichberechtigte Partnerschaft innerhalb dieser Front zu glauben und davon zu reden, wenn der eine Partner die Macht über Armee, Polizei, Gerichte, Gefängnisse und die Medien für sich allein beansprucht und dazu noch mittels Hegemonie über den staatlichen Sektor die Ausrichtung der Wirtschaft allein bestimmt und die Arbeit der Gewerkschaften und Bauern sowie Studenten- und Berufsverbände an sich allein bindet.«

Die Linke und der Aufstand

Bei dem jetzigen gesellschaftlichen Aufstand gingen auch viele Aktive der Linken auf die Straße und wirkten entscheidend am Aufbau der lokalen Koordinierungsräte mit. Die zwei Kommunistischen Parteien rieten den Aktiven jedoch von der Teilnahme an Demonstrationen ab bzw. untersagten sie ihnen sogar. Mitglieder der Partei des Syrischen Volkswillens, so heißt die Gruppierung von Vize-Ministerpräsident Quadri Jamil, eines Ex-Kommunisten, und der Syrischen Sozialen Nationalistischen Partei des heutigen Versöhnungsministers Ali Haidar hingegen beteiligten sich aktiv an den Demonstrationen, solange sie friedlich verliefen. Linke Gruppen und Persönlichkeiten begannen, ihr Verhältnis zueinander zu koordinieren. Offensichtlich gab es die Verabredung, dem herrschenden Regime ein Maximum an real notwendigen Zugeständnissen abzuringen, um so eine friedliche Entwicklung in Richtung eines neuen Gesellschaftsvertrages für ein demokratisches Syrien zu ermöglichen.

Die berechtigten Warnungen vor Waffengewalt kamen öffentlich zuallererst von »Bruderparteien«, so von der Demokratischen Front zur Befreiung Palästinas (DFLP) und der Kommunistischen Partei des Libanon. Deren Generalsekretär schrieb in einem Zeitungsbeitrag: »Kommunisten sowie Linke überhaupt sind nicht einer Auffassung über das, was die arabische Welt seit zwei Jahren durchlebt. Manche unter uns übersehen Beweggründe wie Repression, Armut und

Hunger und betrachten die Erhebungen der arabischen Völker als de-facto-Instrumente im Dienste der US-amerikanischen Interessen in der Region. Andere sehen wiederum in den jeweils herrschenden politischen und sozialen Missständen die wahre treibende Kraft hinter den Massenaufständen und lassen die globale Rolle und den Einfluss der US-amerikanischen Interessen und ihren Vertretern in der Region bei diesen Entwicklungen außer Acht.«

Beide Syrische Kommunistische Parteien fordern eine gewaltfreie Lösung mittels Verhandlungen zwischen allen Konfliktparteien. Bald entwickeln sie eine kritische öffentliche politische Sprache: Sie wenden sich gegen Gewaltanwendung und rufen zum Dialog auf. Sie fordern die Freilassung aller politischen Gefangenen. Sie verlangen wahre Reformen des politischen Lebens, ebenso die Aufhebung des Ausnahmezustandes und den Erlass eines neuen Parteiengesetzes.

Beide KPs befürworteten demzufolge den Appell der 3. Konferenz der kommunistischen und linken Parteien und Organisationen der arabischen Welt, die vom 26.-29. Dezember 2011 in Beirut tagte. Danach sollen Linke in jedem arabischen Land die Initiative ergreifen, um eine Front aller Demokraten und Antiimperialisten zu erreichen, die eine friedliche, progressive und demokratische Umwälzung ermöglicht. Gleichzeitig bekräftigen sie die Notwendigkeit der engen Zusammenarbeit aller linken und progressiven Kräfte in der arabischen Welt, um konterrevolutionären Gefahren entgegenzutreten.

MICHEL KILO

Das denkt der Präsident vom Volk – Mythen, Fehler und Selbsttäuschungen des Assad-Regimes

Präsident Assad Junior nahm die Situation in Syrien nach Beginn des Aufstands folgendermaßen wahr: »Es ist ein Volksaufbegehren mit legitimen Forderungen, inspiriert von den Bewegungen des arabischen Frühlings. Jedoch verschleiert dieses Aufbegehren eine Verschwörung von bewaffneten islamistischen Banden gegen das letzte Land des arabischen antiimperialistischen Kampfes. Dabei gibt es keinerlei inneren sozialen, wirtschaftlichen oder politischen Gründe, die einen Aufstand gegen dieses Land rechtfertigen.« Mit anderen Worten: Das syrische Volk stellt Forderungen, die gerechtfertigt erscheinen, deren tatsächliche, aber nicht erklärte Zielsetzung es jedoch ist, die Verschwörung bewaffneter islamistischer Banden zugunsten der Kräfte, die die standhafte Rolle Syriens beendet sehen möchten, zu verschleiern. Diese Kräfte können zweifelsohne nur zionistisch und imperialistisch sein.

Hätte man am 14. März 2011 einen x-beliebigen Sicherheitsverantwortlichen des Regimes zu den Islamisten in Syrien befragt, wäre die Antwort ohne Zögern gewesen entweder: Es gibt keine islamistischen Kräfte in Syrien. Oder: Es sind kleine, nicht erwähnenswerte und zerstreute Grüppchen, die von den Sicherheitsapparaten beobachtet werden, vielleicht sogar von ihnen unterwandert sind, um sie ausfindig zu machen und auffliegen zu lassen. Sicherlich hätte dieser Verantwortliche seine Auslassungen beschwichtigend damit beendet: Machen Sie sich doch keine Sorgen, alles ist unter Kontrolle! Hätte man denselben Verantwortlichen einen Tag nach der Rede des Präsidenten gefragt, hätte die Antwort gelautet: Islamistische Banden sind überall im Land und das irregeführte Volk verdeckt diese Verschwörung mit glanzvollen Forderungen nach Freiheit, Demokratie, Gerechtigkeit und Gleichberechtigung.

Trotz dieser eklatanten Widersprüche wurde kaum ein Verantwortlicher des Regimes zur Rechenschaft gezogen oder trat von seinem Posten zurück. Die Erklärung ist einfach: Alles Gerede über die Präsenz der islamistischen Banden sollte nur die Aussagen des Präsidenten bestätigen, jedoch nicht, weil sie den Tatsachen bei Ausbruch der nationalen Revolte entsprochen hätte. Obwohl sie dezidiert die Existenz bewaffneter islamistischer Gruppen in Syrien, dem Land von Sicherheit und Ordnung, wie sie es zu bezeichnen pflegten, abgestritten hatten, behielten alle Verantwortlichen ihre Posten, um ihre ganze Kraft gegen das eigene Volk zu richten, das über Nacht von einem Assad liebenden, dem Regime gegenüber loyalen zu einem irregeleiteten, verschwörerischen Volk geworden war. Dem Regime blieb nur die Möglichkeit, es entweder auf den richtigen Weg zurückzuholen oder sich seiner zu entledigen.

Diese Wahrnehmung der sicherheitspolitischen Lage durch den Präsidenten verhinderte die Durchführung jeglicher Reformen und verantwortet die andauernde Tragödie. Die Forderungen der Bürger blieben unerfüllt, obwohl sie zu Beginn der Demonstrationen gemäßigt waren. Bis zum Jahresende 2012 wurden ungefähr eine Million Menschen in Mitleidenschaft gezogen; viele wurden getötet, andere verwundet, verfolgt, verhaftet und gefoltert. Millionen wurden zu Vertriebenen sowohl innerhalb wie außerhalb des Landes, Flüchtlinge sind in Syrien wie überall in den Nachbarstaaten zu finden. Sie wurden von Gastgebern, die andere Flüchtlinge herzlich empfangen und aufgenommen hatten, selbst zu Vertriebenen und Flüchtlingen. Internationalen Angaben zufolge leiden im Winter 2012/2013 etwa eine Million von ihnen Hunger.

Gemäß offizieller Version des Regimes läuft die Verschwörung zweigleisig: Das Volk rebelliert mit trügerischen Forderungen und islamistische Banden bekämpfen das Regime mit Waffengewalt. Diese beiden Ebenen arbeiten Hand in Hand und bezwecken den Sturz des Regimes. Aufgrund dieser gänzlich falschen Wahrnehmung wurde eine Konfrontationsstrategie ausgearbeitet, die die Probleme in Syrien leugnet und sie den regionalen und internationalen Feinden zuschreibt. Diese Strategie ist gewaltorientiert und zielt darauf ab, die Probleme militärisch zu lösen, als ob sich die Syrer untereinander bekriegen würden. Unabhängig von seinen Ursachen und der Höhe des Preises, den Staat und Gesellschaft zahlen müssen, soll dieser Krieg solange dauern, bis der Status quo ante vom 15. März 2011, dem Vortag des Ausbruchs der Volksrebellion, wiederhergestellt ist.

In der Geschichte pflegten Weise zu sagen: Wenn eine Herrschaft vor dem Niedergang steht, wird sie unfähig, die Realität zu verstehen. Die Unfähigkeit des syrischen Regimes, die Realität so zu erfassen wie sie ist, begann mit der Krise Anfang der 1980er Jahre. Verursacht durch die wirtschaftliche Liberalisierungspolitik von Präsident Baschar al-Assad verschärfte sie sich fortdauernd und zerstörte die Lebensgrundlagen der ländlichen Bevölkerung, die besonders hart von allen Maßnahmen des Regimes getroffen wurde.

Die umfassend falsche Wahrnehmung des Regimes zeigt sich auch in seiner Haltung zur Volkserhebung. Seine Strategie taugt nicht zur Lösung der tief greifenden syrischen Krise, die kulturell, sozial, wirtschaftlich und politisch bedingt ist. Ein weiteres Zeugnis des Realitätsverlustes besteht im Festhalten an der sicherheitspolitischen Lösungsoption. Sie ist völlig gescheitert, das zeigt die Erfahrung, und sie hat nichts produziert als Gewaltanwendung, die Zerstörung Syriens und die Aufwiegelung der verschiedenen Volksgruppen gegeneinander entlang ethnisch-religiöser Linien. Darüber hinaus trägt diese Strategie zur Selbstzerstörung des Regimes bei, das sukzessive erodiert. Dies alles geschieht mit dem Einsatz von Bomben und Raketen gegen das eigene Volk, das das Regime nicht gut zu regieren verstand!

Die Fehler des Regimes

Viele Syrer tun sich schwer zu verstehen, was ihrem Land widerfährt. Da sie keine nachvollziehbaren, verständlichen Motive für den Krieg des Regimes gegen das eigene Volk finden, werfen sie diesem ein Mal Irrationalität vor und ein anderes Mal Mangel an Patriotismus. Trotzdem hören die Syrer nicht auf zu fragen, aus welchen Beweggründen sich ihre Herrscher für diese Despotie entschieden haben. Diese Frage treibt auch Syrien-Experten und Interessierte um, unter ihnen renommierte Schriftsteller und Wissenschaftler, wenn sie miteinander reden oder telefonieren. Warum geschah und geschieht das immer noch in Syrien und keiner von uns konnte es vorhersehen?

Ich versetze mich in die Lage der Herrschenden, um ihre Motive und Entscheidungen nachvollziehen zu können. Dabei gehe ich davon aus, dass der Präsident und sein Führungsstab die Beziehung zwischen sich und dem syrischen Volk so wahrgenommen haben, dass sie sich für höchste Gewaltanwendung entschieden haben, um maximal abzuschrecken. Ich nehme auch an, dass der Präsident und seine Entourage mit einer Volkserhebung nicht gerechnet hatten, ebenso wenig damit, dass so viele Syrer gegen sie auf die Straßen gehen würden. Deshalb, so ihre Kalkulation, werde ein massiver Gewalteinsatz alle abschrecken und in ihre Häuser zurücktreiben. Wenn das repressive Vorgehen mit der Anschuldigung verbunden werden würde, dass islamistische Banden mit dem Ausland kollaborieren und die syrischen Muslimbrüder unterstützen, werde diese Strategie aufgehen, die Massen würden Gewalt befürchten und der Straße fernbleiben, wäre ihnen doch sofort klar, dass das Regime vor nichts zurückschrecken werde, um die Demonstrationen zu unterbinden. Endlich würde die Bezichtigung der Kollaboration die Syrer ganz sicher davon überzeugen, nicht zu demonstrieren, wissen sie doch, dass dieser Vorwurf gemäß Gesetz 49 aus dem Jahr 1980 mit dem Tod bestraft wird.

Assad selbst erklärte Ähnliches einige Tage vor dem Ausbruch der Revolution, als er von sich wies, dass es in Syrien eine Revolution geben werde wie in Tunesien und Ägypten, und beteuerte, Regime und Volk stünden in patriotischer Eintracht zueinander, zumal das syrische Volk gar nicht jammere. Anscheinend dachte der Präsident Folgendes: Von den 23 Millionen Syrern sind über eine Million bei den Streitkräften, den Sicherheitsapparaten und den Haudegen-Milizen aktiv, etwa drei Millionen sind bei der Baath-Partei und den anderen Parteien der Nationalen Progressiven Front, Millionen junger Menschen sind bei den studentischen Organisationen rekrutiert und eigentlich ist das ganze Volk in den verschiedenen Volkskomitees gleichgeschaltet. All diese Organe, Organisationen und Verbände werden permanent von den Sicherheitsdiensten beobachtet und überwacht, die Gesellschaft ist unterwandert und durchsetzt von dem Regime gegenüber loyalen Denunzianten, die jede Information übermitteln. Woher und wie sollte denn die Revolution kommen? Wenn es in Syrien nicht mal das Volk gäbe?! Und wenn die Opposition marginalisiert und schwach ist, wenn die Bürger keine politische Erfahrung haben, keine homogene Masse darstellen, die Opposition sogar – im Gegenteil – keinen gemeinsamen Nenner oder Feind hätte? So konstatierte das Regime: Es wird keine Revolution geben, bestenfalls vereinzelte und verstreute Fälle von Störungen und Vandalismus. Daran teilzunehmen, würden nur konfessionell Ideologisierte riskieren, von denen das Volk sehr schnell Abstand nehmen werde, sobald das Regime Gewalt anwenden und sie der ausländischen zionistisch-imperialistischen Kollaboration und des islamistischen Fanatismus bezichtigen werde. Es wird also keine Revolution geben, vielleicht noch nicht einmal Demonstrationen.

Lasst uns beruhigt sein, Syrien ist nicht wie Tunesien, Ägypten oder der Jemen, und es wird nicht so werden wie sie. In Syrien ist das Volk mit dem Regime und in dessen Organisationen gleichgeschaltet, das Volk lebe und sterbe unter Beobachtung des Regimes, das Tag und Nacht über es wacht! So Präsident Assad.

Der Funke der Revolution entzündete sich in der südwestlichen Provinz Daraa, sie wird vom stärksten Regionalverband der Baath-Partei geleitet. Das Regime ging vor wie beschlossen: mit massiver Gewalt, die Demonstranten wurden als islamistisch abgestempelt und der Kollaboration bezichtigt, zudem wurden sie als sehr kleine Gruppe abgetan.

War die repressive Sicherheitspolitik des Regimes falsch? Wurde nicht verstanden was es bedeutet, dass unter den Märtyrern der in Daraa aufgeflammten Revolution acht Baathisten waren, die an der Erstürmung des Amtssitzes des Gouverneurs und Direktors der politischen Sicherheit teilgenommen hatten, jenes Mannes, der die Kinder von Daraa verhaftete, folterte, der es ablehnte, statt der Kinder ihre Eltern und die Würdenträger der Region in Haft zu nehmen, und sie auch noch beleidigte.

Zurzeit erscheint die Antwort auf diese Fragen unbedeutend. Wichtig hingegen ist die Beschäftigung mit einer neuen Erscheinung, der Herausbildung eines vom Regime völlig unabhängigen Volkes. Eines Volkes, das eins ist mit der Freiheit, die das Volk befähigt, sich der mörderischen Maschinerie des Regimes nun schon zwei Jahre lang zu widersetzen, sich von diesem Regime völlig zu frei zu machen und loszusagen, sogar das Regime als innere Besatzung zu erkennen, dessen Bekämpfung eine parteiübergreifende Aufgabe ist und Vorrang hat vor allen anderen Differenzen. Diese neue Freiheit hat das patriotische Gefühl der Syrer vertieft. Dieses Gefühl tritt an die Stelle jenes Patriotismus, den das Regime den Syrerinnen und Syrern über vierzig Jahre auferlegt hatte, als es mit Repressionen und Einschüchterungen ihre Hingabe zu erzwingen trachtete.

Hier liegt meines Erachtens die Ursache für die wichtige Erscheinung, dass Syrerinnen und Syrer nicht in die Falle des Regimes tappen und in den ethnisch-konfessionellen Bürgerkrieg hinab gleiten.

Im Gegenteil: Dieses neue Gefühl der Freiheit befähigte sie zu Millionen, sich fortdauernd seit März 2011 zu verteidigen, ohne bis jetzt dazu überzugehen, sich untereinander wegen der Religion, Konfession, der politischen Anschauung oder der ethnischen Herkunft zu bekriegen.

Diese neue patriotische Identität, die allen Versuchen des Regimes zur Anstachelung zu Feindschaft, Anstiftung zum Töten oder konfessioneller Spaltung widerstand, war die eigentliche Überraschung für das Regime. Es konnte sie nicht verstehen und besiegen, es blieb ohne Erfolg, obwohl es wie ein verwundeter Wolf darauf losschlug. Das machte im Gegenteil die Revolution entschlossener und stärker, gegen die Armee des Regimes vorzugehen, sie zum Rückzug aus einem Dorf nach dem anderen, einer Stadt nach der anderen und einer Straße nach der anderen zu zwingen. Genau hier liegt der Kardinalfehler des Regimes, der irreversibel bleiben wird, selbst dann, wenn es ihm gelingen sollte, die Revolution niederzuschlagen. Diese neue Identität des syrischen Volkes ist dem Regime überlegen. Damit hat das Volk diesen Kampf schon strategisch gewonnen, trotz aller schmerzlichen Verluste. Heute steht das Regime vor einer historischen Niederlage, die begann, als die Menschen in Syrien überall auf die Straßen gingen und lautstark riefen:»Wir sind alle Syrien, wir sind alle Syrer, wir stehen füreinander unter Einsatz unseres Lebens überall in Syrien ein.«

In einem Sprichwort heißt es sinngemäß: »Im Leben eines jeden Menschen gibt es einen Fehler, der, einmal begangen, nicht wiedergutzumachen ist«. Diesen Fehler beging das Regime, als es die syrische Realität nicht wahrnehmen wollte und sich für die Unterdrückung der Volksrevolution mit Waffengewalt entschied, was nie je ein Syrer von dem Regime erwartet hätte, das doch permanent vom »loyalen Volk« redete. Ja, das ist wahrlich der Fehler, dessen Folgen das Regime niemals wiedergutmachen kann. Mit diesem Fehler hat es sich selbst all seine Legitimationsgrundlagen entzogen, seinetwegen ist heute die Integrität von Syrien als Staat und Gesellschaft in Gefahr. Dieser vorsätzliche Fehler des Regimes trieb Syrien in irrationalen Radikalismus.

Übertragen aus dem Arabischen ins Deutsche von Ibrahim Taha, 10965 Berlin

HAYTHAM MANNA

Es kann gelingen – demokratischer Wandel in Syrien

Haytham Manna ist Auslandssprecher des oppositionellen Nationalen Koordinationsbüros für demokratischen Wandel in Syrien (NCB). Es vereint unter seinem Dach Gruppierungen und Parteien, die Gewalt als Weg zur Lösung der Syrien-Krise ablehnen, darunter sind Unabhängige, Sozialisten, arabische Nationalisten, Kommunisten, Kurden. Es wurde im September 2011 in der Nähe von Damaskus von über 200 Menschen gegründet. Parteien und Gruppierungen, die nicht für eine ausländische Militärintervention eintreten, sind im Syrien Assads geduldet – was nicht ausschließt, dass einzelne ihrer Aktivisten verhaftet werden oder verschwinden.

Der 1951 geborene Arzt und Psychotherapeut Manna stammt aus Daraa. Während des Aufstandes der syrischen Muslimbruderschaft (1979-1980) musste er Syrien aus politischen Gründen verlassen. Seit 1982 lebt er in Frankreich. Er konzentriert sich seit Jahren auf die soziale Entwicklung in der arabischen Welt. Er ist Vorsitzender der Arabischen Kommission für Menschenrechte.

Mit Haytham Manna sprach Karin Leukefeld.

Warum erkennen die westlichen Staaten bestimmte syrische Oppositionskräfte an und andere nicht. Wer sind diejenigen, die als die »legitimen Vertreter des syrischen Volkes« anerkannt wurden?
Seit dem 19. März 2011 gab es weltweit viele kleine Gruppen, die die Volksbewegung in Syrien unterstützen wollten. Diese Gruppen fanden sich sehr spontan zusammen, etliche setzten sich aus Leuten zusammen, die wir Syrer als »die alte Familie der Opposition« bezeichnen. In ihrer Mehrheit kamen diese Leute von der islamischen Bewegung, der Muslimbruderschaft.

Warum?
Seit 1980 gab es in Syrien ein Gesetz, das die Mitgliedschaft in der Muslimbruderschaft mit dem Tode bestrafte. Leute, die sich dort or-

ganisierten, hatten kein Existenzrecht, weder im Staat noch in der Gesellschaft, nirgendwo in Syrien gab es einen Platz für sie. Also verließen sie Syrien mit ihren Familien und organisierten sich im Ausland. Die zweite Generation dieser islamischen Opposition ist die Generation von Facebook, vom Internet. Sie haben sich vernetzt und kommunizieren lebhaft. Unter diesen Aktivisten sind Computer- und Medienspezialisten, aber auch Ärzte, also Leute, die in vielerlei Hinsicht gut situiert sind. Sie haben Vereine und alle möglichen Gruppen gegründet und haben die Fähigkeit zum Koordinieren und Organisieren.

Sah das denn für das Nationale Koordinationsbüro für demokratischen Wandel in Syrien so anders aus?
Für uns und für mich als Menschenrechtsaktivist war das Wichtigste, vor Ort, also bei den Aktionen in Syrien präsent zu sein. Nur so konnten wir Einfluss nehmen. Außerhalb Syriens, in Europa und andernorts, konzentrierten wir uns darauf, den Leuten in Syrien eine Stimme zu geben. Wir übernahmen eine Art Botschafterfunktion für sie, sonst nichts. Diese anderen Gruppen, die von der islamischen Bewegung dominiert werden, denken, sie hätten das Recht, nach Syrien zurückzukehren und die Regierung zu übernehmen.

Wie der Irakische Nationalkongress 2003…
Genau wie es damals im Irak war oder in Libyen. Diese Möglichkeiten, eine Entwicklung wie im Irak oder wie in Libyen, wurden von Anfang an diskutiert. Aber die Leute in Syrien sagten uns: Seht Euch an, was die Entscheidung des UNO-Sicherheitsrates in Libyen bewirkt hat. Das können wir niemals für Syrien akzeptieren. Daher war für uns sehr schnell klar, dass wir die Volksbewegung mit den »Drei Neins« führen wollten: Nein zur konfessionellen Aufspaltung. Nein zur ausländischen Intervention. Nein zur Gewalt.

Warum waren diese drei Bedingungen so wichtig?
Eine konfessionelle Aufspaltung bedeutet das Ende von Syrien. Syrien besteht aus 26 ethnischen und religiösen Gruppen. Wir sind Staats-

bürger oder niemand. Die Zusammensetzung Syriens erfordert die Entfaltung der Idee der gemeinsamen Staatsbürgerschaft aller Syrer und der Idee des Säkularismus. Heute müssen wir säkular sein, ob wir es wollen oder nicht. Die Lage erfordert das. Es ist einfach zu sagen, in Syrien gibt es eine sunnitische Revolution, weil die Mehrheit der Menschen, die ums Leben kommen, Sunniten sind. Aber die Toten sind alle Syrer, aus allen Teilen der Gesellschaft. Wir unterscheiden nicht zwischen einem Soldaten, der getötet wird, weil er ein Soldat ist, und einem jungen Mann, der getötet wird, weil er demonstriert hat. Übrigens kennen Soldaten in Syrien nicht die Bedeutung der Kriegsdienstverweigerung.

Lassen Sie uns zu den Ereignissen außerhalb Syriens im Frühsommer 2011 zurückkehren. Was geschah mit den Gruppen der Exilopposition?
Einige Geschäftsleute versuchten, die Opposition von ihrer religiösen Ausrichtung abzubringen. Sie bezahlten und organisierten Treffen, zu denen sie Linke, Liberale und eben auch die islamische Bewegung einluden. Ich möchte allerdings daran erinnern, dass der erste Zusammenschluss der Opposition 2005 im Land und nicht außerhalb stattfand. Es war ein Dialog zwischen der Demokratischen Nationalen Versammlung, der Damaskus Erklärung[1], kurdischen Parteien und vielen unabhängigen Persönlichkeiten. Sie alle miteinander versuchten, in Syrien etwas zu organisieren. 2011 dann, Ende Juli, lud uns Asmi Bishara nach Doha ein, wo er das Arabische Zentrum für Forschung und politische Studien leitet. Bei dem Treffen stellten wir fest, dass es ein Projekt in Istanbul gab, das von einer Reihe US-amerikanischer Institutionen finanziert wurde. Leute wurden dafür bezahlt das aufzubauen, was später als Syrischer Nationalrat bekannt wurde. Wir versuchten damals, diese Leute davon zu überzeugen, dass wir ein syrisches Projekt brauchten und nicht das Projekt von Libyen kopieren sollten. So vorzugehen wie in Libyen, ist wirklich Selbstmord

1 Die Damaskus-Erklärung von 2005 war die erste politisch-strategische Plattform einer demokratischen Opposition in Syrien. Mehr dazu in diesem Buch: Who is Who in der syrischen Politik?

für die syrische Opposition. Wir waren 24 Leute bei dem Treffen in Doha, nur vier kamen von dem Istanbul Projekt. Sie waren in der Minderheit, bestanden aber auf ihrem Projekt. Sie verließen dann das Treffen. Sie nahmen Kontakt zur Muslimbruderschaft auf, zur Damaskus Erklärung und mit dem Geld, das sie zur Verfügung hatten, und mit der Unterstützung der Türkei gründeten sie den Syrischen Nationalrat. Von Anfang an wurde der SNR von US-amerikanischen Institutionen unterstützt und von der türkischen Regierung. Mit der Einladung zu dem Treffen hatte Doha versucht, eine wichtigere Rolle zu spielen als die Türkei. Als sie aber einsehen mussten, dass sie das Rennen verloren hatten, kooperierten sie mit Recep Tayyip Erdogan und wurden ein wichtiger Unterstützer des Syrischen Nationalrates.

Was bedeutete diese West-Unterstützung des SNR, des Syrischen Nationalrats, für das Nationale Koordinationsbüro und die Opposition im Land?
Nun, wir haben einfach mit unserem Projekt weitergemacht. Wir brachten damals 16 politische Parteien zusammen und mehr als 300 Intellektuelle, Schriftsteller, Schauspieler, die sich uns anschlossen. Wir hatten am Anfang kaum mehr als uns selber und die drei Neins. Zu dem Zeitpunkt traute sich der Syrische Nationalrat nicht, etwas gegen unsere drei Prinzipien zu sagen. Und als Burhan Ghalioun, er war bis Juni 2012 Präsident des Syrischen Nationalrats, seine erste öffentliche Stellungnahme abgab, sagte er sogar, er stimme mit diesen Prinzipien überein. Doch schon kurz darauf veränderte der SNR vollständig seine Haltung. Sie forderten eine ausländische Intervention, befürworteten Gewalt und mit der Unterstützung der bewaffneten Gruppen bereiteten sie auch den Weg zu der konfessionellen Spaltung. Nicht ein Mal hat der SNR die Äußerungen der bewaffneten Gruppen kritisiert, die sich ganz klar sektiererisch anti-säkular gegen die Minderheiten in Syrien richten.

Sie sprachen über die Islamisten, die Muslimbruderschaft, über das Nationale Koordinationsbüro. Was machten die Nasseristen, die Kommunisten, die Sozialisten, die Monarchisten und die Kurdische Bewegung, die ja auch zur Opposition in Syrien zählen?

90 Prozent der Nasseristen haben sich im Nationalen Koordinationsbüro, dem NCB, organisiert. Das gleiche gilt für die verschiedenen kommunistischen Strömungen, die sich ebenfalls zu mehr als 90 Prozent dem NCB anschlossen. Es umfasst außerdem ein paar wenige Liberale, und die Kurdische Bewegung, die Partei für Demokratische Einheit (PYD), hat sich ebenfalls dem NCB angeschlossen. Es gibt sogar eine kleine Gruppe von Islamisten. Keine Salafisten oder Muslimbrüder, die lehnen uns natürlich ab. Die Islamisten, die zum NCB gehören, sind bekannt als Strömung für einen Demokratischen Islam. Ein bekannter Vertreter ist Riad Drar, ein Scheich aus Deir Ezzor, der als islamischer Intellektueller in Syrien sehr bekannt ist. Er war acht Jahre im Gefängnis und hat viel über Islam und Säkularismus, über Islam und den modernen Staat geschrieben. Mindestens ein Jahr lang war das NCB Vertreter der politischen Mitte und der Linken. Demgegenüber vertrat der Syrische Nationalrat die Islamisten und die Neoliberalen.

Etwa Mitte 2012 entstand das Syrische Demokratische Forum. Wer ist das und was ist seine Position?
Soweit mir bekannt ist, wurde das Forum von Michel Kilo, Samir Aita und Nasser al-Ghazali gegründet. Nasser war der organisatorische Motor in der Gründungszeit bis zur ersten Konferenz. Samir Aita war bis dahin Mitglied des Nationalen Koordinationsbüros, ein wirklich guter Freund. Auch Michel Kilo stand dem NCB nahe, wenn er auch kein Mitglied war. Er nahm, ebenso wie Samir Aita, an der Gründungskonferenz des NCB teil, die im September 2011 außerhalb von Damaskus, in dem Dorf Halboun stattgefunden hatte. Das war übrigens, bevor der Syrische Nationalrat gegründet wurde. Wir, also das NCB, sind mit dem Forum freundschaftlich verbunden, zumal wir programmatisch zu mindestens 90 Prozent übereinstimmen. Wir arbeiten eng mit ihnen zusammen und werden dies auch in Zukunft tun.

Als Europasprecher des NCB waren Sie in Moskau, Peking, Teheran, in Kairo. Der Westen aber scheint das NCB zu ignorieren, während er mit den anderen Gruppen und Personen Kontakt hält. Warum?

Der Westen braucht syrische Diener. Auf Französisch sagen wir ›les syriens de service‹, so wie sie arabische Diener brauchen oder schwarze Diener. Wenn man sich erinnert, Moncef Marzouki, der bekannte tunesische Menschenrechtsaktivist und nach dem Aufstand Interimspräsident Tunesiens, hat zehn Jahre lang im Exil in Frankreich gelebt, wurde aber nie von Regierungsseite angesprochen. Stattdessen haben sie immer die dritte Reihe der tunesischen Opposition kontaktiert, weil sie Leute gesucht haben, die tun, was ihnen gesagt wird. Der Westen will keine Partner, ich würde sogar sagen, dass die Idee der politischen Partnerschaft dem kolonialen Denken vieler Europäer noch immer fremd ist.

Allerdings haben Sie sich mit einigen hochrangigen Politikern in Europa getroffen, sogar mit William Hague, dem britischen Außenminister.
Das ist richtig, ich habe neun europäische Außenminister getroffen. Allerdings nicht die aus Frankreich oder Deutschland. Für uns sind gute Beziehungen mit allen wichtig. Wenn allerdings jemand offiziell erklärt, dass eine bestimmte Organisation, und zwar nur diese, der »einzige legitime Vertreter des syrischen Volkes« sein soll, ohne überhaupt andere gehört zu haben, dann müssen wir uns doch fragen, für wen er das Nationale Koordinationsbüro eigentlich hält. Sind wir niemand? Wer sind wir, wenn wir nicht auf der Seite von Präsident Baschar al-Assad stehen und angeblich auch niemanden in Syrien vertreten? Schließlich kommen wir nicht von einem anderen Stern, wir sind Syrer. Diese Leute, die behaupten, es gäbe nur eine Gruppe, die das syrische Volk vertritt, haben ihren Anspruch, Demokraten zu sein, verspielt. So eine Haltung ist politisch unreif. Und als jemand, der seit vielen Jahren in Frankreich lebt, ist es beschämend, dass Frankreich für Syrien nichts Besseres anzubieten hat als das libysche Modell! Das libysche Modell ist ein Beispiel für Abhängigkeit und die Besetzung der Ölquellen. Syrien hat aber noch nicht mal Öl, warum also soll es ihm so ergehen wie in Libyen?

Was ist Ihre eigene Antwort auf diese Frage?
Der Westen hat zwei Probleme, über die man offen reden muss. Das

eine ist, dass sie keine unabhängigen Partner akzeptieren, das andere hat mit der geostrategischen Lage Syriens zu tun. Nach dem Ende der Sowjetunion dachte man im Westen, die Welt bestehe nur noch aus einer Weltmacht. Nach diesem Verständnis gab es nur das Gute, das war der Westen, und das Böse, das waren alle, die sich dem Westen nicht unterordnen wollten. Wer nicht mit ihnen war, hatte kein Recht, ein gutes, unabhängiges Leben zu führen. So denken sie immer noch. Ich will ein Beispiel erzählen, von meiner Fahrt nach Moskau und Teheran. Man forderte mich auf, nicht nach Teheran zu fahren…

Wer forderte das?
Vertreter von drei westlichen Staaten sagten, ich solle nicht nach Teheran fahren, weil das dem Ansehen des NCB in Europa und in den USA schaden würde. Also habe ich sie gefragt, ob sie Einfluss auf das syrische Regime in Sachen Gefangene hätten. Ob sie überhaupt irgendeinen Einfluss in Syrien hätten. Sie meinten nein, natürlich nicht, weil sie ihre Botschaften in Syrien geschlossen hätten. Daraufhin sagte ich ihnen, wir, das NCB, brauchen Kontakt mit Leuten, die in Syrien präsent sind und Einfluss auf die Regierung haben. Darum bin ich nach Teheran gefahren und es war konstruktiv. Wir haben Kontakt hergestellt, gesprochen, zugehört, Dinge verstanden. Als ich aus Moskau zurückkam, traf ich einen US-amerikanischen Diplomaten, der meinte zu mir: Ihr Besuch in Moskau war ausgezeichnet. Seit Wochen würde die US-Administration versuchen, die von ihr anerkannte Nationale Koalition der Syrischen Revolutions- und Oppositionskräfte zu einem Besuch in Moskau zu bewegen, aber die Koalition kapiert die Bedeutung Russlands nicht. Sie wird nicht müde zu erklären, sie brauche Geld und Waffen, Waffen und Geld, als habe sie kein politisches Programm. Sollte sie ein Programm haben, weiß niemand davon, weil sie immer nur von Geld und Waffen reden. Damit unterstützen sie den bewaffneten Kampf in Syrien als einziges Prinzip der Entwicklung, der Revolution, der Opposition. Und der Westen gibt ihnen Geld und Waffen und äußert ihnen gegenüber: Wir warten auf Euren baldigen Sieg.

Verstehe ich also richtig, dass das NCB kein Ansprechpartner für den Westen ist, weil man dort eine unabhängige syrische Position nicht akzeptiert?
Das ist die Kernfrage. Syrien hat eine sehr wichtige geostrategische Lage. Die ist von großer Bedeutung für die US-amerikanischen und europäischen Interessen in der Region. Jede Veränderung in Syrien hat Auswirkungen auf die Region und auf die internationale Politik. Darum ist jeder davon überzeugt, dass er ein Wort in Syrien mitzureden hat. Egal ob man mit Offiziellen von einem großen oder kleineren Land spricht, jeder sagt: »Bedenken Sie dies, kümmern Sie sich um das« und so weiter. Sie meinen das Recht zu haben, den Syrern zu sagen, wo es in ihrem Land lang geht. Sie meinen das Recht zu haben, sich einzumischen. Im zweiten Jahr des Konflikts wurde das ganz deutlich. Anfangs haben sie ja unsere Unabhängigkeit noch irgendwie respektiert, aber seitdem Katar und Saudi-Arabien so eine üble Rolle in Syrien spielen, wirkt sich das sehr negativ auf die Opposition aus.

Wie haben Katar und Saudi-Arabien die Wahrnehmung der Opposition verändert?
Es gab keine Söldner in Syrien, bis diese zwei Staaten anfingen, Leute zu bezahlen und zu bewaffnen und sich so unter die Protestbewegung zu mischen. Im ersten Jahr wusste man, dass wir als Opposition keine finanziellen Möglichkeiten hatten. Wenn wir von einem Ministerium oder einer Universität eingeladen wurden, übernahm man unsere Kosten. Im zweiten Jahr hat man uns nicht mal mehr nach unseren Unkosten gefragt. Jeder meinte, die syrische Opposition bestehe aus Millionären, die von Katar und Saudi-Arabien, von Staaten und Geschäftsleuten bezahlt werden.

Katar und Saudi-Arabien finanzieren offen bewaffnete Gruppen, die man allgemein als Freie Syrische Armee bezeichnet. Wer ist diese Freie Syrische Armee?
Wir hatten anfangs ein neues soziales und kulturelles Phänomen, das dem syrischen Verhalten bis dahin völlig widersprach. Es gab ungefähr 1000 Soldaten, die die Gelegenheit ergriffen und sich in die Türkei absetzten. Das waren keine Deserteure, sondern junge Männer, die einfach im Libanon, in Europa oder sonst wo Arbeit finden

wollten. Um es sich einfacher zu machen, sagten sie, sie seien politische Flüchtlinge und bräuchten Asyl. Mit Politik hatte das nichts zu tun. Dann gab es aber auch sehr mutige Soldaten, wie Oberstleutnant Hussein Harmoush. Er versuchte, in der Türkei eine kleine Gruppe zu organisieren. Aber Harmoush ist ein syrischer Nationalist. Er konnte es nicht akzeptieren, dass die Türkei den Kampf bestimmen wollte, er konnte es nicht akzeptieren, dass Türken ihm ständig Vorschriften machten. Also – und das ist meine Vermutung – haben die Türken ihn wieder nach Syrien abgeschoben, wo er festgenommen wurde. Er ist bis heute im Gefängnis, er lebt, und ich hoffe, dass er eines Tages seine Geschichte erzählen kann. Die Türkei fand dann einige pensionierte Obersten und Generäle, die in einem Militärlager eine Gruppe ausbildeten. Ziel war es, eine militärische Formation zu bilden, die – wie in Libyen – ausländische Unterstützung durch eine Intervention erhalten sollte.

Und die Auslandsopposition fand das richtig?

Einige ja, aber wir als NCB waren von Anfang an gegen diesen Plan. Wir sagten ihnen, es sei ihre Entscheidung, wenn sie militärisch vorgehen wollten, dass wir aber total dagegen seien, weil es die Zerstörung Syriens bedeute. Sollten sie dennoch so vorgehen wollen, sollten sie es strategisch richtig machen. Das heißt, ein politisches Programm aufstellen, dem die militärischen Operationen untergeordnet werden sollten. Zweitens sollten sie ihren Kampf einheitlich führen und keine Milizen bilden. Milizen kämpfen in ihrem Dorf oder Stadtviertel, aber nicht für ein vereintes Syrien. Drittens sollte der Kampf national ausgerichtet sein, nicht konfessionell. Sunnitische oder islamistische Gruppen sind kein konstruktiver Beitrag, sondern agieren eher konterrevolutionär. Und viertens sollten sie immer die nationale Unabhängigkeit anstreben. Falls nicht, würden sie Assad das Monopol des syrischen Nationalismus überlassen. Denn Unabhängigkeit und Nationalismus sind sehr wichtige Elemente des kollektiven Bewusstseins der Syrer.

Und haben die bewaffneten Gruppen auf diese Ratschläge gehört?

Sie sind in allem gescheitert. Täglich fordern sie den Rücktritt von Assad, aber sie sind diejenigen, die den Türken gehorchen, die sich den USA andienen oder den Kataris und den Saudis. Ja, sie können töten, sie können vielleicht einen oder zwei Tage ein Dorf oder ein Stadtviertel besetzen. Aber sie haben keine politische Strategie und ohne das gibt es immense Zerstörung. Viele Menschen sterben, es gibt viel menschliches Leid, und ihre Ignoranz ist der Grund dafür.

Anfang Dezember 2012 hat sich ja ein Militärrat aus den bewaffneten Gruppen gebildet. Dieser Militärrat hat sich den politischen Befehlen der Nationalen Koalition unterworfen. Es scheint also, dass inzwischen die bewaffneten Gruppen einer politischen Struktur unterstellt sind.
Es gibt da ein wichtiges Problem mit diesem Militärrat. Die Militärkommandanten, die sich am 7. Dezember 2012 in Antalya trafen, begegneten dort fünf Nicht-Syrern, die ihnen sagten, was sie zu tun hätten. Das waren Robert Ford, der ehemalige US-Botschafter in Damaskus; Eric Chevallier, der ehemalige französische Botschafter in Damaskus; Herr al-Attiya, Staatsminister im Auswärtigen Amt in Doha (Katar); ein Verantwortlicher von Bandar bin Sultan, Geheimdienstchef Saudi-Arabiens, und zudem ein Vertreter der türkischen Armee. Diese fünf zuerst genannten Männer waren die einzigen Zivilisten bei der Versammlung. Es gab keinen syrischen Politiker, nicht von der Koalition, auch nicht vom Syrischen Nationalrat. Der Westen respektiert noch nicht einmal die politischen Strukturen, die er selber aufgebaut hat. Sie haben nicht mal jemanden von der Koalition oder vom Syrischen Nationalrat als Beobachter eingeladen. Gleichzeitig wurden alle militärischen Führer, die für ihre nationale Unabhängigkeit bekannt sind, im Vorfeld aussortiert. Der Westen braucht Leute, die seine Befehle ausführen.

Mit anderen Worten ist nicht die Nationale Koalition Meister des Militärrates, sondern es sind die USA, Frankreich, Katar, Saudi-Arabien und die Türkei?
Genau, sie sind die wahre Koalition. Natürlich haben sie untereinander auch Differenzen, darum versuchen die USA auch, ihren eigenen Weg des Dialogs mit Russland zu gehen, unter Vermittlung von

Lakhdar Brahimi. Und sollten sie eine Lösung finden, werden sie den anderen sagen, sie sollen unterschreiben. Ich habe mal zu einem ehemaligen Berater eines früheren französischen Ministerpräsidenten gesagt, die US-Amerikaner stünden auf zwei Füßen in der syrischen Sache. Mit einem Fuß bei der Koalition und mit einem Fuß bei Verhandlungen. Er meinte daraufhin, sie stünden auf mehr als vier Füßen in der syrischen Sache. Sie öffnen alle Türen, sehen hinein und gingen dann durch die Tür, die ihnen die meisten Vorteile bringt. Diesen Pragmatismus versteht die neue politische Klasse in der Koalition nicht. Der Westen hat sich dafür Leute ausgesucht, die ihre Befehle ausführen, aber nicht selber entscheiden sollen. Ein Botschafter aus der Region sagte mir, dass sie gegenüber der Führung der Koalition klar gemacht hätten: Ihr seid hier, wegen uns. Alle Anerkennung auf internationaler Ebene habt ihr nur uns zu verdanken.

Wir haben über die syrischen Oppositionskräfte außerhalb des Landes gesprochen. Wer sind nun die politischen Kräfte in Syrien?
Die Lage in Syrien ändert sich täglich. Die stabilsten Kräfte sind die bekannten Oppositionskräfte. Dort arbeiten Leute, die schon 15 Jahre im Gefängnis verbracht haben, die einen hohen Preis bezahlt haben und die wissen, was es heißt, Ausdauer im politischen Kampf zu haben. Sie sind die stabilsten Kräfte des Widerstandes. Wenn man im November 2011 in Damaskus war und sich mit dem Koordinationskomitee in Al Midan treffen wollte, traf man auf sehr interessante Leute. Wenn man aber im November 2012, also ein Jahr später die gleichen Leute wieder treffen wollte, waren sie nicht mehr da. Nicht weil sie tot waren, vielleicht waren sie verhaftet oder sie haben einfach aufgegeben. Stattdessen gibt es nun vier Koordinationskomitees in Al Midan, die alle beanspruchen, den Protest zu organisieren. Niemand kann für sich beanspruchen, die wichtigste oder stärkste Kraft der Opposition zu sein.

Gibt es noch Demonstrationen in Syrien?
Ja, es gibt einige pazifistische Demonstrationen gegen die bewaffneten Gruppen in Aleppo, in Idlib, in Damaskus und andernorts. Wichtig sind auch die Delegationen, die wir im Arabischen Ikhbariya nennen,

die bekannten, respektierten Persönlichkeiten, eine Art Ältestenrat. Wenn es beispielsweise in einem Ort bewaffnete Ausländer gibt, sucht dieser Ältestenrat mit ihnen das Gespräch. Sie erklären ihren Respekt vor deren Kampf für Gott (Dschihad) und sagen ihnen, sie sollten ihn doch mit der Regierung ausfechten und nicht mit der Bevölkerung. Sie sagen ihnen, dass sie den Ort und die beschlagnahmten Häuser verlassen sollen. Aber diese Gruppen weigern sich systematisch, das zu tun. Aber immer wieder, jeden Tag versucht der Ältestenrat es aufs Neue. Das Phänomen der ausländischen Kämpfer ist sehr gefährlich. Viele Dörfer wurden ihretwegen zerstört, denn die Regierung sagt, wenn diese bewaffneten Leute sich nicht zurückziehen, haben alle Einwohner den Preis zu zahlen. Darum wollen die Leute, dass die bewaffneten Kämpfer abziehen. Nicht weil man sich auf die Seite der Regierung schlägt, sondern weil man seine Forderungen auf friedlichem Weg zum Ausdruck bringen will, gewaltfrei. Das ist der beste Weg, mit Gewalt gibt es nur Verlierer.

Sollte die islamische Bewegung gewinnen, wie wird die Zukunft für Syrien aussehen?
Sie wird nicht gewinnen. Die Islamisten gibt es vielleicht in einigen Gebieten, wo vorwiegend Sunniten leben, keineswegs im ganzen Land. Und wenn die Sunniten Syrien regieren wollen, wird es ethnische Säuberungen geben. Denn in jeder Region, in jeder Stadt, in jedem Dorf, in jeder Nachbarschaft leben die verschiedenen religiösen und ethnischen Gruppen Tür an Tür. Ich erzähle Ihnen das Beispiel eines Dorfes unweit der Grenze zur Türkei. Die Mehrheit seiner Einwohner sind Jesiden, eine prä-islamische Gruppe. Nichts steht im Koran über sie, und niemals hat ein islamischer Gelehrter gefordert, diese Leute zu töten. Erst Ibn Taimiya[2] erließ eine Fatwa, einen religiösen Richterspruch, dass die Jesiden ungläubig und daher zu töten oder zu vertreiben seien. In den folgenden Jahrhunderten spielte dieser Lehrsatz keine große Rolle, und die Jesiden leben bis heute mit uns. Einige haben hochrangige Positionen in der Gesellschaft. Aber im Oktober

2 Früher Vorläufer des Islamisten, 1263-1328

2012 kamen diese ausländischen Kämpfer aus Libyen, Usbekistan, Jordanien, Saudi-Arabien und zogen Erkundigungen über das Dorf ein. Dort lebten Ungläubige, sagten sie. Daraufhin sagten die Ortsansässigen: Nein, es sind unsere Nachbarn, unsere Freunde, wir haben immer zusammengelebt. Und diese Ausländer fragten: Essen sie halal?[3] Natürlich isst jeder halal in Syrien, Muslime, Christen, Drusen, weil überall so geschlachtet wird. Aber diese Ausländer meinten: Sie sind Jesiden, sie beten zum Teufel. Und die Leute aus der Umgebung meinten: Nein, das stimmt nicht. Trotzdem wollten diese ausländischen Kämpfer das Dorf angreifen und die Jesiden ermorden. Glücklicherweise gab es Leute aus der Nachbarschaft und von den Kurdischen Selbstverteidigungskräften, die das Dorf und seine jesidischen Bewohner verteidigten. In einem anderen Fall wurde ein Schiit von den ausländischen Kämpfern gezwungen, eine Husseiniya in seinem Dorf niederzubrennen, den Platz, wo die Schiiten beten. Solche Leute können in Syrien nicht akzeptiert werden. Und die türkische Regierung ist für ihre Verbrechen verantwortlich. Sie geben diesen Leuten Geld und Waffen und lassen sie die Grenze nach Syrien passieren. Erdogan ist für das syrische Blut verantwortlich. Er gehört vor ein Gericht, genauso wie Baschar.

Sind Sie überzeugt, dass Syrien ein säkularer Staat bleiben wird?
Wir kämpfen darum. In unserem Programm geht es vor allem um ein vereintes Syrien. Unsere Parole ist: Alle für ein demokratisches Syrien und ein demokratisches Syrien für alle. Wir denken, dass die Mehrheit der Syrer hinter dieser Parole steht. 40 Prozent der Syrer sind keine Sunniten, darunter sind 10 Prozent Kurden, die zwar Sunniten, aber vollkommen säkular sind. Und die 60 Prozent der Syrer, die sunnitische Muslime sind, sind moderat und Anhänger der »Aufklärung« (An Nahda) in der Arabischen Welt. Die Syrer werden keinen Rückschritt akzeptieren. Vielleicht wird es Anarchie in Syrien geben oder viele Jahre Bürgerkrieg. Aber Syrien wie nie ein religiöser Staat werden.

---

3 Halal ist das religiös nach dem Koran Erlaubte, im Unterschied zu haram, dem Verbotenen. Bezüglich des Essens ist z. B. Schweinefleisch haram, das Schächten gilt als halal.

Gibt es noch eine Chance für die Diplomatie, um den Krieg in Syrien zu beenden?
Wir stehen hinter Brahimi und Brahimi steht hinter uns. Das ist wirklich eine Koalition der Herzen. Er ist gegen die Gewalt. Er hat gesehen, was in Kabul geschah, im Irak, in Beirut. Er weiß, was Gewalt anrichtet. Gleichzeitig ist er sehr erfahren und er liebt die Syrer. Darum unterstützen wir seine Mission. Jeder, der Zweifel an seinen Möglichkeiten äußert, will keine politische Lösung in Syrien. Wir werden uns noch mehr anstrengen, um ihn zu unterstützen. Wir können andere islamische Staaten, die sich nicht gegen Syrien festgelegt haben, um Vermittlung bitten. Zum Beispiel Malaysia. Wir können Persönlichkeiten der »Dritten Welt« um Vermittlung bitten, wie den Präsidenten der Afrikanischen Union. Wir können noch viel tun, um eine politische und diplomatische Lösung zu erreichen, wir arbeiten dafür jeden Tag. Der bewaffnete Kampf bedeutet die Zerstörung des modernen Syriens. Ich kann nicht akzeptieren, dass Syrien heute ein gescheiterter Staat sein soll und morgen ein Bettelstaat. Nicht nach 70 Jahren Unabhängigkeit. Unabhängigkeit und Demokratie gehören zusammen. Die Unabhängigkeit ist unsere politische Kraft, die Demokratie für Syrien werden wir – auf friedlichem Weg – erkämpfen.

LOUAY HUSSEIN

Der syrische Aufstand: Realität und Perspektiven

Louay Hussein bezieht sich in seinem Artikel anfangs auf die politischen Reformen der Assad-Regierung. Sie sind hier von den Herausgebern kurz zusammengefasst:

Politische Reformen verlangt die demokratische Opposition, auch die Vereinten Nationen fordern sie in ihren Vermittlungsbemühungen in Syrien (s. im Anhang Sechs-Punkte-Plan und Genfer Kommuniqué). In einer neuen Verfassung hat die syrische Regierung vor allem die führende Rolle der Baath-Partei und den sozialistischen Charakter Syriens gestrichen. Laut Angaben des Innenministeriums ergab das Verfassungsreferendum am 26. Februar 2012 89,4 Prozent Ja- und neun Prozent Nein-Stimmen. Die Wahlbeteiligung soll bei

57,4 Prozent gelegen haben. Bezogen auf die gesamte Bevölkerung ergibt sich eine Zustimmung von 51,3 Prozent. An den Parlamentswahlen vom 7. Mai 2012 konnten erstmals auch Parteien außerhalb der Nationalen Progressiven Front – und nicht nur, wie bisher, Einzelbewerber – teilnehmen. Davon haben 12 Parteien Gebrauch gemacht, von denen einzig die Volksfront für Wandel und Befreiung ins Parlament einzog. Sie kam auf fünf der insgesamt 250 Sitze, 77 gingen an unabhängige Einzelbewerber, der große Rest an die Baath-Partei und die Parteien der Nationalen Progressiven Front (zu allen Parteien siehe das Who is Who in der syrischen Politik im Anhang). Nicht nur die gewaltbereite Opposition boykottierte die Parlamentswahlen, sondern auch die demokratische, dialogorientierte. Ihr Argument: Gleiche Bedingungen und grundlegende Freiheitsrechte hätten im Wahlkampf gefehlt.

Keine der Maßnahmen, die Präsident Baschar al-Assad angekündigte und die als Reformmaßnahmen bezeichnet werden, hatte einen Einfluss auf den Verlauf der seit März 2011 anhaltenden Protestbewegung. Der Grund ist, dass sie viel zu spät kamen und in der Zwischenzeit von der Protestbewegung meist bereits neue Forderungen aufgestellt worden waren. Viel wichtiger aber ist, dass diese Reformvorschläge eher formaler Natur waren, nicht den Kern des Konfliktes berührten, geschweige denn die Forderungen der Menschen nach Freiheit und Würde. Die Maßnahmen des Regimes schränkten die Kompetenzen und Handlungen der Sicherheitsorgane, die sehr grausam die Grundrechte der Menschen verletzen, nicht ein. Die Menschenrechtsverletzungen wurden nicht beendet, willkürliche Verhaftungen ausgeweitet, Tausende von Protestierenden und Aktivisten wurden eingekerkert, obwohl der Präsident mehrere Amnestien für Gefangene und Inhaftierte verkündet hatte.

Die gesellschaftspolitische Arbeit blieb den Regimetreuen vorbehalten, die Kommunikationsmittel blieben ebenso ein Monopol des Regimes und seiner Getreuen. Andersdenkenden blieb es untersagt, ihre Meinung frei zu äußern. Das Allerschlimmste war und ist, dass das Blutvergießen für keinen einzigen Tag ausgesetzt wurde und die Zahl der Gefallenen kontinuierlich anstieg.

Weil die Repressionen fortdauerten, führten die Reformmaßnahmen des Präsidenten nicht zu einer Deeskalation des Konfliktes; die repressiven Strukturen des Regimes wurden keinen Einschränkungen unterworfen, so vermochten diese Maßnahmen die Gewaltspirale nicht aufzuhalten, sie konnte vielmehr im politischen Machtkampf mehr und mehr die Oberhand gewinnen.
Wenn wir uns das Wesen und die Strukturen der Konfliktparteien näher anschauen, erscheint der gewalttätige und zerstörerische Machtkampf auf den ersten Blick vorprogrammiert und unausweichlich: Das Wesen des tyrannischen Regimes zielte von Anbeginn darauf ab, die Protestbewegung mit Gewalt zu unterdrücken und zu beenden. Dabei wäre es viel leichter gewesen, die Proteste ohne Gewalt aufzufangen. Doch einem Regime, das gegen Opposition mit Unterdrückung, Verhaftungen und Folter vorgeht, fehlt eindeutig die Bereitschaft, die Fähigkeit und die Erfahrung, solche gesellschaftlichen Proteste zu kanalisieren und zu integrieren. Seinem Wesen entsprechend ging das Regime schon am ersten Tag der Proteste mit tödlicher Gewalt vor, drei Menschen wurden getötet, es folgten willkürliche Verhaftungen der meisten politischen Aktivisten und zivilgesellschaftlichen Akteure, den Verfasser eingeschlossen. Den Oppositionellen wurde unterstellt, Komplizen einer ausländischen Verschwörung zu sein. Das Regime weigerte sich, die Realität gesellschaftlicher Proteste zu erkennen.

Auf die von Gewalt gekennzeichneten Handlungen des Regimes reagierten viele Menschen intuitiv, sie wendeten ihrerseits Gewalt gegen das Vorgehen der Sicherheitskräfte an, was zu Toten auch unter den Sicherheitskräften führte. Diese Handlungen im Affekt sind aber auf die Abwesenheit zivilgesellschaftlicher Strukturen in der syrischen Gesellschaft zurückzuführen, ebenso auf das Fehlen von Bürgerrechten wie der Presse-, Meinungs- und Versammlungsfreiheit. Dies ist die Ursache dafür, dass die Proteste anfangs nicht gut organisiert, ja sogar eher spontaner Natur waren. Daher kommt es, dass viele Jugendliche aus Wut über die Drangsalierungen durch die Sicherheitskräfte diesen gegenüber zu ähnlichen Mitteln griffen.

Vor dem Hintergrund, dass das Regime äußerst repressiv und die Protestbewegung im gewaltlosen Kampf nicht geübt und sehr schlecht organisiert war, konnte der Kampf um die Macht in Syrien offensichtlich nur mit Waffengewalt ausgetragen werden. Wenn nicht ausländische Akteure in den Konflikt eingegriffen und den Waffengang gefördert hätten, hätten aber vielleicht parallel zum bewaffneten Widerstand die friedlichen Proteste weiter stattgefunden. Dann hätte vielleicht auch der Kampf um die Macht nicht diese blutige Form angenommen, die gesellschaftliche Strukturen und die Infrastruktur verwüstet. Die Rolle der ausländischen Akteure wird sehr deutlich durch die mediale Inszenierung des syrischen Konfliktes auf einigen Satellitensendern, die von Regierungen der arabischen Golfstaaten finanziert werden, aber auch auf europäischen Sendern, die viele Syrer sehen. In der Medienlandschaft wird das Geschehen oft von der Realität entfremdet und stark reduziert dargestellt. Da werden Szenen exzessiver Gewalt in den Mittelpunkt gestellt und gewaltlose politische Proteste und Demonstrationen vernachlässigt, da werden Personen, die im Ausland leben und die Gewalt fördern, ins Rampenlicht gerückt und zu Vertretern des syrischen Volkes hochstilisiert.

Die Einmischung externer Akteure beschränkt sich aber nicht nur auf die mediale Parteinahme. Sie stellt ebenso logistische Unterstützung bereit, wie etwa Ausstattung mit Telekommunikationsanlagen, Versorgung mit Waffen und Geld für oppositionelle Gruppen und ausländische Söldner, die zum bewaffneten Kampf bereit sind. Die Türkei öffnete sogar die Grenzen für alle, auch ausländische Freiwillige, die den bewaffneten Dschihad gegen die syrischen Streitkräfte führen wollen. Einige regionale und westliche Staaten unterstützen und fördern außerdem Gruppen der syrischen Opposition, die Gewalt als Mittel im Kampf gegen das Regime befürworten, während parallel dazu andere oppositionelle Gruppen innerhalb Syriens völlig ignoriert werden. Das soll den Eindruck nach außen vermitteln, in Syrien gäbe es keine zivilgesellschaftliche und politische Opposition. Das ist sachlich unzutreffend, zumal zivilgesellschaftliche und politische Gruppen nach wie vor in den Teilen Syriens aktiv sind, wo Gewalt noch nicht die Oberhand gewonnen hat. Diese gewaltfreien politischen Aktivitäten nehmen einen nicht unbeachtlichen Einfluss auf das Geschehen in Syrien. Dieser nimmt sogar zu, weil keine der beiden Konfliktparteien die Situation militärisch für sich entscheiden kann, weil das Ausmaß der Zerstörung die Menschen erschreckt und ihre Einsicht verstärkt, friedlich gegen die zunehmende Militarisierung des Konfliktes vorzugehen. Denn als Folge dieser bewaffneten Auseinandersetzung sind bislang mehr als zwei Millionen Menschen geflüchtet. Sie halten sich als Flüchtlinge an anderen sicheren Orten in Syrien auf oder haben ihr Land in Richtung Nachbarstaaten verlassen.

Viele Aktivisten haben die Arbeit wieder aufgenommen, nachdem sie mit eigenen Augen erleben mussten, wie bewaffnete Gruppen den Aufstand, der Freiheit und Demokratie forderte, für sich vereinnahmten und einen erbitterten und zerstörerischen Krieg führen, der keine lauteren Werte und Ziele kennt.

Aktuell engagieren sich viele Bürger, die in den letzten zwei Jahren keine der beiden Konfliktparteien unterstützt und ihre Position die ganze Zeit über nicht sichtbar vertreten haben. Sie tun das heute, weil ihnen täglich vor Augen geführt wird, welches Ausmaß an Zerstörung die Gewalt für den Staat und die Gesellschaft verursacht. Sie betätigen sich politisch gewaltlos und friedlich, sie lehnen im politischen Kampf sowohl Gewalt ab als auch alle gewaltorientierten Konfliktparteien.

Sollte Gewalt die Oberhand behalten, wird noch mehr zerstört werden. Syrien ist ethnisch, religiös und kulturell sehr verflochten. Jeder bewaffnete Konflikt führt dieses Land in einen vielschichtigen Bürgerkrieg. Aktuell unterstützt eine nicht unbeachtliche soziale Basis das Regime, eine andere soziale Basis sieht in vielen bewaffneten Gruppen der Opposition keine Alternative. Die meisten Minderheiten in Syrien verhalten sich dem Regime gegenüber loyal. Sie machen mindestens ein Viertel, etwa fünf Millionen, der Gesamtbevölkerung aus. Sie fürchten die Machtübernahme durch die Islamisten als konkrete Gefahr für ihre Existenz. So treibt die Gewaltanwendung alle dazu, sich gegenseitig zu bekriegen. Aber keine Seite ist stark genug, den Machtkampf militärisch für sich entscheiden zu können.

Die Gewaltanwendung führt nicht nur zum schrecklichen Verlust von Menschenleben und zur Zerstörung der Infrastruktur. Sie stellt auch eine Gefahr für die nationale Integrität Syriens als Staat dar: Die gesellschaftliche Spaltung vertieft sich Tag für Tag, die Schauplätze bürgerkriegsähnlicher Auseinandersetzung werden mit der Fortdauer des Konfliktes zahlreicher, die Fluchtbewegungen in die Orte der eigenen ethnisch-religiösen Herkunft sind längst im Gang, und die bewaffneten Gruppen werden stärker und erbarmungsloser, insbesondere in der syrisch-türkischen Grenzregion. Diese Gruppen helfen vielen bei der Überquerung der Grenze, ermöglichen den Waffenschmuggel nach Syrien und organisieren die Einreise nichtsyrischer Kämpfer in die nordwestliche Region des Landes.

Es ist ein offenes Geheimnis, dass die nichtsyrischen Kämpfer von vielen Staaten gesteuert werden. Diese Staaten rekrutieren sie, finanzieren sie, bilden sie aus, bewaffnen sie und schicken sie an die syrische Front. Das Ziel dieser Staaten ist die Zerstörung Syriens um jeden Preis. Syrien soll nachhaltig geschwächt werden, indem es in kleine Einheiten aufgeteilt oder in einen extrem schwachen Zentralstaat umgewandelt wird. Einige der militanten Gruppen lehnen einen Zentralstaat ab, sie möchten ihre Herrschaft in bestimmten Grenzregionen etablieren. Sollte der Konflikt noch länger andauern, kann es äußerst schwierig werden, diese Grenzregionen in die Strukturen des Zentralstaates zu re-integrieren.

Das Regime verhält sich momentan ähnlich. Es bemüht sich intensiv, politisch wichtige Regionen, wie das Zentrum und einige andere Bezirke der Hauptstadt Damaskus, unter Kontrolle zu halten und »vernachlässigt« die anderen Gebiete. All dies macht Syrien schwer kontrollierbar. Jede Minderheit bemüht sich um die Herrschaft und deren Sicherung in den eigenen Gebieten. Ergänzen wir dieses Bild um die zunehmende gesellschaftliche Spaltung entlang ethnisch-religiöser Trennlinien, dann sehen wir recht schnell, dass die drei Minderheiten Alawiten, Kurden und Drusen Grenzregionen bewohnen. Dies würde ihre Sezession vom Zentralstaat erleichtern. Sollten einflussreiche externe Akteure Syrien durch Teilung schwächen wollen, könnte ihre Strategie zu einer konkrete Gefahr werden. Sie wird umso akuter und konkreter, je länger der bewaffnete Konflikt andauert, je mehr sich die bürgerkriegsähnlichen Auseinandersetzungen räumlich ausweiten und je weiter der Staat zerfällt. Sollten all diese Elemente zusammenkommen, werden viele Gruppen nur in einer (Auf-)Teilung des Landes die Chance sehen, den Bürgerkrieg zu beenden und eine »Somalisierung« Syriens abzuwenden.

Aber die Teilung Syriens ist komplizierter, als manche denken. Es gibt eine Fülle von Faktoren und Tatsachen, die eine solche Teilung nicht gerade leicht machen: Seit der Bildung des syrischen Staates in den 1920er Jahren haben sich die ethnisch-religiösen Gruppen vermischt und siedelten sich teilweise in den großen Städten an, insbesondere in der Hauptstadt Damaskus, wo sich die Bevölkerung aus allen Ethnien und religiösen Gruppen zusammensetzt. Heute erscheint es fast unvorstellbar, dass die eine oder die andere Gruppe bereit wäre, der Hauptstadt den Rücken zu kehren. Ebenso unwahrscheinlich erscheint eine Übereinkunft zur Grenzziehung zwischen neu entstehenden Entitäten, zumal es solche Grenzen entlang ethnisch-religiöser Trennlinien nie gab und die Gruppen sozial stark miteinander verflochten sind.

Ein zweites Argument gegen die (Auf-)Teilung Syriens in kleinere ethnisch-religiöse Einheiten ist die Politik der seit 50 Jahren regierenden Baath-Partei, insbesondere während der Regierungszeit des verstorbenen Präsidenten Hafez al-Assad. Damals ließ die Baath-Partei keine staatsbürgerliche Gesellschaft entstehen und zerstörte zudem die traditionalen Bindungen des vorpolitischen Syriens. So haben die großen Familienstämme, die Religionsgruppen oder Ethnien im heutigen Syrien keine Anführer, entsprechend auch keine Strukturen ethnisch-religiöser Herkunft. Auch wenn sie sich einer Konfession oder einer Ethnie zugehörig fühlen, sind die syrischen Individuen nicht nach solchen Gruppen organisiert. Wenn sie die Sezession anstrebten, müssten Alawiten, Kurden oder Drusen einen Krieg »aller gegen alle« führen, um Führungsfragen innerhalb der jeweiligen Gruppe zu klären und einen Zustand sozialer Herrschaftsorganisation herbeizuführen, der es erlaubte, gesellschaftliche Einheiten entlang dieser ethnisch-religiösen Trennlinien zu etablieren.

Ein weiteres entscheidendes Argument gegen eine (Auf-)Teilung Syriens liegt in der Natur der Sache: Keine Region, keine Gruppe verfügt unabhängig von den anderen über genügend Merkmale und Ressourcen, die für eine Staatsbildung ausreichen.

Unter Berücksichtigung dieser Faktoren muss man davon ausgehen, dass alle Gruppen und Akteure, die eine (Auf-)Teilung Syriens fördern, eigentlich eher dessen »Somalisierung« im Sinn haben. Die Strukturen des syrischen Staates würden zusammenbrechen, er würde zerfallen und Warlords und Milizenführer könnten mit Waffengewalt ihre Gesetze dort durchsetzen, wo sie herrschen. Das ist heute schon Realität in einigen Orten im Norden des Landes, in der syrisch-türkischen Grenzregion, wo jede bewaffnete Gruppe versucht, mit Waffengewalt gegen die andere ihre Herrschaft zu erweitern.

Aufgrund all dessen kann man eine Teilung Syriens nur ablehnen und ihr entschieden entgegenwirken. Eine Teilung würde keines der komplexen Problemfelder lösen, weder die Frage der Tyrannei noch die des bewaffneten Konflikts. Eher im Gegenteil zerstörte die Teilungsoption Syrien als Staat und als Gesellschaft, denn sie brächte Entitäten hervor, die zu allem unfähig sind: Sie könnten sie Versorgung der eigenen Bevölkerung mit Lebensmitteln nicht gewährleisten, sie wären »Scheinstaaten«, abhängig von anderen, die sie unterstützen.

Dies ist die Haltung der Allianz zur Bildung des Syrischen Staates, der ich vorstehe. Seit ihrer Gründung im September 2011, sechs Monate nach dem Ausbruch der Protestbewegung, haben wir die nationale Einheit zum unverrückbaren Leitmotiv erklärt. Schon damals waren wir uns der Gefahr bewusst, dass einige Akteure über die (Auf-)Teilung des Landes oder der Gesellschaft nachdenken könnten. Alle Überlegungen dieser Art lehnen wir entschieden ab.

Die Allianz zur Bildung des Syrischen Staates wurde als regimekritische Oppositionsbewegung ins Leben gerufen; regimekritisch, weil das herrschende politische System repressiv ist. Das Ziel unserer Allianz sind der Sturz des Regimes und der Aufbau eines neuen demokratischen Staates; eines Staates, der die Verwirklichung der sozialen Gerechtigkeit, die Gleichstellung und Gleichbehandlung der Bürgerinnen und Bürger, unabhängig von ihrer Konfession, Religion, ethnischen Herkunft oder ihrem Geschlecht anstrebt. Deshalb ist der Sturz des Regimes für uns auch kein Selbstzweck, sondern Mittel, um die Demokratisierung Wirklichkeit werden zu lassen.

Wir haben stets die Notwendigkeit gewaltlosen politischen Handelns betont. Wir lehnen alle Formen der Gewalt ab, namentlich die organisierte Gewalt gegen das repressive Regime. Wir gingen und gehen davon aus, dass Demokratie nur durch den gewaltlosen Kampf erreicht werden kann. Vielmehr kann Gewalt zum Zerfall des Staates, zur Spaltung der Gesellschaft und zur Teilung des Landes führen.

Die Allianz betont: Der Hauptkampf gegen das Regime muss von Syrien aus geführt werden. Deshalb sind alle Mitglieder der Allianz in Syrien geblieben und verlassen das Land trotz aller Einschüchterungen und Repressionen nicht.

Die Allianz hat sich verpflichtet, nicht die nationalen Interessen Syriens oder seine Souveränität aufs Spiel zu setzen, um das Regime zu stürzen. Die Allianz unterhält gute Beziehungen zu den meisten diplomatischen Vertretungen ausländischer Staaten in Syrien, doch sie hat gegenüber allen immer wieder betont, die nationale Souveränität ist ein hohes Gut und wir lehnen jegliche Wirtschaftssanktionen (ausgenommen Sanktionen gegen Funktionäre des Regimes) gegen den syrischen Staat ab, weil sie die Bevölkerung treffen und die Wirtschaft ruinieren; dadurch geriete das Land nach Beilegung des Konflikts in die Abhängigkeit von Geberstaaten. In der Allianz bekräftigen wir unsere Ablehnung jeglicher Militärinterventionen nach irakischem oder libyschem Beispiel.

Die Internationalisierung der Syrien-Frage gefährdet aus unserer Sicht die innersyrischen Optionen. Sie wird zum Gegenstand internationaler Verhandlungen ohne die Syrer selbst. Das wird den Opfern nicht gerecht, die Syrerinnen und Syrer für ihre Freiheit und Unabhängigkeit erbracht haben.

Unsere Allianz wird, obwohl sie im Schatten des syrischen Volksaufstandes gegründet wurde, nach der Beilegung dieser Krise als demokratische Partei weiter bestehen. Wir werden uns am Aufbau eines gerechten und demokratischen Staates in Syrien beteiligen. Den Volksaufstand betrachten wir als Übergang in eine Ära der gesellschaftspolitischen Moderne.

In der Allianz konzentrieren wir uns darauf, dass die Demokratie als politisches System die beste Lösung für die meisten Probleme in Syrien bieten kann.

Obwohl die Gewalt um sich greift und bewaffnete Auseinandersetzungen den Vorrang gewonnen haben, obwohl der Konflikt internationalisiert und der Schlüssel zu seiner Beilegung bei den regionalen und internationalen Mächten hinterlegt wurde, obwohl die Selbstbestimmung der Syrer stark eingeschränkt ist, bemühen wir uns momentan mit aller Kraft, in Syrien zu bleiben, wir richten unsere politische Arbeit gewaltlos aus und setzen uns für das Ziel der Demokratie ein.

Übertragen aus dem Arabischen ins Deutsche von Ibrahim Taha, 10965 Berlin

MOUNA GHANEM

Der Schmetterlingseffekt: Syrerinnen für den Frieden

In der Chaostheorie lautet die Frage: Kann der Flügelschlag eines Schmetterlings einen Tornado auslösen? Mit diesem Vergleich möchte ich die Rolle der Frauen beschreiben, die sich seit Beginn des Aufbegehrens für Demokratie in Syrien wie Schmetterlinge von einem Ort zum anderen begeben. Sie versuchen mit bescheidenen symbolischen Handlungen den *Schmetterlingseffekt* herbeizuführen. Mit ihren Aktivitäten bringen sie die Jahrzehnte lang aus Furcht vor tyrannischen Strafen verdrängten Leiden, Sorgen und Träume von Syrerinnen zum Ausdruck; Träume, die von einem freien, würdevollen, demokratischen und gerechten Leben erfüllt sind.

Überall in Syrien stehen Frauen – junge Mädchen, heranwachsende Frauen, Mütter – vorn. Sie überwinden die Schwelle der Angst, demonstrieren für den positiven Wandel und lehnen den Fortbestand der Tyrannei ab. Diese Frauen rufen jetzt vereint mit einer Stimme: Syrien will Freiheit!

In Daraa flammten die Träume der Menschen nach Freiheit und Gerechtigkeit auf. Dort begannen Frauen den Aufstand. In der am Mittelmeer gelegenen Küstenstadt Banias versammelten sich Syrerinnen – Frauen politischer Gefangener, die sich nie zuvor bei Fraueninitiativen engagierten haben oder über Staatsbürgerrechte aufgeklärt worden waren, ja sogar von Demokratie nie etwas gehört hatten – und blockierten aus Protest gegen die willkürliche Verhaftung ihrer Angehörigen die Hauptverbindungsstraße zwischen Latakia und Damaskus. Diese Frauen brachen intuitiv auf, angetrieben von der menschlichen Vernunft, um Ungerechtigkeiten eine Absage zu erteilen. Sie nahmen in Kauf, mit ihrem eigenen Blut Geschichte zu schreiben. Einige Frauen wurden von Kugeln getroffen und lagen am Straßenrand. Ihr Blut tränkte die Erde. Aus Entsetzen darüber erhoben sich Tausende anderer Frauen, als hätten sie alle Zwänge abgeworfen. Sie riefen die Revolution ins Leben. Diese wird von Frauen vorangetrieben, um die Freiheit zu erreichen.

In Damaskus waren die Frauen lange vor dem Ausbruch der Revolution in Daraa aktiv. So organisierte eine Gruppe von Aktivistinnen und Schriftstellerinnen Kundgebungen vor den libyschen und ägyptischen Botschaften. Sie erklärten sich solidarisch mit den Revolutionen in den beiden Ländern und forderten Reformen in Syrien. Als die massive Verhaftungswelle einsetzte, standen die syrischen Frauen vor dem Innenministerium und forderten die Freilassung der Inhaftierten. Sie wurden verprügelt, einige sogar verhaftet. Von diesem Tag an waren syrische Frauen nach langer Ohnmacht neu beflügelt, als wären sie, dem Mythos gleich, wie Phönix aus der Asche gestiegen.

Frauen engagieren sich überall in Syrien, sie nehmen an allen Aktivitäten teil, sie organisieren Demonstrationen und Protestzüge, singen Lieder für die Revolution und rufen laut (sinngemäß): Oh, Damaskus, wie sehr ich dich liebe, das Regime stürzt, Du, freie Frau, komm heraus. Frauen bemühen sich um alle möglichen Formen der logistischen Unterstützung. Sie spenden Geld, nähen syrische Flaggen, verbreiten Meldungen der Revolution über Facebook und andere soziale Netzwerke und stellen Soforthilfen für in Not geratene Familien bereit, indem sie die Hinterbliebenen unterstützen. Der Verlust des eigenen Sohnes, der eigenen Tochter oder des Ehemannes stellt das größte Opfer der syrischen Frau dar.

Syrische Frauen sind allen möglichen Übergriffen ausgesetzt: Sie wurden verhaftet, gefoltert, vertrieben und vergewaltigt. Die internationale Nichtregierungsorganisation Human Rights Watch hat bis

Januar 2013 mehr als 370 Fälle von Vergewaltigungen dokumentiert. Die Lage der Frauen in den Flüchtlingslagern der Nachbarstaaten ist nicht besser. So werden Frauen Opfer sexueller Misshandlungen und sind von Zwangsverheiratung betroffen. Die miserablen sozialen Verhältnisse der Familien in den Lagern führen dazu, dass eine große Zahl minderjähriger Frauen verheiratet worden ist. Diese schlimmen Zustände veranlassten syrische Aktivistinnen, zum Schutz der Frauen eine Kampagne zur Bekämpfung dieser Misere zu starten.

Forum Frauen und Demokratie in der *Allianz zur Bildung des syrischen Staates*

Obwohl syrische Frauen an allen erdenklichen Formen des Geschehens beteiligt sind, hat sich ihre Rolle in den von den verschiedenen syrischen Oppositionsgruppen gegründeten Strukturen nicht adäquat widergespiegelt. Das veranlasste die Allianz zur Bildung des Syrischen Staates[4], ein Gremium mit dem Namen Forum Frauen und Demokratie zu bilden. Sein Ziel: gesellschaftspolitisch die Vertretung von Frauen durchzusetzen und ihren Forderungen nach Demokratie, Gerechtigkeit und Gleichberechtigung eine Stimme zu verleihen.

Das Forum Frauen und Demokratie fragt im Prozess des angestrebten demokratischen Wandels in Syrien danach, inwieweit dieser Prozess die Geschlechterverhältnisse berücksichtigt. Ferner weist das Forum auf die Gefahr eines defizitären Demokratieverständnisses im Übergangprozess hin, sollte die Geschlechterfrage nicht berücksichtigt werden. Das Forum stellt Geschlechtergerechtigkeit und das Verbot sozialer, wirtschaftlicher, kultureller, zivilrechtlicher und politischer Diskriminierung aufgrund des Geschlechts in den Mittelpunkt.

Die Betonung dieser Forderungen soll die Kräfte der Frauen bündeln und sie motivieren, sich aktiver am politischen Übergangprozess hin zu einem zivilen, demokratischen und säkularen Syrien zu beteiligen. Das Forum leistet Aufklärungsarbeit über Demokratie als politisches System und die Notwendigkeit, Strukturen zu schaffen für einen

4 S. Who ist Who in der syrischen Politik in diesem Buch

Demokratisierungsprozess, der Frauen nicht ausschließt, sondern sie als gleichberechtigte und gleichgestellte Bürgerinnen einbezieht.

Diese Initiative geht von dem Grundsatz aus, dass es keine Demokratie ohne Frauen gibt. Um das zu verwirklichen und allen Versuchen der Benachteiligung entschieden entgegenzuwirken resp. sie aufzudecken, arbeitet das Forum daran, Frauenallianzen zu schmieden. Wir wollen die Teilhabe von Frauen am politischen Leben festigen und Fraueninitiativen mit Organisationen gleicher Orientierung vernetzen. Zu diesem Zweck hat das Forum in seinen Räumlichkeiten viele Fortbildungsseminare und Workshops für Frauen organisiert. Darüber hinaus nahmen Vertreterinnen des Forums Frauen und Demokratie an vielen arabischen und internationalen Frauenkonferenzen teil, auf denen die Unterstützung der politisch-partizipativen Rolle von Frauen bei der Demokratisierung im Mittelpunkt stand.

Gewaltlosigkeit der Politik

Als im revolutionären Geschehen syrische Gruppen im Widerstand gegen das Regime zu den Waffen griffen, startete die Allianz zur Bildung des Syrischen Staates die Initiative Gewaltfreie Politik für Syrien. Diese Initiative wurde 2012 ins Leben gerufen, kurz nachdem der Vorsitzende der Allianz, Louay Hussein, von bewaffneten Gruppen entführt worden war. Als er frei kam, begründete Louay Hussein seine Haltung gegenüber den bewaffneten Gruppen in Syrien. Der Kern seiner Erklärung war das bekannte *Prinzip der Gewaltlosigkeit* von Gandhi. Mit anderen Worten: »Wir sollten an der Kraft der Wahrheit festhalten, dem Gegner keine Gewalt antun und diesen durch Geduld und Mitgefühl von seinem Irrtum abbringen«. Der Vorsitzende schrieb dazu: »Oh Du, Syrer, wenn Du eines Tages genötigt wirst, zu den Waffen zu greifen oder die Situation Dich in eine Spirale der Gewalt schleudert, so werde ich Dich weiterhin in Schutz nehmen und zugleich Deine Waffe ablehnen, denn ich sorge mich um Dich wegen Deiner Waffe. Deine Waffe wird Dich nicht befreien, vielmehr wird sie Dich ins Unglück stürzen. Du bewaffneter Syrer, Du bist immer noch Syrer, Dich werde ich weiter lieben und in Schutz nehmen, dennoch werde ich Deine Gewalt zurückweisen und verurteilen und allen widersprechen und im Wege stehen, die Dir den Waffengang schön reden und leere Versprechen machen, diese Waffe brächte Deine Erlösung und Befreiung«.

Die Strategie der Gewaltlosigkeit in der Politik für Syrien basiert auf dem Grundsatz, Gewaltlosigkeit und wirkliche Demokratie miteinander zu verbinden, denn Gewaltlosigkeit ist auf eine breite Beteiligung der Menschen angewiesen. Gewaltlosigkeit kann nur mit kontinuierlichem Dialog erreicht werden. Gewaltlosigkeit basiert auf der Achtung und dem Respekt des Lebens als Grundelement von Demokratie, einer Kultur des Friedens und nachhaltiger Entwicklung.

Zusammengefasst will die Strategie der Gewaltlosigkeit für Syrien

- die Menschen für den Zusammenhang von Gewaltlosigkeit und Demokratie sensibilisieren;
- eine internationale Allianz gegen Gewalt in der Politik bilden und die Notwendigkeit einer friedlichen Lösung für Syrien unterstreichen;
- die internationale Gemeinschaft mobilisieren, die zunehmende Gewalt in Syrien entschieden zu bekämpfen.

Frauen schaffen Frieden

Angeregt werden die syrischen Frauen von den Erfahrungen anderer Frauen, deren Länder unter den schwierigen Folgen eines Bürgerkriegs zu leiden hatten. Am wichtigsten erschienen ihnen die Erfahrungen von Frauen in Liberia, von denen der Film *Zur Hölle mit dem Teufel* erzählt; er schildert den Kampf von Frauen für ein freies Liberia. Ebenso sind sie von den Erfahrungen der irischen Frauen beeindruckt und beziehen sich insbesondere auf die Erfahrungen von Monica McWilliams mit dem nordirischen Bürgerkrieg und der Rolle von Frauen als entscheidendem Faktor bei der Beilegung des Bürgerkriegs. Diese Erfahrungen waren ein wesentliches Motiv, das Forum Frauen schaffen Frieden zu gründen mit dem Ziel, alle Kräfte der syrischen Frauen zu mobilisieren, um den Frieden herbeizuführen und zu sichern. Gleichzeitig will das Forum Kontakte zwischen Menschrechtsaktivistinnen und Gruppen der syrischen Opposition vertiefen und Gruppen in- und außerhalb Syriens intensiver vernetzen.

Zum Zweck dieser Vernetzung nahmen vom 30. Oktober bis 1. November 2012 in Kairo erstmals nach Ausbruch der syrischen Revolution 44 Frauen an einem Workshop teil, den das Forum Frauen und Demokratie in Zusammenarbeit mit der Organisation Karama (Würde) und der Hivos-Stiftung organisiert hatte. Die Frauen kamen aus verschieden Regionen Syriens, vertraten unterschiedliche politische Organisationen und Institutionen, sind vielfältiger ethnisch- religiöser Herkunft. Ihre politischen Standpunkte reichten von Opposition bis zur Unterstützung des Assad-Regimes.

Der Workshop hatte folgenden Tenor:

- Schwerpunkt der Arbeit ist die Lebenswelt der syrischen Frauen innerhalb Syriens und in den Flüchtlingslagern in den Nachbarstaaten.
- Die Meinung einer intellektuell elitären Minderheit von Frauen gilt nicht als die einzige Wahrheit.
- Wichtig sind vertrauensbildende Maßnahmen durch die Schaffung einer Dialogkultur, die alle Meinungen achtet und die verschiedenen Standpunkte respektiert.

Für das Jahr 2013 verabschiedete das Forum Frauen und Demokratie ein Arbeitsprogramm. Es sieht vor, die syrischen Aktivistinnen für die Bedeutung des Begriffs Frieden zu sensibilisieren, die Vernetzung mit friedlichen Kräften auf der ganzen Welt voranzutreiben und darauf hinzuwirken, eine friedliche Lösung zur Beilegung des Krieges in Syrien zu erreichen. Zugleich sollen Syrerinnen fortgebildet und befähigt werden, Verhandlungen zu führen und Konflikte zu lösen.

Es sei mir erlaubt, diesen Beitrag mit dem Ishtar-Mythos zu beenden: Ishtar, die Göttin der Liebe und eine der mächtigsten Göttinnen im assyrischen Pantheon, liebte in ihrer Jugend Tammuz, den Gott der Ernte und der Vegetation, der im Glanz seiner Jugend zur Unterwelt hinabfahren musste, allem Blühen und Wachsen auf Erden ein Ende bereitend. Ishtar konnte das nicht verkraften. Von Kummer verzehrt, stieg sie hinab in die Unterwelt in der Hoffnung, Tammuz retten zu können, was ihr endlich gelang; sie konnte Tammuz zurückbringen.

Für mich verkörpert jede syrische Frau Ishtar. Erfüllt von Liebe und Sinnlichkeit werden die Syrerinnen den Untergang ihrer Heimat nicht hinnehmen. Sie werden so viele Opfer wie nötig bringen, um Syrien zu retten, damit wieder Liebe und Besinnlichkeit herrschen.

Übertragen aus dem Arabischen ins Deutsche von Ibrahim Taha, 10965 Berlin

Who is Who in der syrischen Politik

Parteien und Gruppen der Opposition, der Linken, der Regierung

Wer heißt wie? Wer oder was wird wie geschrieben?
Arabische Namen und Bezeichnungen werden in bunter Vielfalt ins Deutsche übertragen. So wird die syrische Stadt, in der im März 2011 die Unruhen ausbrachen, Dar'a, Deraa oder Daraa geschrieben. Oder der Politiker der Muslimbruderschaft Riad al-Saqeh taucht auch als Ryad al Schakfeh auf, selbst Al Shaakwe wäre zutreffend; gebräuchlich sind Al Kaida, al-Qaida und Al Qaida oder Katar, Kathar und Qatar… Eigennamen von Parteien werden unterschiedlich übersetzt, so etwa die Pan-Syrische Soziale Nationale Partei, die im Deutschen meist Syrische Soziale Nationalistische Partei genannt wird. Im Arabischen ist »nationalistisch«, anders als im Deutschen, nicht negativ konnotiert.

Unter den Namen, Bezeichnungen, Schreibweisen haben die Herausgeber die am meisten verbreiteten gewählt.

I) Organisationen und Parteien, die militärische Gewalt als Mittel der Politik anwenden oder gutheißen

Nationale Koalition der Syrischen Revolutions- und Oppositionskräfte (Nationale Koalition)

Die Nationale Koalition wurde auf ausländischen Druck, insbesondere der USA, auf einer Konferenz der Oppositionsgruppen am 11. November 2012 in Doha, Katar, ins Leben gerufen. Einen Monat später, am 12.12.2012, erkannten auf einem Treffen der westlichen »Freunde des Syrischen Volkes« in Marrakesch (Marokko) 130 Staaten sie als »die legitime Vertretung des syrischen Volkes« politisch an. Unter ihrem Dach vereinigt die Nationale Koalition Parteien, Bewegungen, Einzelpersönlichkeiten, die den bewaffneten Kampf gegen die Regierung von Baschar al-Assad unterstützen oder sich nicht gegen ihn wenden. Die Koalition ist islamistisch dominiert.[1] Sie stellt Vorbedingungen für Verhandlungen zur friedlichen Beilegung des Bürgerkrieges, namentlich: Rücktritt der kompletten Regierung Assad und Auflösung der syrischen Armee in ihrer derzeitigen Form.

Die bekanntesten Vertreter der Nationalen Koalition sind der liberal-islamische Prediger Sheik Moaz al-Khatib als ihr Präsident, Vizepräsidenten sind die säkular eingestellte Aktivistin Suheir Atassi und der Unternehmer Riad Seif, Mustafa Sabbagh vom Damaszener Unternehmernetzwerk (Syrian Business Forum) ist ihr Generalsekretär. Unter den 60 Mitgliedern des Führungsgremiums der Nationalen Koalition sind zwei Frauen.[2]

Von den Ausschüssen und Organen der Nationalen Koalition ist die Koordinationsstelle für Hilfeleistungen (Assistance Coordination Unit) die bekannteste, sie verteilt internationale Hilfen für Syrien. Eng arbeitet die Nationale Koalition mit dem Gemeinsamen Kommando der Freien Syrischen Armee zusammen.

Unter dem Dach oder nahe der Nationalen Koalition arbeiten unter anderen:

1. Freie Syrische Armee (FSA)

Die Freie Syrische Armee (FSA) ist der militärische Arm der Nationalen Koalition. Als ihr Gründungsdatum gibt die FSA den 27. Juli 2011 an; einen Obersten Militärrat hatten am 11. Dezember 2012, einen

1 Q&A with Michel Kilo: Some Hope for a Solution, in: Syria Deeply, January 02,2013; http://beta.syriadeeply.org/2013/01/qa-michel-kilo-hope-solution-2/#.URpYZY4RXSI, Zugriff: 12.02.2013

2 Members of the Syrian National Coalition for Revolutionary and Opposition Forces, Nov.21, 2012, Carnegie Middle East Center; www.carnegie-mec.org/publications/?fa=50104, Zugriff: 06.02.2013

Tag vor der Gründung der Nationalen Koalition, im türkischen Antalya 263 Rebellenführer aus heterogenen Gruppen unter großem ausländischen Druck vereinbart. Die heterogenen Gruppen und unterschiedlichen Interessen bestehen fort, es eint sie lediglich das Ziel, Assad zu stürzen. Mitglieder der CIA sollen schon seit Jahresbeginn 2012 Waffenlieferungen an die Aufständischen von Jordanien und der Türkei aus koordinieren. Das Geld für Waffen kommt vornehmlich aus Katar und Saudi-Arabien. Über ihre Stärke macht die FSA auf ihrer Website keine Angaben. Unter ihrem Dach finden sich Überläufer aus der syrischen Armee, lokale Kräfte und Dschihadisten und Islamisten aus dem Libanon, Libyen und anderen arabischen Ländern. Der Unabhängige Untersuchungsausschuss zu Syrien der Vereinten Nationen kommt in seinem Bericht vom 20. Dezember 2012 zu folgendem Ergebnis: Zunehmend agieren die Gruppen unabhängig vom Obersten Militärrat und einige stehen Al Kaida nahe. Diese neuen Gruppen würden manchmal ihre Angriffe mit der Freien Syrischen Armee koordinieren, sie seien aber nicht unter ihrer Kontrolle.[3]

2. Syrischer Nationalrat

Er wird meist als SNC abgekürzt, des Öfteren als SNR. Er dominiert die Nationale Koalition und wird durch islamistische Kräfte gelenkt. Im September 2011 in Istanbul gegründet, beanspruchte er bis zur Gründung der Nationalen Koalition die Alleinvertretung der syrischen Opposition. Laut Auswärtigem Amt hat er 425 Mitglieder[4], Parteien, Gruppierungen, Einzelpersönlichkeiten, sie verorten sich unter den Muslimbrüdern, dem Nationalen Block, der Damaskus-Erklärung, der politischen Vertretung von Minderheiten. Der Syrische Nationalrat plädiert für eine ausländische Militärintervention wie in Libyen. Seine prominentesten Vertreter sind der derzeitige Vorsitzende Georges Sabra und die Ex-Vorsitzenden Burhan Ghalioun, ein

---

3 Bloomberg news v. 20. Dezember 2012, http://boomberg.com/news/2012-12-20/new-rebel-irlamist-groups-shun-free-syrian-army-un-says.html, Zugriff 20.02.2013

4 Oppositionelle politische Gruppierungen in Syrien, Papier aus dem Auswärtigen Amt, 07.02.2013

bekannter Wissenschaftler, und Abdel Basset Saida, ein kurdisch-syrischer Arzt.

Mitglied im Syrischen Nationalrat sind u. a.:

a) Syrische Demokratische Volkspartei

Ihr bekanntestes Mitglied ist Georges Sabra, derzeit Vorsitzender des Syrischen Nationalrats. Die Syrische Demokratische Volkspartei ist heute eine sozialdemokratische Partei, hervorgegangen aus Spaltungen der Syrischen Kommunistischen Partei. 2005 sagte sich ein Flügel von der Syrischen Kommunistischen Partei (Bakdasch) los, weil er im Gegensatz zur Parteimehrheit die Damaszener Erklärung (s. o.) mit tragen und das Bündnis mit den Muslimbrüdern weiter entwickeln wollte. Aus diesem Flügel wurde die Syrische Demokratische Volkspartei. 2011 spielte sie gemeinsam mit den Muslimbrüdern eine Schlüsselrolle bei der Herausbildung des Syrischen Nationalrats.

b) Syrische Koalition säkularer und demokratischer Kräfte (CSDF)

Präsidentin der Koalition und zugleich Mitglied im Nationalrat ist die bekannte Anthropologin und Journalistin Randa Kassis. Ihre Koalition aus einem Dutzend kleinerer Parteien und Vertretern von Kurden, Assyrern und sunnitischen Muslimen wendet sich an die Minderheiten in der Bevölkerung und strebt einen laizistischen Staat an. Sie tritt für eine ausländische militärische Intervention in Syrien in Form einer Flugverbotszone ein.

3. Bündnis der Revolutionskräfte

Am 18. März 2012 gaben in Istanbul fünf syrische Oppositionsgruppen die Bildung einer neuen Koalition bekannt: Block der Befreiung und des Aufbaus unter Sheik Nawaf al-Bashir; Nationaler Turkmenisch-Syrischer Block; Strömung für das Neue Leben in Syrien; die islamistische Nationale Syrische Strömung unter Imadeddin Rashid und die Nationale Bewegung für Wandel unter Ammar al-Qurabi.[5] Er ist zugleich Präsident der Nationalen Organisation für Menschenrechte. Unzufrieden mit der aus seiner Sicht mangelnden Militanz des

5 Ebd.

Syrischen Nationalrats war Qurabi ihm nicht beigetreten. »Unerschütterlich verlangt er den Sturz des Syrischen Regimes mit allen Mitteln, einschließlich einer ausländischen Militärintervention oder der Bewaffnung der Opposition.«[6]

4. Freie Nationale Versammlung

Zu ihr schreibt das Auswärtige Amt: »Der Zusammenschluss ehemaliger Regierungsvertreter und Parlamentsabgeordneter wurde am 15.12.2012 auf Initiative des ehemaligen Premierministers Riad Hijab in Amman gegründet. Die Freie Nationale Versammlung wurde von der Nationalen Koalition als Organisation anerkannt und arbeitet mit ihr zusammen. Sitz des Generalsekretariats ist Doha.«[7]

5. Muslimbruderschaft

Sie ist eine islamistische Partei, 1928 in Ägypten und 1946 in Syrien gegründet. Die Bruderschaft war treibende Kraft des islamischen Aufstands in Syrien zwischen 1979 und 1982. In Syrien ist die Muslimbruderschaft verboten, eine Mitgliedschaft kann mit dem Tod bestraft werden. Der Vorsitzende der Bruderschaft ist der konservativ-radikale Mohammad Riad al-Sahqeh.

II) Demokratische Organisationen und Parteien, die Gewalt als Mittel der Politik ablehnen

1. Nationales Koordinationsbüro für den demokratischen Wandel (NCB)

Seine Mitglieder sind den drei Neins verpflichtet: Nein zu einer ausländischen militärischen Intervention, Nein zu religiösen oder sektiererischen Aufwiegelungen, Nein zu Gewalt und Militarisierung der Revolution. Das Koordinationsbüro, auch als NCC abgekürzt, ist

---

6 Amar al-Qurabi, March 1, 2012, in: Carnegie Middle East Center, http://carnegie-mec.org/publications/?fa=48364, Zugriff: 13.02.2013

7 Oppositionelle politische Gruppierungen in Syrien, a. a. O.

im Juni 2011 als erste bedeutende Koalition des Aufstands im Dorf Halboun bei Damaskus gegründet worden, in Damaskus hat es seinen Hauptsitz. Es vereint unter seinem Dach einen großen Teil der säkularen politischen Parteien, Gruppierungen und Einzelpersönlichkeiten der syrischen Dissidenten-Bewegung aus dem Spektrum von Unabhängigen, Sozialisten, Nasseristen, Kommunisten, Kurden, auch eine Gruppe aus der Strömung des demokratischen Islam arbeitet mit dem NCB zusammen. Das NCB hat Einfluss unter Jugendlichen, es gilt, obwohl es auch im Ausland aktiv ist, als in Syrien verwurzelte politische Kraft, namhafte ehemalige politische Gefangene wirken identitätsstiftend. Den Vorsitz im NCB hat Hassan Abdel Azim, stellvertretender Vorsitzender und Auslandssprecher ist Haytham Manna.

Unter dem Dach des Nationalen Koordinationsbüros oder in Kooperation mit ihm arbeiten unter anderen:

a) Demokratisch-Arabische Sozialistische Union

1964 entstand in Syrien die – illegale – Arabische Sozialistische Union aus der Vereinigung diverser nasseristischer Splittergruppen. 1972 wurde sie offiziell zugelassen und trat der Nationalen Progressiven Front (FNP, s. u.) bei. Unzufriedene ASU-Mitglieder gründeten 1980 die Demokratische Arabische Sozialistische Union (DASU) als Oppositionspartei. Die ASU ist nach wie vor in der Nationalen Progressiven Front.

b) Arabische Revolutionäre Arbeiterpartei

Gegründet 1966 ist sie eine links-baathistische Abspaltung mit marxistischen Positionen. Eine ihrer bekannten Persönlichkeiten ist Hazen Nahar, der 2012 das Syrische Demokratische Forum (s. u.) mitgegründet hat.

c) Kommunistische Aktionspartei/ Kommunistische Arbeitspartei

Sie entstand 1976 unter dem Namen Liga für Kommunistische Aktion als Abspaltung von der Syrischen Kommunistischen Partei. Von Anfang an illegal, benannte sie sich 1981 um in Kommunistische Arbeitspartei. Sie organisiert hauptsächlich Studierende und Intellektuelle, viele ihrer Mitglieder sind Alawiten.

D) Partei der Demokratischen Union (PYD)
s. u. unter kurdische Parteien

E) Assyrische Unionspartei
2005 von der christlich assyrischen Minderheit gegründet, wirkt sie hauptsächlich in den kurdischen Gebieten Syriens, in denen es eine wichtige aramäisch-christliche Minderheit gibt.

F) Zusammen für ein Freies und Demokratisches Syrien
wurde im Juni 2011 hauptsächlich von Intellektuellen gegründet. Die Partei kämpft für die Überwindung des Assad-Regimes mit friedlichen Mitteln des zivilen Ungehorsams.

2. Allianz zum Aufbau des Syrischen Staates
Ist eine kleine, aber sehr aktive Bewegung. Die Gruppe wendet sich gegen jegliche militärische Intervention des Auslands, gegen eine Bewaffnung der Rebellen und gegen die Sanktionspolitik. Sie will eine Überwindung des Regimes und ist davon überzeugt, dass ein Krieg entlang religiöser und ethnischer Linien eine ausgrenzende Reaktion hervorrufen wird. Bekannteste Persönlichkeiten sind: Louay Hussein, Rim Turkmani und Mouna Ghanem.

Unter dem Dach der Allianz zum Aufbau des Syrischen Staates arbeitet:

Forum Frauen und Demokratie
Das Forum ist Teil der Allianz zum Aufbau des Syrischen Staates entstanden, weil in den Gremien der Opposition zu wenige Frauen vertreten sind. Ziel des Forums ist, gesellschaftspolitisch die Vertretung von Frauen durchzusetzen und im Kampf um Demokratie, Gerechtigkeit und Gleichberechtigung ihre Stimme zu Gehör zu bringen. Bekannte Persönlichkeit ist Mouna Ghanem.

III) Zwischen den Polen und/oder unabhängig

Die zwei Pole der Syrischen Opposition markieren die Dachorganisationen **Nationale Koalition der Syrischen Revolutions- und Oppositionskräfte** (SNC) einerseits und **Nationales Koordinie-**

rungsbüro für demokratischen Wandel (NCB) andererseits. Sie unterscheiden sich in zwei strategischen Fragen: Das Nationale Koordinationsbüro lehnt jegliche militärische Einmischung von außen ab. Sein Weg zu einem demokratischen Syrien geht nicht über den gewaltsamen Sturz des Regimes, sondern über Verhandlungen, Übergangsregierung und freie Wahlen.

Einige politische Gruppierungen bewegen sich zwischen diesen Polen oder lassen sich nicht der einen oder anderen Seite zuordnen. Das sind namentlich:

1. Damaszener Erklärung (Damaskus-Erklärung)

Die **Damaszener (Damaskus-)Erklärung für den Demokratischen Wandel in Syrien** aus dem Jahr 2005 ist die erste politisch-strategische Plattform einer demokratischen Opposition. Unterzeichnet von 250 säkularen, islamischen und kurdischen Oppositionspolitikern und Persönlichkeiten formuliert sie Schritte, wie friedlich und durch Verhandlungen die »Hegemonialpolitik der Staatsmacht«, die »ein autoritäres despotisches Cliquen-Regime hervorbrachte, das die Gesellschaft entpolitisierte«, transformiert werden kann zum »Aufbau eines modernen Staates, dessen politisches System auf einem neuen Gesellschaftsvertrag beruht, aus dem eine demokratische und moderne Verfassung hervorgeht«[8], die allen Bürgerinnen und Bürgern, unabhängig von ihrem Geschlecht, ihrer Ethnie, Religion, Zugehörigkeit zu einem Stamm oder Clan, gleiche Rechte und Pflichten garantiert.

An der Erklärung wirkten auch die Muslimbrüder mit, ein Novum, seit sie von 1963 an auf Gewalt gesetzt hatten. Und zum ersten Mal seit der Unabhängigkeit wird »eine demokratische und gerechte Lösung des kurdischen Problems in Syrien« gefordert. Erstunterzeichner der Damaszener Erklärung waren bekannte Persönlichkeiten und fünf Parteien und Organisationen: Nationale Demokratische Sammlung, der Kurdische Demokratische Bund in Syrien, die Ausschüsse zur Wiederbelebung der Zivilgesellschaft, Kurdische Demokratische Front in Syrien, Zukunftspartei.

---

8 Zit. n. inamo nr. 45, Frühjahr 2006

In den Jahren 2007-2009 fanden eine Reihe von Spaltungen statt, die meisten Mitglieder verließen die Damaskus-Erklärung. Obwohl sie nicht mehr das gemeinsame Dach aller oppositionellen politischen Kräfte war, inspirierte sie maßgeblich die weitere politische Entwicklung in Syrien.

2. Lokale Komitees

Einige befürworten und organisieren selbst Militanz, andere lehnen Gewalt ab. Die Lokalen Komitees sind Teil einer Basisbewegung, die sich im Zuge der Massenproteste 2011 in Syrien auf lokaler und regionaler Ebene gebildet hat. In ihnen sind oft junge Leute aktiv, sie organisieren Proteste und berichten über Kämpfe, Opfer, Widerstand, sie kommunizieren über soziale Netzwerke, unterstützen zivilen Ungehorsam, viele wenden sich gegen lokalen bewaffneten Widerstand und vor allem gegen eine internationale militärische Intervention.

Sehr bekannt ist das Netzwerk der Lokalen Koordinierungskomitees LCC. Es wird häufig als links oder unabhängig dargestellt. Doch die LCC sind Mitglied der Nationalen Koalition, dafür hätten sie »hart gearbeitet«, schreiben sie, und sie würden »weiterhin keine Anstrengung scheuen, um den Erfolg der Nationalen Koalition (...) zu gewährleisten.«[9]

In einigen Regionen Syriens, vor allem dort, wo keine staatlichen Strukturen mehr funktionieren, bemühen sich lokale Räte um die Grundversorgung und medizinische und humanitäre Unterstützung der Bevölkerung.

3. Syrisches Demokratisches Forum (SDF)

Das SDF beharrt auf seiner Unabhängigkeit, es ordnet sich keinem der zwei oben skizzierten Pole zu. Es ist, maßgeblich inspiriert von Michel Kilo, im Februar 2012 in Kairo von zahlreichen Intellektuellen und politischen Persönlichkeiten Syriens aus dem revolutionären

9 The National Coalition of Syrian Revolutionary and Opposition Forces, November 12,2012 auf der LCC website: www.lccsyria.org/10488, Zugriff 13.02.2013

und zivilgesellschaftlichen Spektrum gegründet worden. Das Forum versteht sich nicht als Partei, sondern als politisches Diskussionsforum, das in Bewegungen und Parteien hinein wirkt. Sein Ziel ist eine demokratische, pluralistische Zivilgesellschaft in Syrien, nachdem das herrschende Regime durch zivilgesellschaftlichen Ungehorsam überwunden sei. Das Forum ist gegen jegliche militärische Intervention des Auslands. Führungspersönlichkeiten sind, neben Kilo: Aref Dalila, Fayez Sara, Hazem Nahar, Samir Aita, Nasser Alghazali.

4. Kurdische Parteien

Seit dem Frühjahr 2011 sind eine Vielzahl kleinerer Parteien und Gruppen in syrisch-kurdischen Gebieten im Norden und Nordosten des Landes entstanden. Partiell hat sich die syrische Armee im Juli 2012 aus diesen Gebieten zurückgezogen. Diese quasi-Autonomie bildet den Hintergrund für das Verhalten der beiden klassischen kurdischen Parteien in Syrien zueinander:

a) Partei der Demokratischen Union (PYD)

Sie wurde im Jahr 2003 gegründet. Die Partei unterhält freundschaftliche Beziehungen zur türkisch-kurdischen PKK. Die PYD ist derzeit nicht offiziell als politische Partei in Syrien registriert; die alte und neue Verfassung lässt keine regional, religiös oder ethnisch basierten Parteien zu. Dabei ist die PYD die Syrisch-Kurdische Partei mit dem weitaus größten Einfluss. Ihr Vorsitzender ist Mohammed Salih Muslim.

b) Kurdischer Nationalrat in Syrien (KNC)

Gegründet am 26. Oktober 2011 in Qamishli ist der KNC mittlerweile eine Koalition von 16 syrisch-kurdischen Parteien.[10]

c) Hoher Kurdischer Rat

Er ist das gemeinsame Dach von PYD (förmlich: dem PYD-dominierten Volksrat Westkurdistan) und KNC, bestehend aus der gleichen Anzahl von Mitgliedern aus den zwei Formationen. Der Hohe Kurdische Rat

10 Vgl. Federici, Vittoria/Sayigh, Yezid, Syria's Kurds Must Seek Regional Cooperation, Carnegie Middle East Center, September 25, 2012; http://carnegie-mec.org/2012/09/25/syria-s-kurds-must-seek-regional-cooperation/e2q1, Zugriff: 12.02.2013

kam auf Vermittlung des Präsidenten von Irakisch Kurdistan, Massoud Barzani, am 11. Juni 2012 mit dem Abkommen von Erbil zustande. Im Juli weiteten die beiden Mitgliedsparteien ihre Zusammenarbeit »auf gemeinsame Sicherheitskomitees und unbewaffnete Volksverteidigungs-Einheiten aus, um das politische und Sicherheitsvakuum in ihrer Region zu füllen.«[11] Im Gespräch war, gemeinsame Militäreinheiten aus allen bewaffneten Gruppen Syrisch-Kurdistans zu bilden. Doch inzwischen wird das Abkommen als zunehmend fragil eingestuft, die Spannungen unter den Kurdenparteien halten an, vereinzelt brechen sie in innerkurdischen Kämpfen aus. Hinzu kommt: Seit Ende 2012 kommt es zu Zusammenstößen zwischen kurdischen Gruppierungen und der Freien Syrischen Armee oder anderen bewaffneten Einheiten.[12]

IV) Organisationen und Parteien, die in die Regierung Assad eingebunden bzw. im Parlament vertreten sind

1. Nationale Progressive Front Syriens (NFP) oder Nationale Fortschrittsfront

Sie besteht in Syrien seit 1972. Zu ihr gehörten bis 2012 zehn Parteien plus Baath-Partei. Sie mussten alle die führende Rolle der Baath-Partei anerkennen und einen (autoritären) Arabischen Nationalismus und Sozialismus. Parteien mit anderen politischen ideologischen Strömungen konnten der nationalen Front nicht beitreten. Ihr gehören neben der Baath-Partei an:

Arabisch Sozialistische Union
Syrische Kommunistische Partei (Bakdasch)
Syrische Kommunistische Partei (Vereint)
Arabische Sozialistische Partei
Arabische Sozialistische Bewegung
Organisation der Einheitssozialisten

11 Ebd.
12 Oppositionelle politische Gruppierungen in Syrien, a. a. O.

Syrisch-Arabische Sozialistische Union
Vereinigte Sozialistisch-Demokratische Partei
Arabische Demokratische Union
Bewegung Nationaler Pakt

2. Das Parlament – der Syrische Rat des Volkes

Vor 2012 hatte die Baath-Partei eine festgelegte Mehrheit von 51 Prozent. Die Parteien der Nationalen Progressiven Front waren alle im Parlament vertreten, sie stellten die Regierung und erhielten Minister.

Vor der Wahl am 7. Mai 2012 war durch eine Verfassungsreform die führende Rolle der Baath-Partei gestrichen worden. Laut Dekret für die Wahl standen 127 Parlamentssitze »Bauern und Arbeitern« zu und 123 sollten an »andere Teile« der Gesellschaft gehen. Die Sitze wurden dann doch nach dem Stimmenanteil für Parteien verteilt. Neue Parteien hatten sich zur Wahl gestellt. Die Wahl wurde allerdings von den meisten Oppositionsparteien boykottiert, die Wahlbeteiligung betrug nur 51,26 Prozent.

Die Nationale Progressive Front erhielt von den 250 Sitzen 168, davon: Baath-Partei 134 (auf sie waren 60 Prozent der Stimmen entfallen), Arabisch Sozialistische Union 18 Sitze, Syrische Kommunistische Partei (Bakdasch) 8, Syrische Kommunistische Partei (Vereint) 3, Bewegung Nationaler Pakt 3, Syrisch-Arabische Sozialistische Union 2, Syrische Soziale Nationalistische Partei 4, Partei des Syrischen Volkswillens 1 Sitz. Außerhalb der Nationalen Progressiven Front erzielten die Volksfront für Wandel und Befreiung 5 und Unabhängige Kandidatinnen und Kandidaten 77 Sitze.[13]

3. Arabisch-Sozialistische Baath-Partei – wörtlich: Sozialistische Partei der arabischen Wiedergeburt

Sie versteht sich als gesamtarabische Partei, existiert in vielen arabischen Länder und ist in regionale Kommandos untergliedert. Vorsitzender der Baath-Partei Regionalkommando Syrien ist Baschar

13 Wikipedia, Stichwort: Parlamentswahl in Syrien 2012; http://de.wikipedia.org/wiki/Parlamentswahl_in_Syrien_2012, Zugriff: 13.02.2013

al-Assad, sein Stellvertreter ist Mohammed Saeed Bekheitan. Vor Ausbruch der Massenproteste hatte die Baath-Partei über 1,8 Millionen Mitglieder. 1947 als Kaderpartei gegründet, wurde sie nach dem Putsch der Militärs unter Führung von Hafez al-Assad 1970 zur Massenpartei ausgebaut, um den linken Flügel in der Partei zu marginalisieren. Die starke arabisch-sozialistische Orientierung der Partei wurde zurückgedrängt, sie wurde Staatspartei. Bis 2012 hatte sie laut Verfassung (Artikel 8 der vor 2012 geltenden Verfassung) den Führungsanspruch, sie kontrollierte die Nationale Progressive Front. In der jetzt gültigen Verfassung ist der Führungsanspruch der Baath-Partei gestrichen.

4. Arabische Sozialistische Bewegung

Sie ist eine 1962 von der Arabischen Sozialistischen Baath-Partei abgespaltene Gruppe um Akram al-Haurani, dem namhaften Gründer der Arabischen Sozialistischen Partei in Syrien (1950), ehemaliger Baathist und1958/59 Vizepräsident der Vereinigten Arabischen Republik aus Syrien und Ägypten unter Gamal Abdel Nasser.

5. Volksfront für Wandel und Befreiung

Ist ein Zusammenschluss linker syrischer Parteien, namentlich der Syrischen Sozialen Nationalistischen Partei und der Partei des Syrischen Volkswillens (s. u.). Die Volksfront sieht sich als Oppositionsführerin im syrischen Parlament – und ist zugleich in der Regierung Assad. Qadri Jamil, ein ehemaliges führendes Mitglied der Kommunistischen Partei, der 2012 wegen angeblichem Trotzkismus ausgeschlossen wurde, ist stellvertretender Ministerpräsident und Ali Haidar leitet das Versöhnungsministerium.

a) Syrische Soziale Nationalistische Partei

Sie wurde 1932 in Beirut gegründet. Ihr Ziel war die nationale Befreiung Gesamt-Syriens inkl. Libanon, Jordanien, Palästina und Irak. Sie spielte im nationalen Befreiungskampf gegen den französischen Kolonialismus eine bedeutsame Rolle. Sie hatte auch eine starke Verankerung im Libanon. In Syrien war die SSNP eine wichtige politische

Kraft in den frühen 1950er Jahren, wurde aber ab 1955 verdrängt, verboten und brutal unterdrückt. 2005 wieder zugelassen, gliederte sie sich in die Nationale Progressive Front ein, trat 2012 wieder aus, um mit der Partei des Syrischen Volkswillens die Volksfront für Wandel und Freiheit zu bilden. Ali Haidar, Vorsitzender der Partei und seit Juni 2012 Minister für Nationale Versöhnung, ist die bekannteste Figur der SSNP.

b) Partei des Syrischen Volkswillens

Der syrische Vizepräsident Quadri Jamil stammt aus der kommunistischen Bewegung. Er ist Gründer und bis heute bekanntestes Gesicht der Partei des Syrischen Volkswillens. Mit unabhängigen Kandidaten hatte sich die Partei bereits an den Parlamentswahlen 2003 und 2007 beteiligt, aber keinen Sitz errungen. Die Wahlen von 2012 bezeichnete Jamil als »gefälscht und manipuliert«. Trotzdem trat er der Regierung bei. Er wendet sich scharf gegen jegliche Einmischung des Westens in den syrischen Konflikt und setzt sich für einen starken öffentlichen Sektor in der Wirtschaft ein

6. Syrische Kommunistische Partei (Bakdasch)

Die Syrische Kommunistische Partei hat sich mehrfach gespalten. Dieser Teil ist eine Abspaltung aus dem Jahr 1986, als sich der Flügel unter Chalid Bakdasch selbständig machte.

7. Syrische Kommunistische Partei (Vereint)

Ist der andere Teil der Spaltung von 1986. Seine historischen Figuren waren Yusuf al-Faisal sowie Riad al-Turk. Beide kommunistische Parteien waren und sind Teil der Nationalen Progressiven Front.

Ausgewählt und zusammengestellt von Christiane Reymann unter Mitarbeit von Harri Grünberg und Issam Haddad. Diese Zusammenstellung (Stand Februar 2013) erhebt keinen Anspruch auf Vollständigkeit.

Dokumente

Sechs-Punkte-Plan von Kofi Annan vom 12.4.2012

Vorspann:
Um das Blutvergießen zu beenden, hatte der Syrien-Sondergesandte der UNO und der Arabischen Liga, Kofi Annan, im März 2012 mit den beteiligten Parteien einen Sechs-Punkte-Plan[1] ausgehandelt. In einer Erklärung v. 21. März 2012 unterstützt der UN-Sicherheitsrat diesen Plan uneingeschränkt und ausdrücklich. Der Plan sieht vor,

Text:
dass die syrische Regierung und das gesamte Spektrum der syrischen Opposition

1) sich verpflichten, in Zusammenarbeit mit dem Gesandten in einem alle Seiten einschließenden, von Syrien geleiteten politischen Prozess den berechtigten Bestrebungen und Anliegen des syrischen Volkes Rechnung zu tragen, und sich zu diesem Zweck verpflichten, einen bevollmächtigten Gesprächspartner zu ernennen, wenn der Gesandte darum ersucht;
2) sich verpflichten, die Kampfhandlungen zu beenden und umgehend zu erreichen, dass sämtliche Parteien die bewaffnete Gewalt in allen ihren Formen unter der Aufsicht der Vereinten Nationen effektiv einstellen, um die Zivilbevölkerung zu schützen und das Land zu stabilisieren. Zu diesem Zweck soll die syrische Regierung sofort die Truppenbewegungen in Richtung auf die Bevölkerungszentren und den Einsatz schwerer Waffen an diesen Orten beenden und mit dem Abzug der in den Bevölkerungszentren und ihrer Umgebung konzentrierten Truppen beginnen. Während diese Maßnahmen vor Ort durchgeführt werden, soll die syrische Regierung in Zusammenarbeit mit dem Gesandten erreichen, dass sämtliche Parteien die bewaffnete Gewalt in allen ihren Formen im Rahmen eines wirksamen Aufsichtsmechanismus der Ver-

1 www.un.org/Depts/german/sr/sr_12/sp12-06.pdf

einten Nationen dauerhaft einstellen. Ebenso wird der Gesandte die Opposition und alle maßgeblichen Elemente ersuchen, sich zu verpflichten, die Kampfhandlungen zu beenden und in Zusammenarbeit mit ihm zu erreichen, dass sämtliche Parteien die bewaffnete Gewalt in allen ihren Formen im Rahmen eines wirksamen Aufsichtsmechanismus der Vereinten Nationen dauerhaft einstellen;

3) sicherstellen, dass alle von den Kampfhandlungen betroffenen Gebiete rasch humanitäre Hilfe erhalten, und zu diesem Zweck als Sofortmaßnahme eine tägliche zweistündige humanitäre Pause akzeptieren und durchführen und die genauen Zeiten und Modalitäten der täglichen Pause über einen effizienten Mechanismus, auch auf lokaler Ebene, koordinieren;
4) willkürlich inhaftierte Personen, namentlich besonders schutzbedürftige Kategorien von Personen und an friedlichen politischen Aktivitäten beteiligte Personen, rascher und in größerem Umfang freilassen, unverzüglich über geeignete Kanäle eine Liste aller Orte, an denen solche Personen inhaftiert sind, vorlegen, sofort damit beginnen, Zugang zu diesen Orten zu verschaffen, und über geeignete Kanäle rasch auf alle schriftlichen Ersuchen um Informationen über diese Personen, Zugang zu ihnen oder ihre Freilassung reagieren;
5) gewährleisten, dass Journalisten sich im gesamten Land frei bewegen können und keiner diskriminierenden Visumspolitik unterliegen;
6) die Vereinigungsfreiheit und das Recht auf friedliche Demonstration, die gesetzlich garantiert sind, achten.

Der Sicherheitsrat fordert die syrische Regierung und Opposition auf, mit dem Gesandten in redlicher Absicht auf eine friedliche Beilegung der syrischen Krise hinzuarbeiten und dessen Sechs-Punkte-Ausgangsvorschlag vollständig und sofort umzusetzen.

Der Sicherheitsrat ersucht den Gesandten, den Rat regelmäßig und zeitnah über die Fortschritte seiner Mission auf dem Laufenden zu halten. In Anbetracht dieser Berichte wird der Sicherheitsrat gegebenenfalls weitere Schritte erwägen.

Schlusskommuniqué der Syrien-Aktionsgruppe vom 30.6.2012 (Genfer Kommuniqué)

1. Die Generalsekretäre der Vereinten Nationen und der Liga der arabischen Staaten, die Außenminister Chinas, Frankreichs, der Russischen Föderation, des Vereinigten Königreichs Großbritannien und Nordir-

land, der Vereinigten Staaten von Amerika, der Türkei, Iraks (Vorsitzender des Gipfeltreffens der Liga der arabischen Staaten), Kuwaits (Vorsitzender des Außenministerrats der Liga der arabischen Staaten) und Katars (Vorsitzender des Syrien-Ausschusses der Liga der arabischen Staaten) sowie die Hohe Vertreterin der Europäischen Union für Außen- und Sicherheitspolitik traten am 30. Juni 2012 im Büro der Vereinten Nationen in Genf als Syrien-Aktionsgruppe unter dem Vorsitz des Gemeinsamen Sondergesandten der Vereinten Nationen und der Liga der arabischen Staaten für Syrien zusammen.

2. Die Mitglieder der Aktionsgruppe kamen zusammen, weil sie über die Situation in der Arabischen Republik Syrien höchst beunruhigt sind. Sie verurteilen mit Nachdruck die fortgesetzten und eskalierenden Tötungen, Zerstörungen und Menschenrechtsmissbräuche. Sie sind höchst besorgt über den Mangel an Schutz für die Zivilbevölkerung, die Intensivierung der Gewalt, das Potenzial für einen noch tiefgreifenderen Konflikt in dem Land und die regionalen Dimensionen des Problems. Art und Ausmaß der Krise sind nicht hinnehmbar und verlangen nach einer gemeinsamen Position und gemeinsamem internationalem Handeln.
3. Die Mitglieder der Aktionsgruppe bekennen sich zur Souveränität, Unabhängigkeit, nationalen Einheit und territorialen Unversehrtheit der Arabischen Republik Syrien. Sie sind entschlossen, vordringlich und intensiv auf die Beendigung der Gewalt und der Menschenrechtsmissbräuche hinzuwirken und die Einleitung eines von Syrien geleiteten politischen Prozesses zur Herbeiführung eines Übergangs zu erleichtern, der den berechtigten Bestrebungen des syrischen Volkes Rechnung trägt und es dazu befähigt, unabhängig und demokratisch über seine eigene Zukunft zu entscheiden.
4. Um diese gemeinsamen Ziele sicherzustellen, haben die Mitglieder der Aktionsgruppe (i) Schritte und Maßnahmen der Parteien zur Gewährleistung der vollständigen Durchführung des Sechs-Punkte-Plans und der Resolutionen 2042 und 2043 des Sicherheitsrats, einschließlich einer sofortigen Beendigung der Gewalt in allen ihren Formen ermittelt, (ii) sich auf Grundsätze und Leitlinien für einen politischen Übergang geeinigt, der den berechtigten Bestrebungen des syrischen Volkes Rechnung trägt, und (iii) Maßnahmen vereinbart, die sie durchführen werden, um die Ziele zu verwirklichen, die die Anstrengungen des Gemeinsamen Sondergesandten zur Erleichterung eines von Syrien geleiteten politischen Prozesses unterstützen sollen. Sie sind überzeugt, dass dies Fortschritte vor Ort fördern und unterstützen kann und dazu beitragen wird, einen von Syrien geleiteten Übergang zu erleichtern und zu unterstützen.

Ermittelte Schritte und Maßnahmen der Parteien zur Gewährleistung der vollständigen Durchführung des Sechs-Punkte-Plans und der Resolutionen 2042[2] und 2043[3] des Sicherheitsrats, einschließlich einer sofortigen Beendigung der Gewalt in allen ihren Formen

5. Die Parteien müssen den Sechs-Punkte-Plan und die Resolutionen 2042 und 2043 des Sicherheitsrats vollständig durchführen. Zu diesem Zweck:
   - müssen sich alle Parteien erneut verpflichten, die bewaffnete Gewalt in allen ihren Formen dauerhaft einzustellen und den Sechs-Punkte-Plan umgehend umzusetzen, ohne Maßnahmen von anderer Seite abzuwarten. Die Regierung und die bewaffneten Oppositionsgruppen müssen mit der Aufsichtsmission der Vereinten Nationen in der Arabischen Republik Syrien (UNSMIS) zusammenarbeiten, mit dem Ziel, die Umsetzung des Plans im Einklang mit dem Mandat der Mission voranzutreiben;
   - muss die bewaffnete Gewalt dauerhaft eingestellt werden, wobei die Regierung der Arabischen Republik Syrien umgehend glaubhafte

---

2 www.un.org/Depts/german/sr/sr_12/sr2042.pdf, Zugriff: 10.02.2013

3 www.un.org/Depts/german/sr/sr_12/sr2043.pdf, Zugriff: 10.02.2013; Am 14. April 2012 beschließt der UN-Sicherheitsrat in der Resolution 2042 ein Vorausteam für eine Aufsichtsmission der Vereinten Nationen (UNSMIS-Mandat), »die die Einstellung der bewaffneten Gewalt in allen ihren Formen durch sämtliche Parteien und die maßgeblichen Aspekte des Sechs-Punkte-Plan des Gesandten überwachen soll«. Dem Vorausteam sollen entsprechend der Resolution 2043 v. 21. April 2012 anfangs bis zu 300 unbewaffnete Mitarbeiter nach Syrien folgen. Die Mission endete erfolglos am 20. August 2012, weil die Bedingungen für eine Mandatsverlängerung – Abnahme der Gewalt sowie Beendigung des Einsatzes schwerer Waffen durch syrische Sicherheitskräfte – nicht erfüllt waren. Fast zeitgleich stellte die vom UN-Menschenrechtsrat eingesetzte unabhängige Untersuchungskommission einen neuen Bericht vor. »Darin schreibt sie den Konfliktparteien Verbrechen gegen die Menschlichkeit, Kriegsverbrechen sowie schwerste Menschenrechtsverletzungen zu. Der Bericht stellt fest, dass sich die Situation in Syrien im letzten halben Jahr erheblich verschlechtert habe. Die Kommission sieht auch die syrische Opposition in der Schuld, misst aber den Kriegsverbrechen der syrischen Regierungstruppen größere Schwere, Häufigkeit und ein größeres Ausmaß bei.« (UN-Beobachtermission der UNSMIS verlassen Syrien, Konflikte & Brennpunkte, 21.08.2012, Deutsche Gesellschaft für die Vereinten Nationen e.V., www.frieden-sichern.de/news01.html?&no_cache=1&tx_ttnews%5Btt_news%5D=1139&cHash=91022c553f94ea78e3046 96196204a25, Zugriff: 10.02.2013)

und sichtbare Maßnahmen zur Durchführung der anderen Punkte des Sechs-Punkte-Planes ergreifen muss, insbesondere

- willkürlich inhaftierte Personen, namentlich besonders schutzbedürftige Kategorien von Personen und an friedlichen politischen Aktivitäten beteiligte Personen, rascher und in größerem Umfang freilassen; unverzüglich über geeignete Kanäle eine Liste aller Orte, an denen solche Personen inhaftiert sind, vorlegen; sofort damit beginnen, Zugang zu diesen Orten zu verschaffen, und über geeignete Kanäle rasch auf alle schriftlichen Ersuchen um Informationen über diese Personen, Zugang zu ihnen oder ihre Freilassung reagieren;
- gewährleisten, dass Journalisten sich im gesamten Land frei bewegen können und keiner diskriminierenden Visumspolitik unterliegen;
- die Vereinigungsfreiheit und das Recht auf friedliche Demonstration, die gesetzlich garantiert sind, achten.

– müssen alle Parteien unter allen Umständen die Sicherheit der UNSMIS voll achten und mit der Mission in jeder Hinsicht uneingeschränkt zusammenarbeiten und ihre Tätigkeit erleichtern;
– muss die Regierung unter allen Umständen den sofortigen und uneingeschränkten humanitären Zugang der humanitären Organisationen zu allen von den Kampfhandlungen betroffenen Gebieten gestatten. Die Regierung und alle Parteien müssen die Evakuierung der Verwundeten ermöglichen, und allen Zivilpersonen, die sich zum Weggang entschließen, muss dies ermöglicht werden. Alle Parteien müssen ihre völkerrechtlichen Verpflichtungen in vollem Umfang einhalten, namentlich in Bezug auf den Schutz von Zivilpersonen.

Vereinbarte Grundsätze und Leitlinien für einen von Syrien geleiteten Übergang

6. Die Mitglieder der Aktionsgruppe haben sich auf die nachstehenden Grundsätze und Leitlinien für einen von Syrien geleiteten Übergang geeinigt:
   – Jede politische Regelung muss dem Volk der Arabischen Republik Syrien einen Übergang bringen,
   – der eine Zukunftsperspektive bietet, an der alle Menschen in der Arabischen Republik Syrien teilhaben können;
   – der anhand eines festen Zeitplans klare Schritte zur Verwirklichung dieser Perspektive festlegt;
   – der in einer Atmosphäre der Sicherheit für alle, der Stabilität und der Ruhe stattfinden kann;
   – der ohne weiteres Blutvergießen und ohne weitere Gewalt rasch erreicht wird und glaubhaft ist.

I. Zukunftsperspektive

Das breite Spektrum der befragten Syrer hat die Bestrebungen des Volkes der Arabischen Republik Syrien klar zum Ausdruck gebracht. Es besteht ein überwältigender Wunsch nach einem Staat:

- der wahrhaft demokratisch und pluralistisch ist und etablierten und neu auftretenden politischen Akteuren Raum bietet, fair und gleichgestellt bei Wahlen gegeneinander anzutreten. Dies bedeutet auch, dass das Bekenntnis zu einer Mehrparteiendemokratie von Dauer sein und über eine erste Wahlrunde hinausgehen muss;
- der die internationalen Menschenrechtsnormen, die Unabhängigkeit der Richterschaft, die Rechenschaftspflicht der Regierenden und die Herrschaft des Rechts einhält. Es reicht nicht aus, eine solche Zusage nur zu äußern. Dem Volk müssen Mechanismen zur Verfügung stehen, die sicherstellen, dass die Personen in verantwortlicher Stellung diese Zusagen auch einhalten;
- der gleiche Möglichkeiten und Chancen für alle bietet. Es gibt keinen Raum für religiös motivierte Spaltungspolitik oder Diskriminierung aus ethnischen, religiösen, sprachlichen oder sonstigen Gründen. Zahlenmäßig kleineren Gemeinschaften muss die Achtung ihrer Rechte zugesichert werden.

II. Klare Schritte des Übergangs

Der Konflikt in der Arabischen Republik Syrien wird erst enden, wenn alle Seiten sicher sind, dass es einen friedlichen Weg zu einer gemeinsamen Zukunft für alle Menschen in dem Land gibt. Daher ist es unerlässlich, dass jede Regelung klare und unumkehrbare, einem festen Zeitplan folgende Schritte des Übergangs vorsieht. Zu den wichtigsten Schritten eines jeden Übergangs gehören:

- Die Einsetzung eines Übergangs-Regierungsorgans, das ein neutrales Umfeld für den Vollzug des Übergangs schaffen kann, wobei dieses Übergangs-Regierungsorgan umfassende Exekutivbefugnisse wahrnimmt. Ihm könnten Mitglieder der derzeitigen Regierung, der Opposition und sonstiger Gruppen angehören, und es wird auf der Grundlage des gegenseitigen Einvernehmens gebildet.
- Es ist Sache des syrischen Volkes, die Zukunft des Landes zu bestimmen. Alle Gruppen und Segmente der Gesellschaft in der Arabischen Republik Syrien müssen in die Lage versetzt werden, sich an einem Prozess des nationalen Dialogs zu beteiligen. Dieser Prozess muss nicht nur alle Seiten einschließen, sondern auch wirkungsvoll sein. Mit anderen Worten, seine wichtigsten Ergebnisse müssen umgesetzt werden.

- Auf dieser Grundlage kann eine Überprüfung der verfassungsmäßigen Ordnung und des Rechtssystems stattfinden. Das Ergebnis der Arbeiten an einem Verfassungsentwurf bedürfte der Billigung durch das Volk.
- Sobald die neue verfassungsmäßige Ordnung errichtet ist, wird es notwendig sein, freie und faire Mehrparteienwahlen zu den neu geschaffenen Institutionen und Ämtern vorzubereiten und abzuhalten.
- Frauen müssen in allen Aspekten des Übergangs umfassend vertreten sein.

III. Sicherheit, Stabilität und Ruhe

Jeder Übergang ist mit Änderungen verbunden. Es ist jedoch unerlässlich, dafür zu sorgen, dass der Übergang in einer Weise vollzogen werden kann, die die Sicherheit aller in einem Klima der Stabilität und Ruhe gewährleistet. Dazu ist Folgendes erforderlich:

- Festigung der vollen Ruhe und Stabilität. Alle Parteien müssen mit dem Übergangs-Regierungsorgan zusammenarbeiten, um die dauerhafte Einstellung der Gewalt sicherzustellen. Dies umfasst den Abschluss des Abzugs und die Regelung der Frage der Entwaffnung, Demobilisierung und Wiedereingliederung der bewaffneten Gruppen.
- Wirksame Schritte zur Gewährleistung des Schutzes verwundbarer Gruppen und von Sofortmaßnahmen zur Bewältigung der humanitären Probleme in den notleidenden Gebieten. Außerdem muss dafür gesorgt werden, dass die Freilassung der Inhaftierten rasch abgeschlossen wird.
- Kontinuität der staatlichen Institutionen und des qualifizierten Personals. Die öffentlichen Dienste müssen erhalten oder wiederhergestellt werden. Dies umfasst auch die Streitkräfte und die Sicherheitsdienste. Alle staatlichen Institutionen, einschließlich der Geheimdienste, haben jedoch bei ihrer Tätigkeit die Menschenrechtsnormen und berufsständische Normen einzuhalten und müssen unter einer Führung stehen, die in der Öffentlichkeit Vertrauen schafft und der Kontrolle des Übergangs-Regierungsorgans untersteht.
- Bekenntnis zu Rechenschaftspflicht und nationaler Aussöhnung. Die Rechenschaftspflicht für während des gegenwärtigen Konflikts begangene Handlungen muss geregelt werden. Darüber hinaus muss ein umfassendes Maßnahmenpaket für die Unrechtsaufarbeitung bestehen, das Entschädigung oder Rehabilitation für die Opfer des gegenwärtigen Konflikts sowie Schritte in Richtung nationale Aussöhnung und Vergebung umfasst.

IV. Rasche Schritte mit dem Ziel einer glaubhaften politischen Einigung
Es ist Sache des Volkes der Arabischen Republik Syrien, eine glaubhafte politische Einigung herbeizuführen, doch die Zeit wird knapp. Dabei ist Folgendes klar:

- Die Souveränität, Unabhängigkeit, Einheit und territoriale Unversehrtheit der Arabischen Republik Syrien müssen geachtet werden.
- Der Konflikt muss allein durch friedlichen Dialog und Verhandlungen gelöst werden. Die einer politischen Regelung förderlichen Bedingungen müssen jetzt geschaffen werden.
- Dem Blutvergießen muss ein Ende gesetzt werden. Alle Parteien müssen sich erneut glaubhaft zu dem Sechs-Punkte-Plan bekennen. Dies muss die Einstellung der bewaffneten Gewalt in allen ihren Formen und sofortige, glaubhafte und sichtbare Maßnahmen zur Durchführung der Punkte 2 bis 6 des Sechs-Punkte-Plans umfassen.
- Alle Parteien müssen jetzt aufrichtig mit dem Gemeinsamen Sondergesandten zusammenwirken. Die Parteien müssen bereit sein, effektive Gesprächspartner zu benennen, um rasch auf eine von Syrien geleitete Regelung hinzuarbeiten, die den berechtigten Bestrebungen des Volkes Rechnung trägt. Der Prozess muss alle Seiten voll einschließen, um sicherzustellen, dass die Auffassungen aller Segmente der syrischen Gesellschaft bei der Gestaltung der politischen Regelung für den Übergang Gehör finden.
- Die organisierte internationale Gemeinschaft, einschließlich der Mitglieder der Aktionsgruppe, hält sich bereit, die Umsetzung einer von den Parteien erzielten Vereinbarung signifikant zu unterstützen. Dies kann eine internationale Unterstützungspräsenz im Rahmen eines Mandats der Vereinten Nationen umfassen, falls darum ersucht wird. Zur Unterstützung des Wiederaufbaus und der Rehabilitation werden erhebliche Finanzmittel zur Verfügung stehen.

Um dies umzusetzen, werden die Mitglieder der Gruppe zur Unterstützung der Anstrengungen des Gemeinsamen Sondergesandten zur Erleichterung eines von Syrien geleiteten politischen Prozesses folgende Maßnahmen vereinbaren:

7. Die Mitglieder der Aktionsgruppe werden nach Bedarf mit den Parteien in der Arabischen Republik Syrien in Kontakt treten und gemeinsam anhaltenden Druck auf sie ausüben, die in Ziffer 5 beschriebenen Maßnahmen durchzuführen.
8. Die Mitglieder der Aktionsgruppe lehnen jede weitere Militarisierung des Konflikts ab.

9. Die Mitglieder der Aktionsgruppe betonen gegenüber der syrischen Regierung, wie wichtig es ist, dass sie nach Aufforderung durch den Gemeinsamen Sondergesandten einen mit wirksamen Befugnissen ausgestatteten Gesprächspartner benennt, der auf Grundlage des Sechs-Punkte-Plans und dieses Kommuniqués arbeitet.
10. Die Mitglieder der Aktionsgruppe legen der Opposition eindringlich nahe, den Zusammenhalt zu stärken und in der Lage zu sein, effektive, repräsentative Gesprächspartner zu benennen, die auf der Grundlage des Sechs-Punkte-Plans und dieses Kommuniqués arbeiten.
11. Die Mitglieder der Aktionsgruppe werden den Gemeinsamen Sondergesandten und sein Team bei ihrer unverzüglichen Kontaktaufnahme mit der Regierung und der Opposition voll unterstützen und umfassende Konsultationen mit der syrischen Gesellschaft sowie mit anderen internationalen Akteuren führen, um den Weg nach vorn weiter auszuarbeiten.
12. Die Mitglieder der Aktionsgruppe würden die Einberufung eines weiteren Treffens der Aktionsgruppe durch den Gemeinsamen Sondergesandten begrüßen, falls dieser es für notwendig erachtet, die konkreten Fortschritte in allen in diesem Kommuniqué vereinbarten Punkten zu überprüfen und festzulegen, welche weiteren und zusätzlichen Schritte und Maßnahmen seitens der Aktionsgruppe erforderlich sind, um die Krise zu bewältigen. Der Gemeinsame Sondergesandte wird darüber hinaus die Vereinten Nationen und die Liga der arabischen Staaten unterrichtet halten.

Nicht autorisierte Übersetzung aus dem Englischen[4]
(zur Verfügung gestellt vom Sprachendienst des Deutschen Bundestages)
Mit Fußnoten von den Herausgebern

Genfer Erklärung der gewaltfreien, demokratischen Opposition vom 29. Januar 2013

Am 28./29. Januar 2013 fand unter dem Motto »Für ein demokratisches Syrien und einen zivilen Staat« in Genf eine große Konferenz der gewaltfreien, demokratischen syrischen Opposition aus dem In- und Ausland statt. Unter dem Dach der veranstaltenden Arabischen Kommission für Menschenrechte, dem Skandinavischen Institut

4 www.un.org/News/dh/infocus/Syria/FinalCommuniqueActionGroupforSyria.pdf, Zugriff: 10.02.2013

für Menschenrechte, dem Bürgerforum Horan sollten über 30 verschiedene politische Parteien und Nichtregierungsorganisationen aus Syrien, vertreten von mehr als 100 Personen, mit einigen hundert Angehörigen der Auslandsopposition plus Aktivisten der europäischen, US-amerikanischen und afrikanischen Zivilgesellschaft zusammenkommen. Ziel der Konferenz war es, der Stimme der Inlandsopposition Gehör zu verschaffen, Vertrauen aufzubauen, gemeinsame Handlungsgrundlagen zu entwickeln und Schritte eines friedlichen Übergangs zu einem demokratischen Syrien zu skizzieren. Doch die Schweiz hat, fast unglaublich, über 60 Teilnehmerinnen und Teilnehmern aus Syrien das Einreisevisum verweigert. So fand die Debatte life und per Skype zugleich zwischen Genf und Damaskus, auch Beirut, statt. Die Konferenz endete mit dieser Erklärung:

Ausgehend von der tiefen Überzeugung, dass es notwendig ist, das Land Syrien und seine Bevölkerung zu schützen, und angesichts der Gefahr, dass die nationale Einheit zerstört wird im Ergebnis der Jahrzehnte währenden Herrschaft eines korrupten, diktatorischen Regimes, verpflichten sich auf diesem Treffen die nationalen Persönlichkeiten und Organisationen, Syrien vor einer Katastrophe zu retten und es auf den sicheren Pfad zu bringen, indem sich die gesellschaftlichen Kräfte auf der Basis von Demokratie, Pluralismus und Gleichheit vereinigen und die Unterstützung gewinnen von allen internationalen und arabischen Kräften von außerhalb für die gerechte Forderung des syrischen Volkes, das diktatorische Regime zu kippen und einen zivilen, demokratischen Staat aufzubauen, der von folgenden Verpflichtungen ausgeht:

1. Die Genfer Vereinbarung[5] wird als gültige Handlungsgrundlage anerkannt, um zuallererst und vor allem zeitgleich die Gewalt zu stoppen.
2. Durch Verhandlungen zwischen der Opposition und dem Regime wird ein politischer Prozess geschaffen, um die internationale Genfer Vereinbarung umzusetzen, einen Verfassungsentwurf zu verabschieden, auf dessen Grundlage eine Regierung gebildet wird, die mit allen Machtbefugnissen ausgestattet ist, um diese Etappe zu verwalten, faire Gesetze zu erarbeiten und Präsidentschaftswahlen unter internationaler Beobachtung durchzuführen.
3. Eine internationale Konferenz Genf 2 ist einzuberufen, die einerseits Entwicklungen vor Ort und die daraus erwachsenden Anforderungen berücksichtigt und andererseits, als Ergebnis von Verhandlungen, zur Umsetzung eines verbindlichen Mechanismus unter Verantwortung des Sicherheitsrats auf der Grundlage von Kapitel VI[6] führt.

---

5 Genfer Kommuniqué der Syrien-Kontaktgruppe v. 30. Juni 2012

6 Kapitel VI der Charta der Vereinten Nationen behandelt die friedliche Beilegung von Konflikten, die den Weltfrieden und die internationale Sicherheit

4. Sofortige humanitäre Hilfe zur Verfügung zu stellen, auf die Rückkehr zum normalen Leben aller syrischen Flüchtlinge und Vertriebenen hin zu arbeiten und sie in sicheren, ordentlichen Unterkünften im Land unterzubringen, die Verletzten zu behandeln und Betroffene zu entschädigen, das Erziehungs- und das Gesundheitswesen wieder herzustellen und mit dem Wiederaufbau zu beginnen.
5. Der Einheit des syrischen Volkes und Landes und der vollständigen Gleichheit aller Syrerinnen und Syrer verpflichtet, ist ein politisches System zu errichten, das Menschenrechte, die öffentlichen und die Freiheiten aller Menschen auf der Grundlage internationaler Abkommen respektiert und den Zugang zu einer modernen und zeitgemäßen Gesellschaft, einer Gesellschaft gleicher Staatsbürgerschaft ermöglicht.
6. Um diese Übereinkunft umzusetzen, haben sich die Versammelten auf die Gründung zweier Komitees geeinigt:
   A – Ein Komitee, das die Aufgabe hat, einen zivilen, demokratischen Pol in Syrien zu schaffen und mit allen Oppositionskräften in ihrer ganzen Breite zu kommunizieren;
   B – ein Komitee, das die Aufgabe hat, die unterstützende Kommunikation und Koordination mit der internationalen Gemeinschaft und der globalen Zivilgesellschaft herzustellen, damit die Ziele der Syrischen Revolution in Freiheit, Würde und voller Souveränität erreicht werden.

Übersetzung aus dem Englischen
mit Vorspann und Fußnoten der Herausgeber

---

gefährden können. Nach Kapitel VI kann der Sicherheitsrat friedensstiftende Maßnahmen ergreifen im Unterschied zu friedenserzwingenden Maßnahmen nach Kapitel VII der UNO-Charta.

Autorinnen und Autoren

Johanna Bussemer, *1976, zahlreiche Auslandsaufenthalte, ist Referentin für Außenpolitik der Bundestagsfraktion DIE LINKE.

Erhard Crome, *1951 in Berlin, Promotion und Habilitation am Institut für Internationale Beziehungen der DDR in Potsdam-Babelsberg, Mitarbeiter der Rosa-Luxemburg-Stiftung, Referent für Friedens- und Sicherheitspolitik.

Wolfgang Gehrcke, *1943, Politiker, MdB der Partei DIE LINKE, ihr Obmann im Auswärtigen Ausschuss, Mitglied im Parteivorstand der LINKEN. Zahlreiche Aufenthalte im Nahen Osten u. a. in Israel, Palästina, Ägypten, Syrien, Libanon, Jordanien. Publikationen zum Nahostkonflikt.

Mouna Ghanem ist Ärztin, sie lebt in Damaskus. Sie war Vorsitzende des Syrischen Familienkommission und leitend in verschiedenen Frauenprogrammen der UNO tätig. Sie hat in Syrien das Forum Frauen und Demokratie mit gegründet und den Zusammenschluss Frauen schaffen Frieden.

Harri Grünberg, *1951 im Lager Föhrenwald für Displaced Persons geboren. Er ist aufgewachsen in Brasilien und Venezuela, langjähriger Aufenthalt in Israel, wissenschaftlicher Mitarbeiter der Bundestagsfraktion DIE LINKE.

Mamdouh Habashi, *1951 Ägypten, Studium in Kairo und Berlin, der Bauunternehmer ist aktiv in zahlreichen Organisationen der Zivilgesellschaft und Gründungsmitglied der Ägyptischen Sozialistischen Partei (ESP).

Issam Haddad, *1939 im Libanon, ist Arzt. Er hat in Deutschland studiert, musste beim Einmarsch der israelischen Armee in den Libanon 1982/83 das Land verlassen, seitdem lebt er als politischer Aktivist und Publizist in Berlin.

Louay Hussein, *1960 in Damaskus, ist Schriftsteller. Er durchlitt Haft, Folter, Überwachungen, Berufs- und Reiseverbot. Er ist Präsident der Allianz zur Bildung des Syrischen Staates. Hussein besteht trotz der Gefahren für sich und seine Familie darauf, in Syrien zu bleiben.

Michel Kilo, *1940 in der syrischen Hafenstadt Latakia, hat in Deutschland studiert. Politisch verfolgt und mehrfach inhaftiert, musste er Syrien verlassen. Er lebt zur Zeit in Paris. Im Februar 2012 gründete er zusammen mit anderen das Syrische Demokratische Forum.

Karin Kulow, *1940, ist Arabistin und Islamwissenschaftlerin. Promotion, Habilitation und Tätigkeit als Professorin am Institut für Internationale Arbeiterbewegung in Berlin, DDR, mit dem Schwerpunkt arabische Nahostländer. Umfangreiche Vortrags- und Publikationstätigkeit

Karin Leukefeld, *1954 in Stuttgart. Freie Journalistin für Printmedien und Hörfunk. Seit 2010 als Auslandskorrespondentin akkreditiert in Syrien. Publikationen: u. a. Bomben auf Bagdad (2003); Nimm Abschied und werde stark, Helma Al Saadi, Ein Leben zwischen Hamburg und Bagdad (2004).

Haytham Manna, *1951, ist Auslandssprecher des Nationalen Koordinationsbüros für Demokratischen Wandel in Syrien (NCB) und Vorsitzender der Arabischen Kommission für Menschenrechte. Der Arzt und Psychotherapeut lebt seit 1982 im französischen Exil.

Norman Paech, *1938, ist Wissenschaftler, Völkerrechtler, Politiker. Der emeritierte Professor war MdB für die Partei DIE LINKE. Er ist Mitglied des Wissenschaftlichen Beirats von Attac.

Christiane Reymann, *1949, ist Journalistin, Soziologin, Politologin. Sie lebt in Berlin. Artikel, Publikationen, Hintergründe, Feature, Reportagen zu Umbrüchen – in der Arbeitswelt, in der Gesellschaft, in der globalisierten Welt, im Bewusstsein.

Dr. Arne Clemens Seifert, *1937, war im Außenministerium und diplomatischen Dienst der DDR tätig. Nach der Vereinigung arbeitete er für die OSZE. Er ist Sprecher der Initiative deutscher Botschafter a. D. »Diplomats for Peace in the Islamic World« und im Vorstand des Verbandes für Internationale Politik und Völkerrecht.

Für die Übersetzung danken wir Ibrahim Taha, Dipl.-Politologe, *1965 in Jordanien, studierte an der FU- Berlin Politikwissenschaften und an der Universität Leipzig Konferenzdolmetschen Arabisch. Er ist in Berlin tätig als freiberuflicher Übersetzer und Dolmetscher für die arabische Sprache.